Andréa Nakane | Cristiane Costa Esteves

manual de cerimonial e protocolo

Coleção Conecta Eventos

Prefácio: Carlos Takahashi

Editora Reflexão, 2023 – Todos os direitos reservados.
Vários autores

Editora Executiva: **Caroline Dias de Freitas**
Capa: **César Oliveira**
Organizador: **Sergio Junqueira Arantes**
Diagramação e Projeto gráfico: **Estúdio Caverna**
Impressão: **Digitop**

1ª Edição – Dezembro/2023

Nakane, Andréa. Esteves, Cristiane Costa.

Manual de Cerimonial e Protocolo. São Paulo: Editora Reflexão Business: Coleção Conecta Eventos.

332 páginas. 23cm.

ISBN: 978-65-5619-153-9

1. Eventos. 2. Cerimonial. 3. Protocolo. 4. Gestão. I. Grupo Conecta Eventos. II. Arantes, Sergio Junqueira. V. Título

CDU: 658.1:159.954

Editora Reflexão
Rua Almirante Brasil, 685 - Cj. 102 – Mooca – 03162-010 – São Paulo, SP
Fone: (11) 9.7651-4243
www.editorareflexao.com.br
atendimento@editorareflexao.com.br

Todos os direitos reservados. Nenhuma parte desta obra pode ser reproduzida ou transmitida por quaisquer meios (eletrônico ou mecânico, incluindo fotocópia e gravação) ou arquivada em qualquer sistema ou banco de dados sem permissão escrita da Editora Reflexão.

Andréa Nakane | Cristiane Costa Esteves

manual de cerimonial e protocolo

Coleção Conecta Eventos

Prefácio: Carlos Takahashi

Sumário

Prefácio 7
CARLOS TAKAHASHI

Introdução 13
ANDRÉA NAKANE E CRISTIANE COSTA ESTEVES

1. Tudo Junto, Misturado, mas com suas Singularidades 17

2. Um pouco de História, sempre vai bem 27

3. Quem faz Acontecer 37

4. Nomenclaturas que Constroem a Imagem
   de um Evento 47

5. Espaço para Eventos não é qualquer Lugar 83

6. Comunicação Assertiva, sem Chances
   de Equívocos 89

7. Precedência - Prioridades Regidas por
   Lei e Hierarquia 129

8. Símbolos Nacionais - Leis que Precisam
   ser Respeitadas 159

9. Serviços de Alimentos & Bebidas 173

10. Detalhes, que não podem ser esquecidos 189

Mensagem Final – Autoras 277

Anexos 279

Carlos Takahashi
- 60 anos
- Bacharel em Direito Empresarial pela USP, com especialização em Gestão Pública pelo ILP/FGV MBA em Gestão Pública no Japão pela JICA
- Servidor Efetivo da Assembleia Legislativa SP (1981-2023)
- Vereador à Câmara Municipal de SP (1998)
- Chefe do Cerimonial e Presidente da Comissão de Eventos da Assembleia Legislativa SP (2001-2005)
- Chefe da Assessoria Técnica de Informática da Secretaria Municipal de Coordenação das Subprefeituras da Prefeitura de SP (2005-2006)
- Chefe de Gabinete da Secretaria Municipal de Esportes, Lazer e Recreação da Prefeitura de SP (2007-2008)
- Chefe do Cerimonial da Prefeitura de SP (2008-2012)
- Chefe de Gabinete da Secretaria Executiva do Ministério das Cidades (2015-2016)
- Chefe de Gabinete do Ministério da Ciência, Tecnologia, Inovação e Comunicações (2017-2018)
- Chefe de Gabinete da Casa Civil do Governo do Estado de SP (2019-2021)
- Assessor Especial da Secretaria de Governo e Relações Institucionais do Governo do Estado de SP (2023-atual)
- Coordenador e Orientador do Curso de Cerimonial Público no Instituto do Legislativo Paulista – ILP da Assembleia Legislativa de SP (cursos semelhantes na Câmara Municipal de SP, Tribunal de Justiça do Estado de SP, Governo do Estado de SP, Associação Paulista de Municípios, OAB-SP, MP-SP)
- Consultor de Cerimonial das empresas Francal Feiras, Grupo Couromoda, Federação Paulista de Futebol
- Medalha do Exército Brasileiro (2018), Medalha Almirante Tamandaré da Marinha do Brasil (2018), Comenda do Mérito Aeronáutico (2017), Comenda Paul Harris do Rotary Internacional (2000), Comenda do Mérito Alvarista da FECAAP (2000), Contabilista Honoris Causa do SindCont-SP (2000), Colar da Ordem do Mérito Legislativo da Assembleia Legislativa do Estado de SP (2023) e Medalha da Casa Militar do Governo do Estado de SP (2023)

Prefácio

"Há 3 caminhos para o Sucesso:
1. Ensinar o que se sabe
2. Praticar o que se ensina
3. Perguntar o que se ignora"

(Monge Beda, inglês, 672-735)

CARLOS TAKAHASHI |

Recebi o honroso convite para escrever o Prefácio do livro "MANUAL DE CERIMONIAL E PROTOCOLO", das queridas profissionais e amigas Andrea Nakane e Cristiane Costa Esteves, com grande surpresa e uma indisfarçável sensação de regozijo.

Conheço a coautora Andrea Nakane há muitos anos e me tornei seu admirador pela competência de seu trabalho como professora universitária, escritora, palestrante e consultora empresarial, especializada em organização de eventos, segurança nos eventos e turismo. Nos cursos e palestras que oriento tenho o orgulho de tê-la no slide intitulado "Galeria de Mestres". Com todos esses predicados, tornou-se uma das mais brilhantes Cerimonialistas e o seu vasto conhecimento na conceituação e na estruturação de um evento a tornou uma referência na área de eventos.

A coautora Cristiane de Souza Costa Esteves é uma profissional especializada na organização de eventos sociais, área que desperta um enorme interesse dos profissionais de eventos, especialmente após a retomada no pós-pandemia. As famílias, as entidades, as empresas e os governos buscam no mercado profissionais habilitados que saibam o que e como realizar bons eventos e isso pressupõe a sua melhor qualificação. Há muitas boas referências em cursos e na literatura, porém, os mais de 30 anos de experiência da Cristiane são fundamentais para que os jovens talentos aprendam com quem já fez.

Fui privilegiado pela leitura prévia do livro e encontrei um conteúdo que faz jus ao título de "Manual" (De acordo com o dicionário francês Larousse, a palavra "manual" pode ser usada como um substantivo masculino que se refere a um livro didático ou escolar que contém as noções essenciais de uma arte, ciência ou técnica).

Arte — sim, o Cerimonial pode ser entendido como uma arte ao tratar de relações subjetivas (poder, status, culturas, crenças religiosas, hierarquia e relações internacionais) tendo como ferramenta o Protocolo (normas objetivas como Decretos, Leis, Portarias, Tratados, Convenções e Regulamentos) para compatibilizar expectativas de países soberanos, governos, entidades, organizações empresariais... para que exista uma convivência pacífica e cordial que resulte em benefícios para a sociedade.

Ciência — O Cerimonial não é fundamentado em "achismos", palpites ou "por que é legal fazer assim". Seus conceitos são formados pelos legados de povos e da história da humanidade, tanto do chamado "mundo civilizado", como das culturas que se desenvolveram em "terras distantes". Disso, se pressupõe que os profissionais que militam nessa área conheçam elementos culturais diversos pelo estudo multidisciplinar e amplo. A ciência se faz de estudo em fontes seguras e confiáveis, experimentação e avaliação. Pesquisa é fundamental.

Técnica — Este manual traz muitos casos concretos para aprofundar os ensinamentos. Temos em vigor no Brasil o Decreto Federal 70.274, de 1972, e a Lei Federal 5.700, de 1971, como as principais referências normativas do Cerimonial Público Brasileiro, mas a simples leitura monolítica dos textos não torna o profissional do Cerimonial público ou privado competente para executar seus mandamentos. Na aplicação da norma existe a arte da habilidade no trato institucional e interpessoal, a ciência do estudo do contexto histórico da época de sua edição e sobretudo da técnica de conduzir o evento de modo a não criar "constrangimentos ou ressentimentos desnecessários".

Unindo Arte — Ciência — Técnica temos um Manual completo!

Parabenizo as autoras pela iniciativa, pela busca do melhor caminho para a compreensão do leitor e da perfeita harmonia com a narrativas dos casos recentes para facilitar o estudo.

Sim, escrevi estudo e não simplesmente leitura, porque não estamos fazendo referência a um livro de estante, mas sim, de um manual para ser lido, rabiscado, referenciado, questionado e levado por todos os cantos para consulta.

Muito do conteúdo dos meus cursos está inserido neste trabalho, por isso, iniciei o texto confidenciando minha indisfarçável sensação de regozijo, e como sempre digo nas minhas apresentações, nada é originariamente nascido da minha cabeça. Tudo aquilo que apresentei trabalhando como Chefe de Cerimonial no setor público ou como orientador de Cerimonial no setor privado aprendi com os outros, contando sempre com a sua generosidade. Aprendi lendo e vendo acertos e erros dos outros que me antecederam. Acertei e errei quando estive no comando da organização. Tudo foi um grande aprendizado e é justamente isso que venho apresentando para as pessoas ao longo dos anos.

Lendo este livro, reafirmei conceitos e revi alguns outros. É revigorante aprender com quem sabe mais e a experiência de ler este Manual me deu essa alegria!

Desejo a Você, meu colega Cerimonialista, uma excelente jornada neste Manual e que, ao final, ao ler o texto compilado do nosso amigo Professor Silvio Lôbo Filho "Crônica a Cerimonialista", tenha a plena sensação de está no caminho certo.

Felicidades!

Andréa Nakane

Tem formação multidisciplinar – é bacharel em Comunicação Social, com habilitação em RP, possui especializações em Marketing, em Administração e Organização de Eventos, em Educação do Ensino Superior e em Mídias Digitais, Mestrado em Hospitalidade e Doutorado em Comunicação, com pesquisa sobre eventos de entretenimento ao vivo e construção de marcas.

Possui mais de três décadas de experiência profissional acumulada em vivências nas áreas de hospitalidade e indústria. Na hotelaria acumulou experiência nas redes Le Méridien e Grupo Posadas (Hotéis Caesar Park) e atuou também no segmento de celulose e papel, como gestora de Relações Públicas da Ripasa S.A Celulose e Papel.

É sócia-diretora da Mestres da Hospitalidade cujo *expertise* é em inteligência estrategista em eventos corporativos e artísticos, cerimonial & protocolo e capacitação do talento humano na área da hospitalidade.

Autora de diversas obras acadêmicas e mercadológicas, com destaque para o livro Segurança em Eventos: Não Dá para Ficar Sem. Tem experiência como docente, acumulada em 27 anos de atuação no ensino superior, tanto em graduação, quanto em pós-graduação.

É colaboradora em diversos portais e veículos de comunicação com colunas semanais e mensais, versando sobre conteúdos atrelados à sua vivência, com ênfase em relações públicas, hospitalidade, eventos, cerimonial, protocolo e etiqueta, além de crônicas do cotidiano.

Cristiane Costa Esteves

Cerimonialista, mestre de cerimônias, professora e organizadora de eventos há mais de 35 anos.

Mestre em Avaliação pela Fundação Cesgranrio. Especialista em mídias e novas tecnologias para a Educação; Especialista em Gestão de Eventos; em Turismo; em Marketing e em Administração Hospitalar. Graduada em Relações Públicas e Jornalismo.

Especialista em organização de eventos socais: cerimonialista de casamentos, 15 anos e bodas. Mestre de cerimônias de eventos sociais, culturais, acadêmicos e corporativos. Já trabalhou em diversos clubes, hotéis e casas de festas do Rio de Janeiro, acumulando mais de mil eventos realizados. Organiza feiras e eventos corporativos em Centros de Convenções.

Professora, desde 2001, das disciplinas: Hospitalidade e a experiência do cliente; Etiqueta, Cerimonial e Protocolo; Gestão de Alimentos e Bebidas, Planejamento e Organização de eventos, Eventos Sociais, Marketing Turístico, Cerimonial e Protocolo, Etiqueta Corporativa e Social e Projeto Integrador, passando por diversas instituições de ensino superior (graduação bacharelado, graduação tecnológica e pós-graduação). Conteudista e Tutora EaD de cursos on-line sobre Eventos, Secretariado e Secretaria Escolar – disciplinas eventos, cerimonial e etiqueta.

Autora de poesias e capítulos sobre eventos em livros editados, com destaque para o Livro Manual do Cerimonial Social – casamentos, bodas e festas de 15 anos: da concepção ao pós-evento, pela Editora SENAC.

Introdução

> "Atuar como Cerimonialista é uma verdadeira arte que mesmo próxima da perfeição evoca o contínuo exercício de lapidar conhecimentos e aflorar a sensibilidade para que todos, independente de cargos e precedências, sintam-se acolhidos e prestigiados."
>
> **Andréa Nakane**

> "Ser um profissional de cerimonial e protocolo é estar devidamente engajado com normas pré-estabelecidas que envolvem aprendizado prévio, habilidade para planejar e trabalhar em equipe, além de sabedoria para promover o acolhimento e lidar com imprevistos, quando necessário."
>
> **Cristiane Costa**

> Dizem que a vida é para quem sabe viver, mas ninguém nasce pronto. A vida é para quem é corajoso o suficiente para se arriscar e humilde o bastante para aprender."
>
> **Clarice Lispector**

ANDRÉA NAKANE E CRISTIANE COSTA ESTEVES |

Já ouvimos muito de pessoas que se dizem "cultas" e com grande expertise em eventos que a contratação de uma equipe de Cerimonial é desperdício de investimento. Talvez por isso mesmo, as solenidades e acontecimentos especiais nos últimos tempos, em número cada vez maior, tendem a tornar-se um magnífico show de horrores, registrando vergonhas desmedidas, com gafes absurdas e "saias justas" nada efêmeras, afinal em época do digital, prevalecendo nos ambientes sociais, a eternidade, registrada em memórias eletrônicas, sempre irão vir à tona.

É preciso esclarecer que o profissional que detém o conhecimento e a verdadeira vocação do Cerimonial tem como prerrogativa os esforços para pensar e elaborar - em conjunto com o organizador do evento - todo o roteiro que irá propiciar adequação, fluidez e sensação de contentamento a todos os participantes. Há um pensamento estratégico, minucioso, de grande sensibilidade e que evoca muita dedicação e experiência para atingir o ápice do sucesso.

O Cerimonialista detém um vasto conjunto de informações e orientações referentes ao Protocolo, regido por normas e leis, que não são feitas para "inglês ver", mas para serem colocadas em prática, com respeito e lisura.

Outro escalonado erro, é acreditar que a presença de um Cerimonialista só deve ser demandada quando há na lista de convidados autoridades dos Três Poderes. Ledo engano.

Em todos os demais eventos é latente sua participação, já que estamos envolvendo relações humanas, nas quais vaidades, interesses, egos, representatividade e pompa estão em ebulição e precisam ter uma tratativa condizente a não macular toda a imagem do evento.

Um dos mais inquietantes e desafiadores problemas da atualidade que assolam a sociedade – que não pode ser considerado novo, mas que está em crescente estado de atenção – diz respeito à convivência entre as pessoas.

E para fomentar uma ordenação e total harmonia entre as pessoas quando participam de solenidades e eventos formais existe o Cerimonial.

De acordo com Zanella (2012) uma pessoa pode até desconhecer as técnicas e normas protocolares que regem o cerimonial, entretanto, isso não impede que esta deva saber trabalhar com as situações constrangedoras causadas pelo seu desconhecimento.

É importante ressaltar que no Brasil, conforme Meirelles (2001) a organização do Cerimonial no Brasil está dividida em: Cerimonial Público e Cerimonial Privado.

O Cerimonial Público apresenta-se como Civil, Militar e Eclesiástico. Engloba o Cerimonial da Presidência, além do Cerimonial dos Estados e das Prefeituras.

O Cerimonial Privado envolve as questões de cerimonial e protocolo de empresas e entidades.

Conforme a tipologia de eventos, será necessário que agrupamos os dois tipos de cerimonial para atendermos os perfis envolvidos, mas para isso é preciso detalhadamente compreender o que seja essa arte, além do protocolo e etiqueta, muitas vezes serem confundidos com similares. E como são distintos e interdependentes é preciso conhecê-los profundamente, para que possamos em sinergia extrair suas melhores performances e práticas.

É realmente de uma grandeza inigualável, e todos os esforços deverão ser integrados para que os melhores resultados sejam concretizados. E a aquisição de conhecimentos, não pontuais, mas contínuos, deverá ser o norteador daqueles que desejam desenvolver uma trajetória responsável, admirada e sobretudo, profissional na área.

Vamos lá?

1. Tudo Junto, Misturado, mas com suas Singularidades

> "Nós somos responsáveis pelo outro, estando atento a isto ou não, desejando ou não, torcendo positivamente ou indo contra, pela simples razão de que, em nosso mundo globalizado, tudo o que fazemos (ou deixamos de fazer) tem impacto na vida de todo mundo e tudo o que as pessoas fazem (ou se privam de fazer) acaba afetando nossas vidas"
>
> **Zygmunt Bauman**

Segundo Freitas (2001) o cerimonial tem sua origem nas sociedades primitivas e é uma linguagem de comunicação específica, dirigida a grupos distintos, passível de transformação e atualização. Um dos seus propósitos é regulamentar os rituais dos homens e as situações sociais ou protocolares entre eles, entre as sociedades e as nações.

Ainda segundo Freitas (2001) o cerimonial e protocolo constituem-se num conjunto de regras utilizadas para organização de um evento, que facilitam o sucesso do mesmo, minimizando fragilidades, constrangimentos e críticas negativas.

É possível então, entender que essas regras servem, principalmente, para tranquilizar os organizadores e o anfitrião.

Sem o cerimonial, o protocolo não teria porque existir, e sem o protocolo é quase que impossível organizar uma cerimônia. Se analisarmos todos esses fatores, veremos que desde o princípio o ser humano vem trabalhando com cerimônias e protocolos, de uma forma ou de outra.

Conforme estudos de Meirelles (1999) podemos entender o cerimonial como um conjunto de formalidades que se deve aplicar num ato solene, com a finalidade de dar-lhe ordem e dignidade, evitando constrangimentos entre os convidados que dele participam.

Speers (1984) salienta que o cerimonial nada mais é que uma linguagem que define o espaço de cada um no evento.

Nakane *et al* (2016) complementa que o cerimonial é uma linguagem de comunicação específica, dirigida a grupos distintos, passível de transformação e atualização em respeito à cultura e às tradições dos povos.

Carlos Takahashi (2009) afirma que: "O cerimonial é uma arte, com filosofia própria e normas de conduta desenvolvidas ao longo dos séculos. Tem a finalidade de dar ordem aos eventos e evitar incidentes desagradáveis ou ressentimentos desnecessários. Marca a sucessão dos atos de uma cerimônia e a forma como deve ser dirigida."

Cerimonial é a linguagem mais completa para disciplinar o convívio humano seja sob o aspecto formal ou informal, onde utilizamos as normas de protocolo, ritual, civilidade e etiqueta, unidas à criatividade, através da linguagem cênica, respeitando, sobretudo, as tradições dos povos, de acordo com a visão da cerimonialista Eliane Ubillus.

A mesma autora cita Speers (1984) que em evento internacional definiu o Cerimonial como a atividade o homem singular ou do homem plural para criar, manter ou aumentar seu espaço psicoemocional, sociocultural, e ou para comunicar ao outro ou outros do respeito por aquele espaço que lhe corresponde dentro de um contexto motivacional.

É importante salientar que o cerimonial é regido por um agrupamento de normas e orientações que não podem ser inventadas ou até mesmo alteradas, a não ser o caso de ser algo regulamentado, alterado e proliferado de forma oficial por órgãos regulatórios públicos em função de comportamentos que já estejam superados pelo tempo ou por adequações administrativas ou cunho diplomático.

Por isso nunca se esqueça de recorrer a consultas e leituras de literaturas e normas orientativas sempre que for utilizar para não cometer nenhuma irresponsabilidade que possa causar constrangimentos e/ou aborrecimentos.

As regras e normas que regem o cerimonial e o protocolo foram há muito tempo fixadas e com o passar dos anos e as diversas evoluções, principalmente as tecnológicas, também surgem algumas implicações necessárias para adaptação desta ferramenta aos dias e costumes atuais. Segundo Velloso (1999, p. 34), a tendência atual é pela simplificação. Muitas regras caíram em desuso, outras são simplesmente ignoradas, devido, principalmente, à massificação dos costumes e do consumo.

Por isso, o trabalho do cerimonialista é realizado de tal forma que fique claro os procedimentos que devem ser seguidos e executados. Ao contrário do que é pensado, o cerimonial não é algo simples e rápido de ser feito, para que seja eficaz e realizado com perfeição é necessário planejamento.

Para o sucesso da realização de um evento três elementos são essenciais: Etiqueta, Cerimonial e Protocolo, que muitas vezes equivocadamente são considerados como sinônimos. Eles são distintos, indeléveis e complementares. E o conhecimento acentuado de cada um desses pilares torna-se crucial para o sucesso da performance do profissional que atua no meio.

Diferenças entre CERIMONIAL E PROTOCOLO

O que é Protocolo?

Conjunto de normas jurídicas, regras de comportamento, costumes e ritos de uma sociedade em um dado momento histórico.

No Brasil, o protocolo é regulamentado por meio do Cerimonial Público da República Federativa do Brasil e a Ordem Geral de Precedência, são impostos pelo Decreto n.º 70.274, de 9 de março de 1972 que consagraram os usos e costumes internacionalmente vigentes e aceitos sobre o assunto.

Segundo Martinez (2006, p.14):

"Protocolo é o implemento de normas previamente fixadas pelo cerimonial e adequadas para o estabelecimento de contatos sociais, tanto por organizações públicas quanto privadas, contendo indicativos para facilitar o convívio formal em sociedade. A aplicação prática e concreta do cerimonial está, pois, no protocolo, que ordena as regras e a execução".

O protocolo define questões como a ordem de chamada das pessoas que compõem a solenidade (quem deverá ser chamado primeiro), a disposição dessas no evento (quem deverá ficar ao lado de quem) e a sequência dos pronunciamentos (quando cada um irá se pronunciar). Um planejamento que visa o melhor para o evento de forma organizada e limpa.

O que é Cerimonial?

É a aplicação prática do protocolo, ou seja, as suas regras. A palavra cerimonial tem origem do latim *caerimoniale* e refere-se às cerimônias religiosas.

Exemplo: cerimoniais e protocolos oficiais como a troca da guarda do Palácio de Buckingham.

Exemplo de cerimonial não oficial: fila de cumprimentos em eventos, corte da faixa inaugural em estabelecimentos.

A diplomacia está ligada a Cerimonial e Protocolo, sem estes ela não poderia existir. O cerimonial da diplomacia possui regras internacionais, aplicadas para todos.

A sociedade como um todo, isto é, todos os níveis, exigem as regras protocolares, pois as têm como referencial, porém há uma tendência de simplificação no cerimonial, hoje em dia, sendo, então, uma tendência mundial.

Freitas (2001) comenta que a diplomacia é a arte das relações internacionais e o Cerimonial é uma linguagem estabelecida e reconhecida por seus representantes.

Com certeza, o Cerimonial é responsável pela imagem das autoridades, evita gafes e constrangimentos, além de proporcionar a integração das autoridades com comportamentos e atitudes devidas na sociedade; por isso nada é aleatório; existem regras a serem seguidas

A precedência é na realidade o reconhecimento da hierarquia que determina as questões protocolares.

No Brasil, o termo Cerimonial foi consagrado pelo decreto 70.274, de 9 de março de 1972, que aprovou as Normas do Cerimonial Público da República do Brasil e Ordem Geral da Precedência.

Freitas (2001) relata que, na cultura brasileira, as relações sociais ou protocolares são sempre aquecidas pela informalidade. O Cerimonial, portanto, tem que ser adaptado aos costumes, ao clima tropical e subtropical e aos objetivos que se pretendem atingir.

Lins (1991) comenta que o Cerimonial Brasileiro deve ter a sensibilidade e o senso de estabelecer sua aplicação em função da cultura e da psicologia do povo brasileiro.

Trabalhar com cerimonial é trabalhar com detalhes; são eles que fazem toda diferença desde o planejamento até a execução, na fase do evento.

O protocolo é essencial para o cerimonial complementando e constituindo-se do conjunto de normas para conduzir o evento; tais como a ordem geral de precedência e a formação da mesa de honra.

> A apreciação de interesses, costumes e tradições do povo e do Estado com que se negocia é de suprema importância, é sinal de respeito. Incidentes internacionais nasceram de lapsos do Protocolo e da Diplomacia. Detalhes não observados tornaram-se erros políticos.

Para Reflexão:

> "O Cerimonial cria o quadro e a atmosfera nas quais as relações pacíficas dos estados soberanos devem realizar-se".
>
> **(Jean Serres, 1960, in Manual Prático de Protocolo)**

O que é Etiqueta Social?

Vale ressaltar que não podemos confundir o que seja Cerimonial e Protocolo, mas também a Etiqueta. Apesar de estarem muito próximas, sendo até mesmo interdependentes, podemos afirmar que a etiqueta, acrescida da hospitalidade, são conceitos inseridos na prática do cerimonial.

O Cerimonial alinhado ao protocolo evita dissabores nas cerimônias públicas, contribuindo para a preservação da imagem de autoridades e pessoas que estejam ocupando cargos públicos, além de coordenar a sequência dos atos para que a cerimônia flua tranquila e eficientemente.

As normas vinculadas ao protocolo e aplicadas pelo cerimonial orientam e permitem ao cidadão integrar-se no sistema rítmico do comportamento social, controlando o acaso e influenciando positivamente o resultado do evento. Ele surgiu para regulamentar o evento, no caso, o cerimonial, estabelecendo posições e tratamentos a cada autoridade.

O objetivo do protocolo é dar a cada um dos participantes de um evento as prerrogativas, privilégios e imunidades a que têm direito.

Já a etiqueta tem como premissa básica sedimentar comportamentos que possibilitem uma harmoniosa convivência entre as pessoas, adotando para isso determinadas normas de conduta individual no coletivo. Nakane *et al* (2016) sinaliza que na atualidade a etiqueta é uma exigência para o bem-estar de toda a sociedade.

A etiqueta indica o molde adequado que uma pessoa deve desenvolver para viver e conviver harmoniosamente em sociedade, abordando aspectos como: vestuário, alimentação, como convidar e ser convidado, a comunicação pelo uso da linguagem escrita, etiqueta, norma de conduta oral e gestual etc.

Dessa forma, possibilita-se que o convívio social se recubra de uma atmosfera agradável e harmoniosa, evitando situações de embaraço e conflito.

A Etiqueta é composta por um conjunto de códigos e regras de boa convivência em eventos, ela compactua com variáveis tipos de comportamento, costumes e valores, é uma forma de facilitar a boa convivência social em qualquer âmbito formal ou não formal, e direciona a um convívio cultural diante a meios disciplinares (YANES, 2014).

De acordo com Lins (2006) etiqueta é "Fenômeno da cultura popular com características de cordialidade e hospitalidade ligadas às normas de comportamento pessoal".

Freitas (2001) comenta que a etiqueta é o elemento de formação individual, capaz de disciplinar a atitude de cada pessoa em relação ao próximo e em relação às sociedades com que interage.

E o grande desafio é justamente utilizar todos os conceitos juntos para que os participantes de um evento atinjam o ápice de sua satisfação, intensificando sua prática, que há muito acompanha a evolução da sociedade.

Estudo de Caso ou melhor, Causo

Em um evento de muita pompa e circunstância em um famoso hotel da orla carioca, foi vislumbrada uma cena inesquecível, que marcou muito e pode ser atribuído à ausência de humildade e até mesmo de coerência, o que comprova a atenção necessária aos novos conceitos comportamentais e sociais, pois esses como o mundo não são estáticos e estão sempre em evolução.

Era uma recepção bastante formal em homenagem à chegada de um novo membro diplomático no país. Lugares estavam discriminados à mesa, onde seria servido o jantar empratado, ou seja, o serviço gastronômico já viria pronto da cozinha.

Ao sermos convidados para ingressarmos no salão, recepcionistas munidas de mapas de localização, indicavam qual o lugar que cada um dos convidados deveria ocupar.

Rapidamente o fluxo de pessoas, em torno de 120, já estavam acomodadas e começamos as apresentações formais à mesa.

Um senhor falante era um dos mais animados, sendo essa ocasião, sua primeira vez como convidado de um evento daquele porte, pois sua empresa estava iniciando as operações de exportações para o país cuja nacionalidade era do novo cônsul que estava sendo festejado.

O primeiro prato, a entrada, foi composto de alcachofras. Esse tipo de alimento requer um cuidado dobrado, pois necessitamos utilizar nossos próprios dedos para sua degustação. Devemos retirar as folhas, uma a uma com a mão, mergulhá-las individualmente no molho servido – geralmente vinagrete, de limão ou manteiga derretida. Depois saboreia-se a polpa das folhas segurando-as levemente com os dedos. A parte espinhosa deverá ser raspada com a faca, ajudando com o garfo e o miolo não deverá ser desprezado, passando-o pelo molho.

O senhor ao perceber o prato exclamou de maneira surpreendente:

"... Que bonita decoração, mas como vou poder comer alguma coisa nesse prato, se esse troço já ocupa todo o espaço reservado para colocar a comida?".

Alguns colegas de mesa riram, pois pensaram tratar-se de uma piada, outros ficaram perplexos, sem imaginar que o pior estaria, ainda, para acontecer.

Como os comensais utilizaram-se das mãos para saborear sua refeição, uma lavanda também foi colocada à disposição. Trata-se de uma composição de água quente com gotas de limão e/ou pétalas de rosa que servem para eliminarmos os indícios de gordura em nossas mãos, após o término da refeição do prato em questão.

Após ter percebido que o arranjo tratava-se de uma saborosa iguaria, o senhor acabou espelhando-se nos seus vizinhos e degustou a alcachofra, porém ao ser ofertada a lavanda, ele não hesitou em beber todo o conteúdo da mesma em um só gole, sem a ajuda se quer de uma colher e sem perceber também que todos os colegas de mesa o olhavam estarrecidos com o que estavam testemunhando.

Somente ao finalizar seu ato, o senhor se deu conta que era o centro das atenções e em bom e alto tom disse:

"...Argh! Vocês são muito espertos, não? Esperaram que uma cobaia provasse desse caldinho para só depois beberem! Mas se eu fosse vocês não tomariam isso, não. O gosto é péssimo, parece água morna!".

O constrangimento foi geral, o próprio senhor ao perceber sua grande gafe mediante o comportamento dos demais comensais, pediu desculpas e passou o resto do jantar calado, colaborando para o clima ruborizado que permeou a mesa até o final do evento.

Antigamente, a etiqueta era vislumbrada como um privilégio das elites, hoje ela é vista como artigo de primeira necessidade na sociedade humana, sendo utilizada no cotidiano de todos, seja nas ruas, praças, residências, escritórios, universidades, enfim faz parte de nossas vidas.

Essa justificativa é bastante convincente para o investimento em saber como nos relacionar, como conviver bem com nossos semelhantes, colegas de trabalho, autoridades e clientes para obtermos o sucesso almejado em nosso trabalho.

Relacionando esses três conceitos acima apresentado, pode-se afirmar que:

Protocolo é um conjunto de normas jurídicas, regras de comportamento, costumes, ritos, cultura da história de uma sociedade. O Cerimonial aplica na prática os protocolos propostos com disciplina e responsabilidade, visando a realização de determinado evento um sucesso. A Etiqueta vai adequar o âmbito social, materializando os conjuntos de normas composto pelo cerimonial e protocolo. Tudo se complementa para agregar dignidade, organização, ordem, disciplina e evitar constrangimentos aos participantes presentes

Para não esquecer jamais

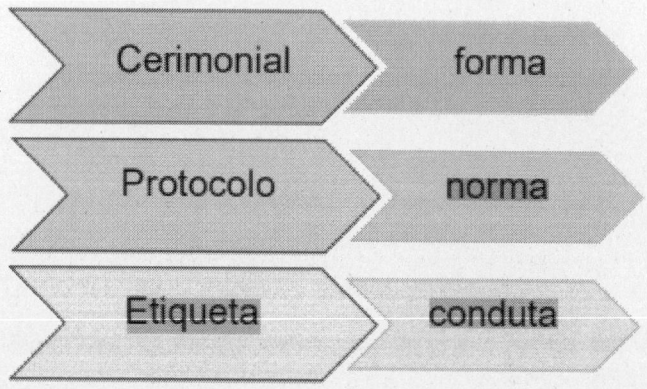

DEFINIÇÕES IMPORTANTES

O Dicionário da Real Academia Espanhola, no referente ao termo protocolo, diz originar-se do grego "protocollum" e significa 1ª folha. Dá, sobre a mesma, 3 opções:

a) Série ordenada de escrituras e outros documentos que um notário ou escrivão autoriza e mantém dentro de certas formalidades.
b) Ata ou livro de atas relativas a um acordo, congresso ou conferência diplomática.
c) Por extensão, é regra de cerimônia diplomática ou palaciana estabelecida por decreto ou costume.

No referente ao termo cerimonial, diz: "Ação ou ato exterior decorrente de lei, estatuto ou costume, para cultuar as coisas profanas". É "substantivo – série ou conjunto de formalidades para qualquer ato público ou solene". É ainda "livro, livreto em que estão escritas as cerimônias que se devem observar em certos atos públicos".

O Nouveau Larousse Illustré informa:

"<u>Cerimonial</u>: é a sequência introduzida pelo uso e pela vontade das pessoas autorizadas, das diferentes partes de uma cerimônia política, religiosa, judiciária ou mesmo privada.

É difícil determinar, com precisão, a diferença entre "cerimonial" e "etiqueta". Pode-se dizer, contudo, que cerimonial tem antes, um sentido ativo que marca a sucessão de atos de uma cerimônia, e, por outro lado, etiqueta tem mais particularmente um sentido passivo, determinando as normas e costumes, pode-se dizer, ainda, que "cerimonial" regula a cerimônia, e aqueles que a presidem ou dirigem; enquanto que a etiqueta se aplica àqueles que participam ou são convidados".

"<u>Protocolo</u>: Cerimonial usado nos assuntos diplomáticos".

Conforme o Decreto nº 70.274, de 9 de março de 1972. (Nos anexos, há na íntegra esse material).

Aprova as normas do cerimonial público e a ordem geral de precedência.

O Presidente da República, no uso da atribuição que lhe confere o art. 81, item III, da constituição, decreta:

Art. 1º São aprovadas as normas do cerimonial público e a ordem geral de precedência, anexas ao presente Decreto, que se deverão observar nas solenidades oficiais realizadas na Capital da República, nos Estados, nos Territórios Federais e nas Missões diplomáticas do Brasil.

Art. 2º Este Decreto entrará em vigor na data de sua publicação, revogadas as disposições em contrário.

Brasília, 9 de março de 1972; 151º da Independência e 84º da República.

Pode-se, de maneira muito sintética, afirmar que o protocolo é a norma e o cerimonial é a forma que um evento é desenvolvido.

2. Um pouco de História, sempre vai bem

> "Não acreditamos que haja cérebro que possa guardar nos mínimos detalhes as disposições vigentes dos cerimoniais. Acreditamos, entretanto, que é preciso sentir seus princípios básicos e sua origem e história para num determinado momento estarmos aptos a decidir, e por que não – improvisar, dentro de uma linguagem onde a tônica constante é o respeito recíproco e a solidariedade."
>
> **Nelson Speers**

Panorama Evolutivo do Cerimonial nas Culturas

Nos registros encontrados das primeiras grandes civilizações (egípcia, chinesa, persa, indiana, mesopotâmica, grega, romana, etc), é possível identificar códigos, agrupamentos de normas e preceitos, bem como sistemas estruturados e rígidos de práticas de cerimonial orientados para o dia a dia das cortes, da burocracia oficial e religiosa e até para os cidadãos comuns.

Na verdade, o cerimonial e o protocolo se confundem com a trajetória histórica da própria humanidade. "Muito antes da descoberta do fogo e da roda os homens já se organizavam em clãs, onde havia uma hierarquia a ser respeitada em eventos, como a hora de saborear a caça" (LUKOWER, 2003, p. 13).

Tais fatos, permitem afirmar que desde a antiguidade, o cerimonial é praticado pelos povos de acordo com a cultura de cada um deles, reforçando sua questão identitária.

Em cada civilização, as normas definiam, em maior ou menor grau de complexidade e detalhamento, o comportamento nas cortes, a maneira de se dirigir aos governantes, as relações entre governos com outros povos, a troca de presentes, cerimônias do dia-a-dia, do casamento ao funeral, dentre outras situações.

Cerimonial no Antigo Egito

Freitas (2001) relata que no antigo Egito, as cerimônias oficiais e religiosas regulamentavam as relações entre os povos e eram de grande rigor. O Cerimonial se confundia com os atos religiosos, pois o faraó era autoridade e Deus.

Cerimonial Chinês

Um dos sistemas mais completos e complexos de cerimonial conhecido das civilizações antigas é da época de Chou Kung, fundador da dinastia Chou, da China do século XII a.C

"Estevão Cruz, em sua "História Universal da Literatura", dá-nos notícia do Chu-Li e I-Li ... obras importantes para o conhecimento da história chinesa no que respeita ao governo da dinastia Chu. O primeiro descreve o complicado sistema administrativo e o segundo, em 17 livros, trata do ritual a ser observado nas cerimônias religiosas e profanas" (SPEERS, pág.40, 2004).

Freitas (2001) relata que é muito importante conhecer o Cerimonial chinês porque foram os chineses os grandes mestres do assunto; eles enalteciam a consideração mútua e o respeito pelas hierarquias. Ainda hoje, eles reconhecem que o princípio da humildade é condição *sine qua non* para o sucesso.

Freitas (2001) ainda comenta que a filosofia chinesa se baseava na afirmação de que o homem não podia viver isolado da sociedade e da natureza. Para todo convívio devia existir uma ordem. Esta viria, contudo, dos costumes e não das leis. Aqueles que desrespeitassem o Cerimonial não poderiam receber homenagens.

Cerimonial na Civilização Grego Romana

As conquistas no mediterrâneo e no Norte da África trouxeram para Roma muitas riquezas no século I a C. Roma foi inundada, de repente, por tesouros incalculáveis: pinturas e esculturas inestimáveis, mobiliário finamente entalhado, perfumes exóticos, especiarias raras e jóias requintadas feitas em ouro e prata. Leis foram codificadas e apareceram escritos profundos sobre comportamentos. (FREITAS, 2001, p. 41).

Cerimonial na Idade Média

Chama-se Idade Média o período entre a queda do Império Romano do Ocidente, em 476 d.C., e a tomada de Constantinopla pelos turcos em 1453.

O esplendor de Bizâncio foi fonte de inspiração para o movimento de ostentação que se inicia nas referidas cortes, notadamente na francesa e na Santa Sé, espalhando-se por toda a Europa.

Nesse período, após as cortes europeias firmarem a prática de atos protocolares nas festividades e cerimoniais ocorreu então, a difusão e a consagração destes para outros países.

O Cerimonial diminuiu a ostentação e canalizou seus valores para a arte, a filosofia e o direito. A era medieval tornou-se fecunda em criações artísticas, meditações filosóficas e realizações jurídicas e políticas de profundo significado para a História da Civilização.

Triunfou o ideal cristão que edificou uma sociedade baseada nos princípios do Evangelho. (FREITAS, 2001, p.43).

Cerimonial na Idade Moderna

Chama-se Civilização Moderna a que se desenvolveu entre a tomada de Constantinopla pelos turcos em 1453 e a Revolução Francesa em 1789. Nos séculos XV, XVI e XVII os monarcas da Inglaterra adotaram o Cerimonial cheio de pompas. (FREITAS, 2001, p.44).

Cerimonial no Brasil

No Brasil, o cerimonial passa a se destacar no momento da transferência de D. João VI, rei de Portugal, em 1808 para as terras tupiniquins. A corte tinha hábitos muito diferentes dos encontrados em terras brasileiras, que foram incorporando aos poucos os novos costumes, rituais e protocolos, sendo mantidos, mesmo após o retorno da família real para a Europa.

Cerimonial na Idade Contemporânea

Freitas (2001) escreve que o mundo globalizou-se e o Cerimonial passou a interpretar a linguagem protocolar internacional, assim como os símbolos, costumes e rituais de todos os povos. Houve aumento das atividades oficiais e institucionais (públicas e privadas), além da criação de numerosos organismos internacionais: Organização das Nações Unidas (ONU), da Organização dos Estados Americanos (OEA), Organização das Nações Unidas para a Alimentação e a Agricultura (FAO), Organização das Nações Unidas para a Educação, a Ciência e a Cultura (UNESCO) e o Fundo Monetário Internacional (FMI).

O cerimonial passou a dar a cada pessoa as prerrogativas a quem tem direito e suas formas criaram solenidade, ordem, beleza, dignidade e perfeição à celebração de cada ato, influenciando as políticas nacionais e internacionais. (FREITAS, 2001, p.45).

Curiosidades

Tipos de Cerimonial

- Público: Aplicado em situações que houver presentes autoridades públicas como Presidentes, Ministros, Governadores, Cônsules, Deputados, Vereadores, etc.
- Misto: Aplicado em eventos nos quais as autoridades de organizações públicas são mescladas com autoridades de organizações privadas.
- Privado: Aplicado em eventos corporativos e técnico-científicos. Qualquer evento que exigir a organização de uma solenidade especial, mesmo que seja sem a presença de autoridades públicas, faz o uso do Cerimonial.
- Militar: Organizado exclusivamente pelas Forças Armadas com a presença de autoridades. São eventos de homenagens, honras, solenidades, posses entre outros.

Quebra de protocolo

Sugere-se como sendo uma transgressão de determinada norma, regra ou disciplina, por alguma razão pessoal do sujeito principal da ação.

Em alguns casos, o abandono ou o relaxamento das normas, que gera a quebra do protocolo, tem origem no desejo de agradar, de se fazer simpático ou ainda numa reação espontânea e humana.

Contudo, é sacramentado que uma quebra de protocolo só pode ser concretizada quando se contraria o que está legislado.

De fato, a quebra do protocolo, em alguns casos pode até ser considerada engraçada, mas em sua forma absoluta sempre apresenta um viés de puro constrangimento e em alguns casos ser vista como uma falta de sensibilidade da própria organização para com os envolvidos.

Na ótica do Cerimonial, a flexibilidade ganha notoriedade buscando atender a novas premissas e anseios sociais, o que não se tornaria uma quebra de cerimonial, mas sim, uma atualização e modernização dos ritos e costumes.

Na verdade, a equipe de cerimonial sempre busca orientar as autoridades e todos os envolvidos sobre as fases de um evento, independente de envolver culturas diferentes e tradições de cada região do mundo, mas no ardor da emoção, muitos teimam em fazer diferente do que foi acordado... e aí... já sabemos o resultado.

> **Curiosidade**
>
> O Vaticano, que é provavelmente a mais antiga corte da Europa, é justamente afamado pelo refinamento e observância de seu rígido protocolo. Por tal razão, é o exemplo mais clássico e mais citado como quebra de protocolo. Quando Jaqueline Kennedy, esposa do então presidente norte-americano John F. Kennedy, estava para visitar o Vaticano, o Papa foi informado pelo cerimonial sobre a maneira como deveria saudá-la. Foi lhe dado escolher entre "Sra. Presidente", "Madame" ou "Sra. Kennedy".
>
> Ao vê-la, entretanto, o Papa abriu os braços e exclamou com satisfação humana: "Oh, Jaqueline!".
>
> O fato foi registrado por meio de fotos e filmagens, oficializando a mais clássica quebra de protocolo do mundo.

Em 2018, numa cerimônia de bodas marcada por quebras do rígido protocolo da realeza britânica, a atriz Meghan Markle entrou na capela de São Jorge, em Windsor, sozinha, sendo recebida pelo então príncipe Charles, pai de seu noivo, Harry, filho da saudosa princesa Diana. Porém, ao invés de seguir do lado direito do futuro sogro, a noiva entrou do lado esquerdo. Harry tirou o véu do rosto da noiva antes mesmo dos votos, quebrando mais uma regra. Durante os votos, seguindo os passos da tradição rompida, em 1981, pela princesa Diana, a atriz decidiu não pronunciar a palavra "obediência".

Em inglês, os votos tradicionais para a mulher costumam citar *"love, cherish and obey"* (amar, cuidar e obedecer em português). Meghan, no entanto, omitiu a palavra obedecer dos votos e parou em *"love and cherish"* (amar e cuidar). Certamente, os novos tempos modificaram o que a tradição monárquica estruturou durante séculos. E isso, é algo que não vai parar.

Estudo de Caso

O último Evento da Rainha

Por mais incrível que possa parecer, há ainda muita gente que faz caretas quando mencionamos a importância do cerimonial e protocolo em eventos, independentemente de seu porte, área de interesse e tipologia.

Nas últimas semanas, a maioria das pessoas no mundo, em estado de consternação, muitas incrédulas, acompanhou os ritos fúnebres referentes a despedida da mais longeva monarca, que reinou por 70 anos, a Rainha Elizabeth II e pode perceber o quanto essa dupla foi essencial para que todas as solenidades ocorressem de forma serena, organizada, digna e memorável. Vale também ressaltar que a etiqueta não pode ser esquecida e teve participação plena em todos os momentos.

O último funeral de um soberano inglês ocorreu em 1952, com o rei George e nessa época não existia ainda a comunicação de massa como na atualidade, o que proporcionou a um contingente populacional inimaginável acompanhar todos os ritos e honrarias destinados à memória da rainha falecida.

Para quem trabalha com Cerimonial, Protocolo e Etiqueta é um verdadeiro marco, fonte de aprendizados e curiosidades, até porque, os profissionais que aqui estão, no Brasil, sem a legitimação sistêmica e até mesmo rotineira, não tem campos de atuação envolvendo perfis da realeza.

Em toda a dinâmica da vida de qualquer pessoa, os ritos são essenciais para fortalecer nossa condição de seres humanos que em passagem, necessitam dos símbolos, vinculados a algum costume ou a uma cerimônia que se repete de forma invariável de acordo com um conjunto de normas previamente estabelecidas, que harmonizam e possibilitam vivências de alta memorabilidade.

Os ritos variam de acordo com a sociedade ou a cultura, apesar de se basearem em certas questões comuns a toda a humanidade. Um exemplo de ritos mundiais glocais, ocorre quando há a morte de uma pessoa.

E para que os mesmos não sejam esquecidos, ou até mesmo, inadequadamente processados, o planejamento dos mesmos torna-se crucial, tornando-os elementos preciosos em um evento. Nesse caso, de um evento fúnebre, atrelado ao protocolo real.

O uso do preto como cor das vestimentas em eventos fúnebres é também aplicado no protocolo real britânico.

Um exemplo disso é que os membros da realeza sempre levam uma roupa preta em suas malas de viagem, para terem uma opção de vestimenta apropriada caso aconteça alguma fatalidade que exija uma aparição pública. Na morte do rei George VI, pai da rainha Elizabeth II, ela estava em viagem para o Quênia e a necessidade da roupa preta a obrigou a esperar dentro do avião pelo traje correto para que aparecesse em público.

Apesar de todo o tradicional protocolo, foi possível flexibilizá-lo a pedido da própria Elizabeth II, com a escolha de músicas e leituras de seu gosto pessoal. Um planejamento, há muito já organizado, pois nas incertezas da vida, a certeza de sua finitude é real, seja quem for na estrutura de uma sociedade, um cidadão, um político ou rei... a hora de cada um chegará!

Há rumores que os preparativos para seu funeral são feitos desde a década de 1960, segundo uma reportagem do jornal britânico "The Guardian". Os caixões, tanto dela, quanto de seu marido, foram confeccionados, ainda, na década de 90.

Tratado como um megaevento, as cerimônias fúnebres da Rainha receberam o nome de "London Bridge" e detalham perfeitamente todo o passo-a-passo do dia da morte – e dos dias seguintes, independentemente de onde e quando a Rainha falecer.

Um dos detalhes do plano incluiu uma palavra-chave – nesse caso, *"London Bridge is down"* (Ponte de Londres caiu, em português) - para a confirmação de sua morte entre os serviçais e as autoridades mais próximas. Todos os detalhes foram seguidos, desde a empresa funerária que deve fazer a cerimônia até o meio de transporte escolhido para ser utilizado para carregar o caixão de Elizabeth II. Uma demonstração na qual, o planejamento deve prever todos os possíveis cenários, para não ficar vulnerável, frente a qualquer situação.

Um dos mais simbólicos e emocionantes ritos é a Vigília dos Príncipes. O rei Charles III e seus irmãos Andrew, Edward e Anna ficaram a postos ao redor do caixão por cerca de 15 minutos.

A Vigília dos Príncipes é uma tradição iniciada em 1936, quando os quatro filhos de George V permaneceram em guarda ao redor do caixão dele. E em 2022, a participação da princesa Anne, demonstra a oxigenação da Monarquia frente aos novos tempos, acolhendo todos os gêneros.

Os netos da rainha também protagonizaram a mesma vigília, no sábado, dia 17 de setembro, tendo lado-a-lado, meninos e meninas.

Ressalto a organização impecável do velório em Londres, onde o caixão pode ser visitado no Palácio de Westminster, edifício mais antigo do Parlamento britânico, durante quase cinco dias.

O caixão estava sobre um catafalco roxo, no topo de um pedestal, coberto pelo estandarte real, a coroa imperial e o cetro, que são símbolos do poder da monarquia britânica, além de flores brancas com folhagens.

Dezenas de milhares de pessoas de todas as idades - estima-se algo em torno de 800 mil - foram prestar homenagem à falecida monarca, em uma espécie de velório público, unidos em uma fila bem organizada ao longo da margem Sul do Tâmisa e depois sobre o rio até o Westminster Hall do Parlamento. A média de permanência na fila oscilou entre 7 e 08 horas.

A entrada teve de ser interrompida por pelo menos 6 horas em algumas vezes, nessa organização, mil pessoas trabalharam no suporte e na distribuição de água para a população no local.

A postura e conduta impecável das pessoas presentes foi uma demonstração de respeito e responsabilidade, provavelmente reflexo de toda a vida pública da Rainha Elizabeth II. Foram raros os causos de balbúrdia e que rapidamente foram controlados por equipes de segurança.

O fato que mais chamou a atenção nessa esfera foi quando um guarda real desmaiou durante o velório da rainha Elizabeth II, na noite de quarta-feira (14) em Londres. Na transmissão midiática, é possível ver o guarda cambaleando diante do caixão e em seguida ele cai com o rosto virado para o chão.

O incidente ocorreu quando era feita a troca dos guardas que vigiavam o caixão, e a transmissão com as imagens de dentro do Westminster Hall foi interrompida, passando a exibir imagens do exterior do prédio. Alguns minutos depois, o caixão da rainha voltou a ser exibido, já tendo o episódio contornado.

Chefes de estado e diplomatas foram confirmados e foram convidados a se reunir no Royal Hospital, uma casa de repouso para ex-militares no oeste de Londres, e, posteriormente, seguiram em grupos para a Abadia de Westminster para o funeral de Estado.

Após esse solene e oficial momento, em uma cerimônia privada no Castelo de Windsor, o último compromisso foi agendado: seu sepultamento, em câmara onde permanecerá - ao lado do seu marido, o príncipe Philip, duque de Edimburgo, que morreu em 2021 - em descanso eterno, após seu último dever de monarca.

> "Inevitavelmente, uma vida longa, pode passar por muitos marcos; a minha não é exceção."
>
> **Rainha Elizabeth II.**

Tempos & Movimentos

O montante de R$624 milhões foi a totalização das despesas pagas pelos contribuintes britânicos, com o evento de coroação do Rei Charles III, na Abadia de Westminster, que ocorreu no dia 06 de maio de 2023, e definitivamente oficializa uma nova fase na monarquia britânica.

Apesar de ter grupos oponentes, sobretudo, liderados pelos mais jovens, aos custos da celebração, a maioria da população britânica apoia sua organização, já que enxergam tal fato como algo positivo, propositalmente para a nação, na esfera econômica, que atraia, não só a presença de chefes de estado, mas, também de inúmeros turistas à capital da Inglaterra. Estima-se que 1 bilhão de libras tenha sido arrecadado com a movimentação de visitantes para acompanharem todo o evento.

O roteiro do evento começou às 10h20 (6h20, horário de Brasília), com a Procissão do Rei. O cortejo saiu do Palácio de Buckingham e seguiu por 2,3 km até a Abadia de Westminster. Ao fim da cerimônia, por volta das 13h (9h, horário de Brasília), a Procissão da Coroação fez o percurso inverso.

A cerimônia repleta de simbolismo e ritos milenares para muitos pode até ser considerada exagerada, ostensiva e antiquada. Porém para outros é a representação máxima de respeito à cultura e tradições que promovem conexões.

Como pesquisadora e profissional que trabalha na área de Cerimonial e Protocolo há pelo menos 25 anos, confesso que é um momento único de aprendizado e contemplação, que não está disponível no cotidiano. Vale ressaltar que solenidade de tal porte e envergadura, anteriormente ocorreu em 1953, com a coroação da jovem Rainha Elizabeth II.

Oito meses após sua passagem, seu filho primogênito passa pela mesma histórica coroação, nos possibilitando perceber que apesar de todo o avanço tecnológico e moderno, os símbolos e ritos permanecem como elementos que evocam pertencimento e despertam sensações de múltiplas emoções.

Como elementos que comunicam mensagens, o conjunto de todas essas configurações dão sentido ao coletivo, resgatando memórias do passado, ao mesmo tempo que sinalizam que o presente se mantém dinâmico e agregador de novos ritos.

Mas a contemporaneidade transvestida de novidades também espaço reservado em cerimônias de pura tradição. Por exemplo no set list da coroação foram incorporadas doze novas composições, incluindo músicas de Judith Weir, Andrew Lloyd Webber e Patrick Doyle. Os artistas do serviço incluem a Orquestra da Coroação, o harpista real Alis Huws, o Coro da Abadia de Westminster e o Coro da Ascensão. Além disso, foi a primeira vez que uma cerimônia de coroação incluiu bispas, assim como a estreia de representantes de outras religiões, evocando a multiculturalidade em todos os sentidos, inclusive o religioso.

Os ritos variam conforme a sociedade ou a cultura, apesar de se basearem em certas questões comuns a toda a humanidade, com base em arquétipos. O que pode ser até mesmo analisado como algo essencial a representação plena de uma sociedade. E que por si só justificam sua manutenção e continuidade absorvidas como legados geracionais.

Outros números também chamam a atenção, frente a grandiosidade do acontecimento especial.

Mais de 11 mil membros das forças armadas foram envolvidos nas cerimônias. Destes, mais de 4 mil participaram da procissão entre a Abadia de Westminster e o palácio de Buckingham, segundo a agência Reuters, demonstrando sua envergadura preventiva.

Foram recebidos 2,3 mil convidados na Abadia de Westminster – bem abaixo dos 8 mil que assistiram à cerimônia de 1953. Um enxugamento na ordem de promover uma cerimônia mais alinhada com questões de otimização de recursos e até porque com todo o aparato das telecomunicações, o evento tende a ter um alcance de transmissão muito expressivo.

A questão da sustentabilidade também se fez presente na organização do evento, alinhado com os novos tempos e com o perfil ambientalista do Rei Charles III. O mesmo reutilizou roupas usadas por seus predecessores reais e a estética "ecológica" da cerimônia também estava estampada neste instrumento, elaborado em papel reciclado, nela aparece o "homem verde", figura milenar do folclore britânico que simboliza a chegada da primavera e o renascimento.

No momento da coroação, uma saudação de 62 tiros foi disparada na Torre de Londres, com uma salva de seis tiros no Horse Guards Parade. Outros 21 tiros foram disparados em 13 locais em todo o Reino Unido, incluindo Edimburgo, Cardiff e Belfast, e em navios da Marinha Real.

Mas o evento não acaba neste ato, continua nos dias seguintes à coroação: Domingo (7): a noite contará com shows de diversos artistas, a maior parte internacionais. Entre eles estão Kary Perry, Lionel Richie e Andrea Bocelli. Segunda-feira (8): o dia será feriado nacional. Na data, a família real incentiva os britânicos a realizarem atos de caridade e a partilharem refeições com a comunidade.

Um evento complexo, ritualístico, que ao mesmo tempo que reforça seu passado, abre-se para o futuro, demonstrando que o novo sempre vem, sem jamais esquecer do que já foi, como relicário de emoções e conquistas que constitui a sua história, e que, seja ela qual for, jamais poderá ser desprezada, pois é prova viva da continuidade de todos nós.

3. Quem faz Acontecer

> "Aprenda que não importa em quantos pedaços seu coração foi partido, o mundo não pára que você o conserte. Aprenda que o tempo não é algo que possa voltar. Portanto, plante seu jardim e decore sua alma, em vez de esperar que alguém lhe traga flores."
>
> **William Shakespeare**

O que é preciso saber sobre as competências e habilidades de um Gestor de Cerimonial?

Marcílio Reinaux (2003), conceituado cerimonialista brasileiro declarou que: "o cerimonial é algo leve, sutil, discreto. Quem trabalha nesse métier, deve estar preparado para sentir (e sobretudo transmitir) a leveza do cerimonial."

Freitas (2001) menciona que o ofício do Cerimonialista é uma atividade com glamour, mas inclui muita dedicação na aquisição do conhecimento e aplicação de detalhes, além de exigir raciocínio rápido e uma formação cultural sólida.

É preciso esclarecer que o profissional que detém o conhecimento e a verdadeira vocação do Cerimonial tem como prerrogativa os esforços para pensar e elaborar em conjunto com o organizador do evento todo o roteiro que irá propiciar adequação, fluidez e sensação de contentamento a todos os participantes. Há um pensamento estratégico, minucioso, de grande sensibilidade e que evoca muita dedicação e experiência para atingir o ápice do sucesso.

O Cerimonialista detém um vasto conjunto de informações e orientações referentes ao Protocolo, regido por normas e leis, que não são feitas para "Inglês ver", mas para serem colocadas em prática, com respeito e lisura.

O profissional de cerimonial deve conhecer, pesquisar e atualizar todas as regras e normas que regem as solenidades públicas, para que se desenvolva, em ordem, todo e qualquer evento, mesmo aquele de caráter social.

Descrição, compromisso ético, saber conduzir situações, ter segurança em relação às suas tarefas e, principalmente, ter o domínio de todas as regras do cerimonial, são características deste profissional qualificado. (VELLOSO, 1999, p. 27).

Quanto ao perfil do profissional de cerimonial, não há uma deferência oficializada e regulamentada, o que em diversos momentos, incita a propagação de curiosos, que de forma amadora, acabam maculando a imagem do setor.

Porém recomenda-se que o profissional que queira exercer o papel de Cerimonialista deva ser um ávido estudioso dos ritos e normas, em caráter contínuo, já que o mesmo deve conter atualizações em função da própria evolução social e suas constantes transformações.

O grande desafio é justamente utilizar todos os conceitos juntos para que os participantes de um evento atinjam o ápice de sua satisfação, intensificando sua prática, que há muito acompanha a evolução da sociedade, como veremos a seguir.

Cabe ao profissional – habilitado e qualificado no exercício da atividade - coordenar o cerimonial e comandar sua equipe, com atribuições delegadas. Será dele também a responsabilidade de aplicar e fazer cumprir as Normas do Cerimonial Público, tendo a atenção de realizar adaptações necessárias ao protocolo. Além disso, em suas tarefas, também, estão incluídas a recepção às autoridades nacionais e estrangeiras, a escolha e aquisição de presentes a visitantes do exterior, balizados nos hábitos e costumes dos povos em questão e as devidas orientações de compliance.

Inteligência emocional, comportamento diplomático e dialogal são premissas muito bem vistas e requeridas para uma boa performance como cerimonialista, corroborando para um maior êxito em seu ofício.

Esse profissional também irá dar suporte a outras equipes como de Segurança, Comunicação, Serviços de Receptivo e Saúde.

Você sabia?

Em 29 de outubro é celebrado o Dia do Cerimonialista. Instaurado por meio de projeto de lei nº 12.092 de 16 de novembro de 2009, o texto afirma que:

[... Portanto, eleger o dia 29 de outubro, o Dia do Cerimonialista, reveste-se de pertinência e tempestividade a quem, há muito, desempenha seu mister na edificação e solidificação de nossas instituições públicas e privadas, na medida em que conduzem as formalidades protocolares nos diversos rincões do país, zelando pelo escorreito cumprimento das normas de cerimonial.]

Um dos mais importantes papéis em sua função, está o da elaboração do roteiro e o script das cerimônias.

São dois os instrumentos vitais ao desenvolvimento do trabalho do cerimonialista, o **Roteiro e Script.**

O roteiro traz o resumo, em tópicos, do que será desenvolvido na fase do evento. Fornece informações para facilitar os envolvidos na cerimônia, como: horário, intervalos, pronunciamentos. O seu próprio nome já entrega sua função: é a rota a ser seguida durante a cerimônia. É utilizado pelo chefe do cerimonial para auxiliar os componentes da mesa e os colaboradores que trabalham na solenidade. Deve conter espaços para anotações de última hora.

Inicialmente, trabalha-se com um roteiro provisório, que posteriormente será checado, rechecado, alterado, alinhado até chegar ao roteiro definitivo, e mesmo assim, ainda poderá sofrer modificações conforme a uma demanda surpresa.

Já o script, é mais detalhado que o roteiro. Sinaliza tudo o que será lido pelo mestre de cerimônias durante o evento. Traz informações que auxiliam não só o mestre de cerimônias, mas as autoridades que necessitam de algum pronunciamento durante a solenidade. O script reúne também os tópicos determinados no roteiro, indicando a ação e o que deve ser falado para concretizar essa ação.

O roteiro da solenidade deve ser enxuto para evitar que os discursos das autoridades e convidados repitam a introdução feita pelo mestre de cerimônia. A função é acolher os participantes, registrar e agradecer a presença de autoridades e convidados de honra, dar esclarecimentos iniciais sobre o tema e a motivação do evento, convidar autoridades para ocuparem seus lugares, verificar o anúncio de Hinos Nacionais, ordem de discursos, homenagens (ses for o caso) e, por fim, agradecer a presença de todos, despedindo-se dos participantes ou convidando-os para as próximas etapas do evento.

O roteiro deve ser claro e objetivo, prezando pela compreensão do ouvinte. Em eventos de maior complexidade, além do roteiro do mestre de cerimônia, deve ser feito outro com as principais etapas do cerimonial para orientar a apresentação do locutor e dos demais envolvidos no evento.

Os roteiros devem ser considerados como se compondo de duas partes distintas. A primeira seria aquela referente ao planejamento e providências para implantação e que para distinguir da seguinte, preferimos chamar de "checklist". Trata-se de uma relação cronológica das providências referentes a um evento em pauta, acrescida da indicação do encarregado ou responsável pelos itens constantes da mesma. Deve-se optar por usar frases curtas, em ordem direta, facilitando a leitura em voz altiva do Mestre de Cerimônias (MC).

Dicas para elaboração do Roteiro

- Abertura com os cumprimentos do MC;
- Breve apresentação do evento;
- Anúncio dos patrocinadores, apoiadores, empresas organizadora e promotora;
- Composição da mesa. Iniciando com a autoridade de maior representação e ou o anfitrião do evento e terminando com a autoridade de menor representação;

- Registro de autoridades e convidados vips;
- Ato cívico (se for o caso);
- Justificativa da solenidade;
- Abertura da sessão com declaração do presidente da solenidade;
- Homenagens (se for o caso);
- Pronunciamentos – obedecendo a hierarquia. Iniciando pela autoridade com menor representação e terminando com a autoridade de maior representação.
- Encerramento e informações necessárias pós-solenidade.

O planejamento do evento, com seu dimensionamento, critérios para a elaboração da listagem dos convidados, "layout", execução, preenchimento e endereçamento de convites, planejamento dos fluxos, sequência dos atos a serem praticados, relacionamento dos itens materiais para suporte, distribuição e designação de funções, será, sem dúvida uma constante numa "checklist".

Todo evento tem uma sequência de ações que se sucedem num determinado espaço físico e num determinado período de tempo. Para garantir o sucesso do mesmo, desde o início do planejamento deve-se detalhar o seu roteiro passo a passo, compreendendo todas as etapas, movimentos e atores, bem como as falas e os pronunciamentos previstos.

Roteiro é, em nossa visão, a sequência cronológica dos atos a serem praticados por todos os participantes de um evento, a partir da sua chegada até o momento em que se retiram. Como já afirmamos, será de grande valia a atribuição aos componentes do grupo encarregado pela implantação, dos atos a serem praticados um por um, a fim de que os coordenem e garantam as execuções a tempo e a hora.

Todas essas técnicas foram evoluindo conforme a própria evolução da sociedade, tornando o cerimonial algo tradicional e com respaldo histórico, como veremos a seguir.

Para ficar de Olho

Curadoria de Eventos: Serviço que Amplia Resultados e Preserva a Imagem das Marcas

Entre tantas surrealidades e disparates, um fato diretamente atingiu o mercado de eventos.

Um vídeo da apresentação tosca de uma coreografia de movimentos completamente inapropriados, com cunho obsceno, ao som de uma versão de "BatCu", de Aretuza Lovi, com participação de Valesca Popozuda, durante o 1º Encontro de Mobilização da Promoção da Saúde, do Ministério da Saúde, que aconteceu no dia 05 de outubro de 2023, viralizou nas redes sociais e causou uma verdadeira vergonha e revolta entre a população brasileira, em geral, e fazendo com que parlamentares protocolaram requerimentos de informação para que a pasta preste esclarecimentos sobre os gastos do evento.

O ministério da Saúde divulgou um comunicado oficial no qual diz lamentar o ocorrido, e afirma que adotará medidas para que o episódio não se repita.

E as ações foram até que letárgicas, mas começaram a surgir: uma foi a demissão do diretor do Departamento de Prevenção e Promoção da Saúde, Andrey Lemos, responsável pelo evento polêmico com a performance inadequada. O anúncio foi feito pela ministra Nísia Trindade em vídeo publicado nas redes sociais.

Nesse mesmo material, a Ministra da pasta informa que criou uma curadoria para evitar que circunstâncias semelhantes ocorram nos próximos eventos assinados pelo ministério que ficará subordinado diretamente ao gabinete de Nísia Trindade, com o intuito de fazer uma avaliação dos projetos e fomentar sua adequação à missão institucional

A atitude é louvável, mas demonstra uma fragilidade dos cargos ocupados, tanto de carreira, quanto comissionados. Será que não há na equipe de eventos, cerimonial e protocolo, profissionais com competências para agir com responsabilidade no planejamento dos acontecimentos da pasta?

São meros executores e não entram na seara estrategista, que demanda perfil analítico e detentor de técnicas e metodologias para o efetivo sucesso das iniciativas?

Tantos assessores e até mesmo "aspones" (assessores de porcaria nenhuma), folha de pagamento extensa e mesmo assim são amadores em suas funções?

Perguntas que não só devem ser feitas à pasta que está no epicentro dos burburinhos, mas de todas as demais que compõem a configuração pública, tanto na esfera federal, quanto na estadual e municipal.

A inclusão oficial de uma curadoria de eventos é uma forte tendência que há muito já conquistou o mercado corporativo.

Na atualidade, independente de qual seja a tipologia de eventos, a busca pelo conhecimento, pelo aprendizado e sobretudo pela experiência em deparar-se com algo novo, útil e interessante, vem sendo considerada o estratagema para o sucesso do projeto, mas sem se afastar das suas diretrizes identitárias.

Claro que a performance erótica em questão não está proibida, mas é preciso analisar em qual contexto, em qual tipologia, qual o perfil do público, e sobretudo na adequação dos valores transmitidos pelas marcas envolvidas no evento.

Muita pesquisa, muita averiguação, muitos contatos, muitas horas frente às mídias sociais, depurando materiais e checando informações, pois em época de pós-verdades, é muito comprometedor a falta de integridade de muitos que no alto de suas vaidades e por que não dizer desonestidade, já que lhes autopremiam, se outorgam títulos e vivências imaginárias, na tentativa de se projetarem e terem seus quinze minutos de fama, mesmo que de forma negativa.

Frente a esse lamentável acontecimento do ministério da saúde, esse papel, o de curadoria, torna-se, agora, mais vital nos eventos, demandando um senso de comprometimento e responsabilidade de grande vulto e que ao ser entregue em mãos erradas pode ser categórico para o fracasso do projeto, gerando crises de imagens com potencial de grandes estragos.

A curadoria de conteúdo em eventos processa atitude empática em pensar no outro e alinhar todos os interesses genuínos de sua realização, sem pregar gostos particulares e/ou lacrações baratas.

Cerimonial não é só na esfera governamental

Com a entrada do século XXI, as empresas intensificaram suas ações de relacionamento com seus públicos de interesse e a atividade de eventos que já vinha em uma onda crescente, intensificou-se, exigindo cada vez mais criatividade e engajamento na realização de projetos que atendessem a essas metas corporativas. "É possível encontrar empresas que investem mais de 40% de seu orçamento em eventos de relacionamento, nos quais esperam iniciar relação com clientes que resultem em negócios entre amigos" declarou GIACAGLIA (2010, p.8).

Esse quadro demonstra então a funcionalidade dos eventos, não só ligados ao estímulo do consumo, mas também a disseminação dos valores, missão e visão de um negócio, focados em públicos tanto internos, quanto externos, que compõem a órbita relacional de uma empresa, marca, produto ou serviço.

Outro escalonado erro, é acreditar que a presença de um Cerimonialista só deve ser demandada quando há na lista de convidados autoridades dos Três Poderes. Ledo engano, em todos os demais eventos é latente sua participação, já que estamos envolvendo relações humanas, nas quais vaidades, interesses, egos, representatividade e pompa estão em ebulição e precisam ter uma tratativa condizente a não macular toda a imagem do evento.

Um evento torna-se uma ferramenta que proporciona uma disseminação de uma imagem institucional, atrelada a sua identidade cultural, assim como promoção de sua imagem mercadológica.

Esse esforço empresarial permite que pessoas sejam engajadas e conectadas a uma organização, de uma forma mais eficiente e eficaz, possibilitando que a empresa possa transmitir sua mensagem a todos os seus públicos, por intermédio de um evento dirigido, mantendo assim um canal vibrante e focado indutor de conexões fortes e assertivas.

Os próprios eventos corporativos agem como um estimulador de comunidades, termo muito utilizado hoje em dia em função de sua aplicação nas mídias sociais, mas que está atrelado a pessoas que detém um mesmo interesse em comum e formam uma aliança entre si.

Impossível realizar eventos corporativos sem o olhar do Cerimonial.

Não Confundir

Mestre de Cerimônias não é Cerimonialista e vice-versa

Outra situação estapafúrdia, mas frequente, é pensar que Cerimonialista e Mestre de Cerimônias são palavras e têm funções homônimas. O Mestre de Cerimônias irá conduzir o evento, realizando a leitura do roteiro já elaborado anteriormente pelo Cerimonialista, com o aval do organizador do evento e cliente primário. Ele não terá outro papel, a não ser que tenha essa competência também, o que é raro!

De qualquer forma, a sobreposição de funções é algo muito delicado e que pode comprometer o resultado que se almeja, fato, então que se justifica, ser evitado.

A contratação de Mestres de Cerimônias (MC) deve ser sempre considerada, já que o papel do deste é conduzir todo o rito, fazer as saudações e dar sequência aos atos. Ele não inventa nada, a comissão organizadora, juntamente com o cerimonialista são quem formata o roteiro dele.

Vale lembrar que o cerimonialista é a pessoa que será responsável pela solenidade do evento e o MC a pessoa que dá o tom ao cerimonial, tendo sua oratória moldada pela elegância, persuasão e comunicação clara.

Em eventos privados, geralmente a contratação do MC se faz por personalidades que se destacam na mídia, reconhecidas pela prática e, na atualidade, pelo número de seguidores na rede social. O que fica explícito, o caráter de torná-lo uma atração do próprio evento.

Em eventos de caráter público, privilegia profissionais que detenham técnica e vivência na condução de cerimônias.

Nesse caso, cada vez mais vale o sentido de cada um estar em seu quadrado, tendo ciência que ocupando com maestria sua área, contribuirá para o êxito do evento. Quando cada um quer colocar o pé no quadrado do outro... os resultados, quase sempre, são pífios.

MESTRE DE CERIMÔNIAS

DETALHES IMPORTANTES PARA ESTE PROFISSIONAL:

- Observar o tom de voz para não ser teatral.
- Atentar para o tempo de fala, ou seja, não falar mais tempo do que os oradores.
- Não ser subjetivo demais; não é adequado colocar muitos adjetivos ou opiniões pessoais em seu pronunciamento.

Toque Profissional

A leitura, por exemplo, do termo de uma posse deverá ser feita, preferencialmente, por alguma autoridade da instituição, e não pelo mestre de cerimônia.

Isso gera maior referência e até mesmo credibilidade.

ALGUMAS RECOMENDAÇÕES:

- Controle a ansiedade.
- Tenha uma atitude correta e não gesticule.
- Saiba o que falar; tenha acesso ao roteiro com antecedência.
- Exercite sua voz com a respiração.
- Conferi tudo o que foi planejado.
- Busque contornar imprevistos.
- Leia e releia o texto do roteiro.
- Ensaie em voz alta.
- Verifique o traje do evento.

Reforçando, algumas qualidades que devem ser exigidas do MC:

Memória, habilidade, inspiração, criatividade, entusiasmo, determinação, observação, síntese, ritmo, voz, vocabulário, expressão corporal, naturalidade e conhecimento.

Atenção

O Mestre de Cerimônias e Oradores irão se posicionar na **TRIBUNA,** local onde o mestre de cerimônias apresenta o evento e os palestrantes e autoridades fazem o seu pronunciamento.

Praticamente está presente em todos os eventos. É um móvel que auxilia quem fala em público, pois dá apoio para os papéis, água, microfone e, dependendo, um ponto de luz.

Esconde também trajes, realçando o que deve aparecer no momento: a fala

A tribuna pode ser encontrada em diversos materiais, como madeira, acrílico, aço ou qualquer outro cobre. Deve conter prateleiras para apoio a materiais diversos como pastas, papéis, copos de água e microfone reserva.

A iluminação do palco deve ser bem planejada permitindo, assim, que seu usuário tenha todo o conforto e facilidades no desempenho de sua função.

A tribuna pode conter o logotipo do evento, da empresa promotora, ou até, do espaço locador, seja ele um centro de convenções, um salão de eventos de hotel, empresa, instituição ou até mesmo universidades ou locais ao ar livre. O importante é que esteja bem apresentada e limpa sem estar quebrada ou em mau estado de uso. Se ela tiver rodinhas, temos que verificar se estão travadas, antes do início do cerimonial.

Recomenda-se que sua posição seja à esquerda da mesa/linha diretora, olhando de frente para a plateia e que a mesma não esconda a panóplia das bandeiras, se for o caso de ter bandeiras. Esse detalhe deverá ser analisado conforme a cenografia projetada para o espaço.

Para não confundir

Púlpito e **Parlatório** são confundidos com Tribuna, mas têm inserções em momentos diferentes.

Púlpito - o mesmo móvel que tribuna, porém utilizado em templos religiosos. Local da pregação do padre, pastor ou rabino.

Parlatório - Espécie de varanda para pronunciamentos, existente na parte exterior dos Palácios Governamentais para os pronunciamentos do Presidente da República ao povo, em ocasiões especiais.

4. Nomenclaturas que Constroem a Imagem de um Evento

> "A essência do conhecimento consiste em aplicá-lo, uma vez possuído."
>
> **Confúcio**

É quase impossível identificar uma única pessoa que em toda a sua vida não tenha participado sequer de um evento, seja ele vinculado às celebrações familiares, as datas festivas, a ações promocionais de empresas e/ou seus produtos, voltados para o entretenimento, lazer ou, ainda educacionais, com o intuito de apreender ou lapidar conhecimentos para alcançar maior êxito profissional.

Por isso, não é exagero afirmar que os eventos fazem parte da vida de cada ser humano, desde o momento de seu nascimento até o seu falecimento.

Conforme Meirelles (2001) a necessidade humana de viver e conviver em grupos impulsiona a atividade de eventos.

É algo, já tão natural, que muitas vezes, o mesmo está incorporado ao nosso cotidiano e nem nos damos conta dessa situação. E que há toda uma grandiosa estrutura para que sua organização e execução sejam meticulosamente orientados por técnicas e estratégias que demandam elevado profissionalismo.

Aspectos Gerais de Eventos

Sabemos que mesmo que queiram, as pessoas não são onipotentes. Dependemos uns dos outros para viver bem e unir esforços para buscar encontrarmos o melhor ambiente de convivência.

Os eventos, nesse contexto, apresentam um campo fértil para estabelecer contatos e aprofundá-los em relacionamentos duradouros, o que promove integração e socialização, pilares da humanidade.

Muitas pessoas acreditam que os eventos representam uma atividade mais contemporânea, porém, sua historicidade pode ser comparada ao próprio processo evolutivo da humanidade, já que os eventos não surgiram em um passado recente, pelo contrário, datam da era paleolítica média, algo em torno de 200.000 a 40.000 a.C, quando o ser humano inicia efetivamente uma maior socialização com seus pares, oriundos de outros agrupamentos próximos.

Panorama histórico de eventos e sua importância estratégica

Na época da pré-história, os homens, ainda, com poucas habilidades tinham em sua alimentação, uma dieta a base de grãos e vegetais. Com o seu próprio desenvolvimento, ele começou a criar inúmeros instrumentos para facilitar sua sobrevivência e assim, ele começou a investir na caça dos grandes animais.

Só que não existia nenhuma garantia, que o grupo, ao sair naquele dia, ia ser vitorioso e trazer o alimento para sua tribo. As técnicas de caça ainda eram muito rudimentares e o componente sorte, rogava-se por estar presente.

Quando o pequeno grupo de caçadores atingiu sua meta, o abate era de uma quantidade absurda de carne, basta só imaginarmos os tipos de animais reinantes nesse período – mamutes - que não só alimentava seus companheiros, mas trazia consigo um componente perigoso: a rápida putrefação da carne excedente.

E mediante essa problemática, o homem das cavernas iniciou o que chamamos de retórica das festas, já que teve a ideia de compartilhar o alimento com integrantes de outras tribos, as quais mantivessem um estado de cordialidade.

Os mesmos eram convidados a dividir a carne... e assim introduziu-se o conceito da teoria da reciprocidade, promovendo ao mesmo tempo uma forma de sociabilidade e endividamento, já que a tribo convidada, sentia-se como obrigada a retribuir a gentileza, fato que aumentava consideravelmente a chance de não faltar alimento na comunidade, até mesmo quando a caça não fosse frutífera.

DICA DE LEITURA: Para quem tiver interesse em saber mais sobre a Teoria da Reciprocidade, criada pelo sociólogo francês, Marcel Mauss, vale a pena ler o livro Sociologia e Antropologia.

Mas foi na antiga Grécia, que os eventos encontraram pilares de sustentação, tendo como uma de suas maiores referências os jogos olímpicos. Datados de 776 a.C, esse evento na época tinha uma vertente religiosa, de culto aos Deuses do Olimpo, liderado por Zeus. Após o domínio Romano, os jogos olímpicos foram interrompidos e somente no início do século XX retoma com uma nova estrutura, dessa vez com o objetivo de fomentar uma cultura de paz entre os povos de todo o mundo.

Muitas tradições mantiveram-se intactas, como uma forma de enaltecer um passado glorioso e de respeito às suas origens, fato que reforça a importância de olhar no mercado e buscar boas práticas na área, pois mesmo em um ciclo de vida interrompido, um evento pode vir a ser resgatado e alinhado a novos perfis de público e exigências do tempo.

CURIOSIDADE: o ciclo de vida de um evento é dividido em quatro momentos: seu surgimento, período de crescimento, ascensão e declínio. Só que um evento nunca dorme, apenas fica "adormecido", até que seja despertado para um novo recomeço de ciclo.

Na Idade Média, com o avanço das trocas comerciais agrícolas, as feiras consolidaram-se como um dos mais importantes eventos da época, movimentando a economia.

Após a Revolução Industrial, a necessidade de buscar mais mercados consumidores, fez com que os eventos itinerantes ganhassem mais projeção e escala de organização.

O conhecimento também se propagava e os eventos foram identificados como ambientes ideais para sua disseminação em segmentos técnicos, científicos, culturais e acadêmicos.

A celebração da vida e dos encontros também baseados em costumes e ritos foram acrescidos de inovações e muita criatividade, tornando-se um dos segmentos de grande movimentação financeira

Os atos públicos oficiais podem ser de caráter geral ou especial. Os de caráter geral são organizados por: Ministérios, Governo e Comunidades autônomas. Os de caráter especial são organizados por: Poder Legislativo, Poder Judiciário, Altos órgãos do Estado, Exércitos e Corporações públicas (FREITAS, 2001).

Com relação aos atos públicos oficiais, as recepções podem ser organizadas pelas seguintes entidades:

- Igreja;
- Universidades;
- Associações de interesse geral;
- Associações de interesse privado;
- Empresas.

Ou ainda por pessoas físicas:

- Anfitrião;
- Famílias.

De acordo com Kunsch (pág.47, 2003) os eventos constituem uma atividade de grande interesse para as organizações, tendo em vista que propiciam o envolvimento direto dos públicos na sua realização.

Contudo, o evento é um acontecimento e deve ser considerado como uma atividade planejada, coordenada, organizada, que visa atingir objetivos claros e preestabelecidos.

E para isso é preciso compreender sua classificação e assim, optar por uma escolha assertiva.

Cassificação de Eventos:

Frequência/ Categoria/Área de Interesse/Tipos

Por Frequência

A classificação é pela periodicidade de sua realização:

Permanente- Evento que ocorre regularmente, podendo ser mensal, semestral e anual. Ex: Aniversário da Instituição, Semana Nacional de Prevenção de Acidentes, Aula Magna.

Esporádico- Evento com intervalos irregulares. Ex: Posses de Dirigentes, Treinamentos e Palestra.

Único- Evento cuja edição se realiza uma única vez. Ex.: Lançamento de Livro, Inauguração, Lançamento de Pedra Fundamental, Batizado.

Oportunidade- Ocorre por aproveitamento de uma ocasião ou fato. Ex.: Coletiva de Imprensa, Apresentação Cultural, Assinatura de Convênio, Homenagem.

Por Categoria

- Institucional – Visa criar e firmar o conceito e imagem da empresa, entidade, governo ou personalidade.
- Promocional – Visa a promoção de um produto ou serviço de uma empresa, governo, entidade ou personalidade, com fins mercadológicos explícitos.

Há a possibilidade de ser misto, tanto promocional quanto institucional também.

Dimensões de Porte

Micro Eventos	Até 50 paxs
Pequenos Eventos	De 50 a 200 *paxs*
Eventos de médio porte	De 200 a 1.000 *paxs*
Grandes Eventos	De 1.000 a 10.000 *paxs*
Mega Eventos	Mais de 10.000 paxs

Fonte: das Autoras

Por Área de Interesse:

Pela sua pluralidade conceitual, torna-se possível a realização de eventos em todas as áreas constituídas pelo elemento humano.

- **Artística** : quando está relacionado a qualquer espécie de arte – música, dança, pintura, poesia, literatura, entre outros.
- **Científica** : quando engloba assuntos científicos nos campos de medicina, física, química, biologia entre outros.
- **Cultural** : quando tem por meta ressaltar os aspecto da cultura, para conhecimento geral ou promocional.
- **Folclórica:** quando retrata manifestações de culturas regionais de nossa nação ou de outros países, abordando lendas, tradições, hábitos e costumes típicos.
- **Educativa** : quando o objetivo final é a educação.
- **Informativa** : quando visa somente transmitir informações, sem pretensões educativas ou culturais.
- **Cívica:** quando aborda temas ligados à Pátria.
- **Política** : retrata tópicos ligados à política.
- **Governamental:** aborda realizações do governo, em qualquer esfera (municipal, estadual e federal).
- **Empresarial**: aborda as realizações das organizações.
- **Lazer**: objetiva proporcionar entretenimento.
- **Social:** visa a confraternização.

- **Desportiva**: reunindo qualquer atividade esportiva, independente de sua modalidade.
- **Religiosa**: cunho religioso, independente de credo.
- **Gastronômica**: divulga a culinária relacionada com a cultura e tradição de um local, região ou país.
- **Turística**: visa a exploração dos recursos atrativos de um destino, através de uma viagem.

Muitos **Eventos** podem englobar diversas áreas de interesse ao mesmo tempo, com isso o evento alcança um maior número de pessoas.

Por Tipos

Reunião

Este acontecimento é a célula de todos os demais eventos; não existe a possibilidade de planejarmos ou coordenarmos qualquer tipo de evento sem a implantação de continuidade de diversas reuniões até ao término dos trabalhos.

Caracteriza-se pelo encontro entre duas ou mais pessoas, a fim de debater, apresentar, discutir tópicos relativos ao tema central escolhido.

Cada vez mais habitual, a organização de reuniões corporativas externas visa obter maior rendimento e foco dos participantes.

A maioria das reuniões de negócios exige a formalidade, com horário e local pré-determinado e geralmente utiliza-se de uma pauta – lista de assuntos a serem discutidos – que é divulgada com antecedência.

Congresso

Podem ser definidos como reuniões promovidas por entidades associativas, visando a debater assuntos que interessam a um determinado ramo profissional.

Os congressos podem ser realizados em âmbito municipal, estadual, regional, nacional ou internacional.

As sessões de trabalho de congressos podem compreender vários outros tipos de eventos como: mesas-redondas, conferências, workshops, simpósios, painéis, mostra, feira, exposição, etc.

Dividem-se em dois tipos, com características diferenciadas:

1) Científicos – São promovidos por entidades ligadas às ciências naturais. Os temas de discussão podem ser oficiais, que irão permitir a participação plena e formal de todos os congressistas, ou temas livres, reservados aos congressistas previamente inscritos para efetuarem uma apresentação de seus trabalhos.
2) Técnicos – São promovidos por entidades ligadas às ciências exatas e sociais. Desenvolvem-se basicamente por meio de sessões de comissões, divididas em tantas quantas venham a ser necessárias; estas reuniões são chamadas de grupos de trabalho.

Após estudos detalhados de cada tema, estas recomendações são submetidas à apreciação do plenário, que ao final poderá aprová-la ou reprová-la. Caso estas resoluções sejam aprovadas, elas serão encaminhadas às autoridades competentes com o pronunciamento oficial da classe.

Todos os congressistas ao término receberão os anais, uma espécie de documentação final reunindo estas informações. Estes podem ser entregues ainda no local do evento, como uma versão preliminar e posteriormente encaminhados via endereço postal ou eletrônico.

As sessões de congressos podem compreender vários outros tipos de eventos como: mesas-redondas, conferências, *workshops*, simpósios, painéis, mostra, feira, exposição, etc.

Convenções

O termo convenção define-se como uma reunião de determinado grupo empresarial, com o intuito de maior integração, transmissão de novas diretrizes ou metas empresariais, ou até mesmo de reciclagem profissional.

Existem convenções internas ou externas. No caso de convenção interna um grupo da mesma empresa irá participar do evento. No caso externo reúne todas as forças que trabalham em prol do desenvolvimento da empresa (fornecedores, profissionais autônomos, funcionários de outras filiais, etc.)

Geralmente escolhe-se um tema a ser trabalhado e usufrui-se de certos estímulos motivacionais coletivos para que possam atingir os objetivos propostos.

Na programação das convenções incluem-se atividades de lazer e frequentemente, distribuição de prêmios, brindes e sorteios.

Características lúdicas são amplamente utilizadas nesse tipo de evento.

Seminário

Apresentação verbal de um tema proposto para um público conhecedor ou interessado no assunto, com uma certa linearidade de formação profissional.

Além de estimular o raciocínio, propaga ideias, permitindo uma maior democratização do assunto.

A estrutura do Seminário – sempre composto da participação de mais de dois profissionais apresentando um tema correlato - geralmente divide-se em duas fases:

1) Exposição – realizada por um profissional que domine e/ou tenha levantado informações sobre o assunto.
2) Discussão- abertura para perguntas e respostas.

Conferência

É caracterizado pela apresentação de um tema por um expositor de notório saber (denominado conferencista), que é colocado em destaque e, durante um determinado período de tempo, expõe seu amplo conhecimento. Ao final responde a perguntas formuladas pelo público.

A platéia pode ser em grande número, superior a 60 *paxs*, e o formato do evento é mais formal que uma palestra, exigindo-se a presença de um presidente de mesa, que fará a introdução do conferencista e coordenará os trabalhos.

Apresenta características similares ao Seminário, diferenciando-se pela não efetiva participação do público.

Nada impede que se façam perguntas, mas deve-se ter cuidado para evitar a alteração das características do evento, se as perguntas evoluírem para um debate aberto. Recomenda-se o uso de perguntas escritas.

Palestra

Apresenta as mesmas características de uma conferência, sendo que o palestrante não necessita ser um grande especialista no assunto, apenas deverá dominar o mesmo.

Apresenta a presença de um coordenador, pois não é tão formal quanto uma conferência.

Mesa Redonda

Tipo de acontecimento especial moldado em uma clássica reunião, conduzida por um moderador.

As pessoas – em número de no máximo 10 pessoas – permanecem sentadas em semicírculo ou em forma de U, onde debaterão temas polêmicos. Cada participante apresenta seu ponto de vista em torno do assunto em pauta, sendo-lhes destinado um tempo limite para suas exposições. Estas são controladas pelo moderador, que não irá permitir que a discussão fuja do tema central.

Posteriormente às explanações individuais, os participantes são estimulados a debater entre si os pontos de suas análises, podendo haver a participação dos ouvintes na forma de perguntas (via oral ou por escrito).

Simpósio

Tem como principal característica a participação de especialistas de grande renome. Destinado a divulgação de experiências, de novas tecnologias e de pesquisas para um grupo altamente especializado e interessado no assunto.

Possui muita similaridade com a Mesa-redonda, somente se diferenciando por não permitir o debate entre os especialistas, apenas com o público ouvinte, que participa ativamente dos trabalhos.

Os especialistas abordam aspectos diferenciados de um mesmo tema, enquanto a mesa-redonda aborda temas diversificados de âmbito geral e variados.

Pode ser realizado em um ou vários dias.

Painel

Também apresenta muitos itens similares à Mesa Redonda, sendo que permite uma exposição com um número menor de especialistas, máximo de quatro pessoas, que irão apresentar suas visões sobre o tema pré-definido.

Um dos participantes – aquele com maior identificação ou renome – irá receber um maior tempo para sua explanação.

Fórum

É um tipo de reunião, com características menos técnicas cujo objetivo é estimular efetiva participação de um público expressivo, com intuito de formar opinião.

Este tipo de evento deve ser realizado em grande espaço, onde o debate será livre e ao final seu resultado irá transformar-se no objetivo a ser perseguido pelo grupo, orientando seu comportamento.

Jornada

São reuniões de determinados grupos de profissionais realizadas periodicamente com o objetivo de discutir um ou mais assuntos que em geral não são discutidos em um congresso.

Concentração

Segue os mesmos moldes de uma jornada. Seu caráter, entretanto, é mais informal.

Encontro

Reunião de profissionais de uma mesma categoria, com o propósito de debater e expor temas polêmicos que, posteriormente, são apresentados por representantes dos grupos participantes.

Não possui caráter oficial, nem procura implantar políticas de procedimento após as discussões.

O encontro dá-se ao nível das ideias e pode ser a primeira fase para a montagem de um evento mais estruturado.

Assembleia

Reunião da qual participam delegações representativas de grupos, estados, países, etc.

Sua característica principal é colocar em debate assuntos de grande interesse.

O desenvolvimento dos trabalhos tem como peculiaridade a orientação das delegações para se posicionarem em lugares determinados. Há uma votação das conclusões abordadas e posteriormente transformadas em recomendações a serem seguidas por todo o grupo. Apenas as delegações oficiais têm direito a votação, o que não impede aceitar inscrições de observadores interessados no assunto apenas como ouvintes.

Plenária

Mesmas características que uma assembleia, sendo que somente um assunto será abordado.

Assinatura de Convênios

Atende aos detalhes de todas as organizações envolvidas na assinatura, tais como: mesa auxiliar para assinatura, identificação visual da instituição dos parceiros, pronunciamentos das pessoas mais importantes, destaques dos benefícios e do histórico do convênio pelo cerimonial. Seu objetivo é legitimar o ato perante a esfera pública.

Feira

É um evento aberto a um grande público, com finalidade de comercialização imediata de produtos e/ou serviços, além de propagação de novidades institucionais. Utiliza-se a estrutura de estandes.

É muito comum que as feiras estejam associadas a congressos, simultaneamente.

Podem ser divididas em duas vertentes:

1) *Setorial* – Os produtos ou serviços expostos pertencem a uma determinada categoria, como por exemplo uma feira da indústria automobilística. Seu alvo irá atingir desde o produtor ao revendedor até chegar ao consumidor final, concessionárias e exportadores.
2) *Horizontal* – Reúne diversos produtos e serviços das mais variadas indústrias.

As feiras atualmente são consideradas como uma das mais importantes estratégias de relacionamento de uma empresa com seus diversos públicos. No atributo institucional resulta em aumento de *share-of-mind*, reforçando a marca e no atributo mercadológico incrementa as possibilidades de fechamento de novos negócios e consolidação de parcerias antigas.

A concepção do espaço – que será utilizado como local onde os visitantes serão recebidos pelo anfitrião – requer sagacidade em sua concepção, reunindo objetividade na mensagem, na qualidade dos materiais utilizados, amparados por um design moderno e acolhedor. A exposição dos produtos e serviços deve ser exaustivamente estudada, assim como as ações diferenciadas para atrair público.

Os treinamentos da equipe do receptivo também são fundamentais para que o primeiro contato gere empatia e verdadeiro calor humano, caso contrário, outro estande conquistará o cliente.

Atualmente há um modismo em utilizar-se de *mezanino* (estrutura superior) na construção de estandes, pois o espaço torna-se mais seletivo e privativo para clientes de maior projeção e/ou no atendimento de autoridades e formadores de opinião ainda mais especiais. Podem ser divididos em salas de reuniões, áreas *vips*, com serviços de entrega de materiais diferenciados, assim como serviços de Alimentos e Bebidas mais sofisticados. Essa opção é indicada para projetos de maior alocação de recursos, pois há um aumento em mais de 50% do valor total da participação e a área do estande deve ser superior a 100 m^2.

Esse custo adicional será compensado pela maior visibilidade e maior impacto do estande na feira.

É de vital importância consultar as promotoras da feira, no intuito de avaliar as regras de utilização desse artifício arquitetônico, assim como se esmerar ao máximo no item segurança, pois não são raros os casos de mezaninos que por falta de estudos técnicos de capacidade de carga, acabam desabando, podendo até mesmo provocar vítimas entre seus visitantes.

Salão

Evento orientado para a promoção institucional de uma marca, de uma empresa ou ideia.

Sua meta é criar uma imagem corporativa de fácil assimilação pelo público. A venda não deve ser estimulada, também despertando a possibilidade de compra futura. Sua estrutura é menos grandiosa que uma Feira.

Exposição

Possui como objetivo a divulgação e informação. A princípio não tem como característica a venda, mas pode despertar o interesse de compra posteriormente.

Mostra

Semelhante ao conceito de exposição, de menor porte e com característica de ser itinerante, otimizando sua força de divulgação.

Show

É todo o encontro, baseado especialmente na demonstração artística em suas diversas facetas, principalmente a música. O momento do show é único e conta com a participação de uma grande gama de colaboradores por trás do *backstage* (bastidores).

A década de 90 marcou definitivamente o Brasil como palco para os megashows, com grandes demonstrações de profissionalismo, possibilitando ao país que entrasse no circuito de turnês internacionais de vários artistas.

Brainstorming

Ao traduzirmos ao pé da letra, iremos ter a seguinte definição: tempestade de ideias.

Este evento nada mais é do que uma reunião que visa estimular a comunicação de ideias por parte de um grupo previamente unido para este fim.

A princípio, todas as ideias são aproveitadas, sem nenhum tipo de censura. Já na segunda etapa estas serão analisadas e avaliadas conforme suas potencialidades de aplicação.

É importante o estabelecimento de um período de tempo limitado a realização desse tipo de evento para melhor aproveitamento de resultados.

Rodada de Negócios

Este tipo de evento tem-se popularizado no meio financeiro.

Pode assumir ares de mesa-redonda, painel ou simpósio, mas seu objetivo será sempre de formalizar negócios, concretizar parcerias empresariais ou concluir uma negociação político-econômica.

Sua estrutura compreende a participação de representantes comerciais com projetos e ideias ligadas ao seu negócio, fornecedores e distribuidores apresentando sua rede de distribuição etc.

Num ambiente comum, todos têm oportunidade de se conhecerem e após a conclusão das negociações, uma linha de crédito, através de uma instituição financeira determinada, poderá ficar à disposição para eventuais financiamentos.

Busca o prévio-agendamento entre os participantes para facilitar a ordem do dia – planejamento das reuniões individuais.

Teleconferência ou Videoconferência

Um moderno meio de organizar uma conferência ou reunião, utilizando áudio e links de vídeo em tempo real por meio de uma linha de satélite alugada – DBS (*Direct Broadcast Satellites*) e de um espaço físico adequado, com tradução simultânea.

Algumas teleconferências são de elevada tecnologia que permitem até a utilização de *screen phone* – telefones com tela – capazes de exibir 14 linhas de texto, além de poder conectá-lo a uma impressora e imprimir que está recebendo na tela.

Embora o recurso da videoconferência não seja mais nenhuma novidade atualmente (é empregado por algumas multinacionais há mais de dez anos) a sua rápida disseminação em vários níveis da administração empresarial tem se dado muito recentemente, sobretudo em função do barateamento dos custos.

Um recente estudo realizado pela MCI WorldCom – companhia telefônica americana que possui negócios no Brasil – demonstrou que um terço dos 1300 executivos consultados em alguns países já se utilizaram desta moderna tecnologia.

A videoconferência leva vantagem sobre a teleconferência (contato via telefone), pois exibe a linguagem corporal e as expressões faciais – fundamentais para a comunicação.

ShowCasing

Um novo tipo de evento lançado recentemente no Brasil, como uma opção às feiras, o *showcasing* insere o conceito de vitrine interativa.

Os produtos ou serviços são expostos em vitrines fechadas e os visitantes não têm nenhum contato com os expositores. A comunicação acontece por meio de linhas telefônicas instaladas em cabines que diretamente quando acionadas são conectadas a uma central de informações.

Roadshow

É um tipo de demonstração que se caracteriza pelo fato de ser montado sobre rodas (ônibus ou carreta), constituindo-se num evento itinerante. Tem por objetivo divulgar, promover novas tecnologias, políticas de atuação e preservação, conquistar associados e parceiros, demonstrar produtos e serviços, informar sobre uma empresa, organização, governo, partido político entre outros. É geralmente apresentado em regiões mais carentes de informações de mercado.

Leilão

Evento que se utiliza da exposição de produtos que serão vendidos ao público, por intermédio de lances individuais, partindo de um valor mínimo determinado.

Àquele que oferecer o maior lance será o contemplado com a peça.

Lançamento de Pedra Fundamental

Caracteriza-se como uma solenidade que marca o início de uma construção, geralmente de grande porte.

Em uma urna será armazenado vários documentos referentes a obra, jornais da época, objetos de referência da empresa, moedas da época etc.

Posteriormente esta urna será enterrada, e no mesmo local será afixada uma placa de identificação no intuito de registrar o momento histórico para futuras gerações.

Inauguração

Evento que tem como característica a apresentação ao seu público de novas construções e/ou instalações.

Necessita de um cerimonial distinto, com descerramento de placa e desenlace ou corte de fita inaugural.

A inauguração pode ser realizada do lado de fora do espaço físico (ao ar livre) ou dentro de um auditório ou lugar que comporte o número de convidados. Não existe norma para a confecção de placas comemorativas, mas elas geralmente são feitas de latão/bronze dourado fundido e letras em alto-relevo.

O texto inclui: nome do que se inaugura, data e nomes das autoridades que implantaram e colaboraram na obra.

A placa deve ser coberta por um tecido que poderá ser de qualquer cor, inclusive as nacionais (verde e amarelo), mas é recomendável usar cores sóbrias como o azul marinho, cinza ou preto.

Ressalte-se que a Bandeira Nacional não pode ser usada para tal fim.

O pano inaugural, preferencialmente veludo, deve estar disposto na forma de uma cortina, com cordão e pingente para facilitar o descerramento.

Existem outras formas de afixar o pano inaugural, mas nenhuma é tão eficiente quanto à descrita acima. Já foi visto, em Brasília, um pano inaugural ser afixado com fita adesiva dupla face. A fita agüentou o peso do pano porque era grossa e de boa qualidade. Mas, sendo descerrado, o pano deixou fiapos no adesivo. O aspecto ficou péssimo e as fotos da solenidade tiveram de ser retocadas.

As cerimônias de inauguração são normalmente seguidas de uma recepção (almoço, jantar ou coquetel) e podem incluir, ao término, a bênção de um religioso. Entretanto, não se recomenda tal prática, uma vez que o Estado é laico e, também, corre-se o risco de transformar a solenidade em um culto ecumênico ao tentar ser politicamente correto. Mas a decisão final cabe ao membro organizador.

A solenidade de aposição ou inauguração de retratos na galeria órgãos públicos e entidades visa homenagear o membro por sua atuação no cargo. No passado, tal ato era feito apenas para pessoas falecidas, mas, atualmente, inaugura-se o retrato da autoridade tão logo ela deixe o cargo.

Por isso, sugere-se que essa cerimônia seja feita momentos antes da posse do seu sucessor. A lista de convidados é determinada pelo membro homenageado.

Caso seja uma homenagem póstuma, um familiar deve fazer o descerramento do retrato e proferir o discurso de agradecimento.

Visitas Empresariais

Evento que tem como objetivo apresentar a empresa a um grupo específico em um determinado dia e horário. Todo um roteiro é traçado visando atender a curiosidade e o interesse dos participantes (ver case 2). Não deve ultrapassar mais que três horas.

Demonstra como é todo processo de produção ou processo de trabalho, enfim apresenta o cotidiano da empresa, seus produtos, serviços e instalações.

Manhã/Tarde/ Noite de Autógrafos

Antigamente a grande maioria de lançamentos literários aconteciam à noite, por isso este tipo de evento foi nomeado como Noite de Autógrafos. Mas hoje em dia, também, é muito comum ter manhãs ou tardes de autógrafos, dependendo do público (crianças ou grupos da melhor idade).

Conta com a participação do autor, caso não seja uma obra póstuma, que ira redigir uma dedicatória a cada comprador do livro, que é vendido no local – geralmente com preço especial de lançamento.

O autor juntamente com seu livro deverá ser o centro das atenções. Deve-se estrategicamente posicionar o ponto de venda dos livros à entrada do espaço onde está sendo realizado o acontecimento especial.

Em cada livro, deve-se providenciar, um pequeno papel ou até mesmo marcador, tipo post it, para indicar o nome do comprador ou a quem o livro será destinado para facilitar e agilizar a ação por parte do autor em redigir sua mensagem. Até porque no frisson do momento, é muito comum os autores terem lapsos de memória.

Vernissage

Caracteriza-se por ser um evento demonstrativo, de lançamento inédito, ou seja, é a primeira vez que estará sendo exposto ao público.

Geralmente precede uma exposição, como evento de abertura, inaugural. Pode ser individual ou coletivo, reunindo vários artistas.

O termo Vernissage vem do idioma francês, e traduz-se em função de uma história que os artistas boêmios franceses do século XIX, após terminar algum trabalho artístico com uma demão de **verniz**, convidavam seus principais amigos para apreciarem a obra e degustarem uma taça de vinho.

Atualmente é comum apenas o serviço de *vin-de-honner* – vinho geralmente branco – com o objetivo de celebrar esse momento inédito.

Semana

Este evento pode ser realizado com sete dias de duração nos seguintes segmentos:

1. Acadêmico: caracterizado pela reunião de estudantes, coordenada por professores, com apoio de profissionais da área, com o objetivo de discutir temas relacionados com a classe a qual pertencem.
2. Empresarial: serve para denominar uma série de acontecimentos realizados por determinada organização, dedicada a um tema único e com até uma semana de duração.

Desfile

Este evento caracteriza-se pela apresentação de produtos, geralmente ligados a moda (vestuário, joias, bolsas, sapatos e acessórios), utilizando-se de modelos ou manequins profissionais.

Bazar

Evento com caráter beneficente, de curta duração (normalmente de 1 ou 2 dias), que visa arrecadar fundos para instituições assistenciais ou sem fins lucrativos. Em local, data e horário previamente definidos, são expostos e comercializados produtos ou serviços em barracas, estandes ou mesas a preços convidativos com parte ou toda a renda arrecadada sendo destinada a essas organizações beneméritas.

Festival

Como o próprio nome já diz, este evento caracteriza-se por uma festa de variedades demonstrando ao público uma gama de estilos ou apresentações variadas conforme o interesse deste grupo.

As possibilidades de realização de um festival são inúmeras como os ligados a área gastronômica (festival italiano, português, árabe, etc.) a área musical (festival de jazz, festival da MPB, etc.), a área artística (festival de dança, festival do teatro, etc.), entre outros.

Excursão

Evento que reúne um grupo de pessoas, com o objetivo de viajar, conhecer novos lugares, novas culturas e acumular novas experiências.

Torneio

Evento ligado diretamente a área esportiva, com regras estabelecidas, com intuito de competição entre mais de um participante, sendo o número de participações ilimitados.

Concurso

Também se caracteriza pelo vínculo de competição entre os participantes, seguindo um regulamento específico elaborado para a ocasião. Não se restringe a nenhuma área de interesse específica. Este regulamento deve ser conduzido e formatado por uma comissão técnica e especializada no assunto, além disso requer a participação de um júri para acompanhar o cumprimento das regras e avaliação dos melhores desempenhos. Dependendo da premiação requer autorização do Ministério da Fazenda.

Podem ser de ordem artística, cultural, desportiva, científica.

O regulamento é a peça básica para o sucesso de um concurso. Ele definirá os itens: início, duração, número de participantes, critérios de participação e de julgamento, para a perfeita implantação deste evento.

Campeonato

Apresenta algumas semelhanças com o torneio, também utilizando um rigoroso regulamento. Distingue-se pelo seu critério de periodicidade e abrangência mais ampla que um torneio.

Olimpíadas

Nada mais é do que um conjunto de torneios e campeonatos, com regulamentos e cunho de competição e com uma maior amplitude de participação.

Comício - Evento banido por lei

Evento destinado a princípio a candidatos a cargos eletivos, que irão expor suas plataformas políticas e programas que pretendem implantar durante seu mandato.

Recentemente, este evento unificou-se com shows gerando o conhecido Showmício – onde uma atração artística contratada participa do acontecimento, muitas vezes com o intuito de servir de chamariz à participação do público.

Em função das problemáticas enfrentadas com atos de corrupção e desvio de dinheiro público, esse tipo de evento foi proibido nas eleições de 2006. Sendo ainda uma incógnita se esse decreto-lei será mantido ou revisto.

Passeata

Evento que traduz a manifestação popular, através de um ato público, um passeio com cunho estritamente político de apoio ou protesto, diante de um fato ou decisão. Característica de ampla democracia, permitindo a participação de todos em um mesmo patamar.

Sarau

Tipo de acontecimento festivo realizado à tarde ou início da noite envolvendo concertos musicais, demonstrações artísticas ou literárias. Muito comum no século passado, este evento está rejuvenescendo e vem sendo promovido por escolas ou grêmios estudantis com intuito de incentivar novos talentos.

Entrevista Coletiva

Evento destinado a um público dirigido – a Imprensa – com o intuito de transmitir informações referentes a um determinado assunto ou acontecimento.

Um ou pelo menos dois representantes da empresa, da comissão ou coordenação envolvida se colocam à disposição dos jornalistas convocados para apresentação de dados e maior detalhamento sobre o tema em questão.

Curso

Evento com intuito educacional, informativo, que capacita o público participante sobre determinado assunto.

Pode ser utilizado como mecanismo de formação ou até mesmo de reciclagem profissional.

Workshop ou Oficina

Este evento reunindo um determinado segmento de mercado, participa ativamente das discussões, após uma pequena exposição de um coordenador-central, especialista no assunto, que estimula a participação de todos em oficinas de trabalho, que têm como objetivo a produtividade e obtenção de novos conceitos e alternativas.

Em resumo, o participante vê como se faz e tem oportunidade de executar a tarefa, tornando a teoria em prática.

Happy Hour

Evento de cunho predominantemente social, surgido no início dos anos 90, para atender aos executivos que, ao deixar o trabalho, reúnem-se para um *drink* durante a hora do *rush*.

É em geral oferecido das 18h às 22h, em bares e restaurantes, em geral no centro da cidade.

Também vem sendo adotado por clubes, oferecendo nova opção de entretenimento, num horário antes bem pouco explorado pelo empresariado.

Famtour

Bastante utilizado no meio turístico, consiste em visitas e viagens programadas pelos operadores e empresas turísticas destinadas aos agentes de viagens. A finalidade deste evento é proporcionar que o profissional focado em comercializar pacotes e produtos turísticos conheça melhor seus produtos para melhor divulgá-los e vendê-los.

Gincana

Evento que apresenta características de competição, cujos participantes devem realizar os cumprimentos de inúmeras tarefas elaboradas por uma equipe, que mesclam pedidos engraçados e alguns com um certo grau de dificuldade.

Ao término, o grupo de melhor resultado será agraciado com prêmios.

Festas Temáticas

Prática cada vez mais comum no Brasil, sendo um dos seus maiores exemplos o Carnaval, que durante quatro dias ou mais, empolga o país. Recentemente esse evento de Momo foi eleito pelo site *Fun Party*, como a maior festa do mundo.

Oktoberfest, Festa do Peão de Boiadeiros, Festas Juninas, Parintins, Festa da Uva, Micaretas (carnaval fora de época), Festa das Flores de Holambra, Pool Party, Garden Party entre outras são algumas demonstrações de festas temáticas que existem no Brasil.

Cerimônias Ecumênicas

As cerimônias ecumênicas ocorrem quando há a presença de um ato religioso entre diferentes religiões. Tem por objetivo incentivar a cooperação entre diferentes religiões e reforçar a fé.

O ecumenismo vem do grego οἰκουμένη que significa "o mundo habitado" e refere-se a iniciativas de cooperação religiosa.

Colóquio

Expressão usada para definir uma reunião fechada com agenda aprovada e temário definido. Os dirigentes orientam os debates e o programa de funcionamento, de acordo com os problemas mais frequentes. Muito utilizado pelo segmento médico, deriva-se da conferência. Seu objetivo maior é discutir e tomar decisões sobre determinado assunto. Após a definição e exposição de um tema central feita por um profissional de projeção, a plateia é dividida em grupos de debates. O resultado de cada grupo é apresentado por seus representantes para votação e aprovação da plateia.

Concílio

É uma reunião de autoridades eclesiásticas, que teve seu primeiro evento em Jerusalém, e tem o objetivo de discutir e deliberar sobre questões relacionadas à fé e aos costumes pastorais. Pode ser de caráter ecumênico.

Conclave

Evento geral de caráter religioso, no qual são debatidos problemas de ordem moral e/ou ética, ligados à religião e à sociedade. É composto por autoridades do setor. Designa o processo eleitoral instituído pelo Papa Nicolau II em 1059. Resulta da junção das palavras cum + clavis, que significam "com chave", ilustrando a maneira utilizada pelos cardeais para eleger um novo papa: ficam "trancados à chave" no Vaticano, em isolamento, até a eleição estar completa.

Incentivo

Mais do que um único tipo de evento, o termo incentivo designa um grupo de eventos: campanhas, eventos, programa, promoção, etc. O que os aglutina está no fato de ser considerado uma ferramenta do marketing de incentivo, utilizado por empresas que, por meio do estímulo da motivação dos participantes, visam alcançar objetivos e metas predeterminadas.

Maratona

Seu formato mais conhecido é o esportivo envolvendo corrida de longa distância na qual se testa a resistência extrema dos participantes

Summit

São encontros de líderes empresariais, com muito destaque na área de tecnologia da informação que reúne grande número de especialistas.

Cerimônia da Cápsula do Tempo

A cápsula do tempo caracteriza-se como sendo um recipiente especialmente preparado para armazenar objetos ou informações comuns a uma sociedade numa determinada época, para que seu conteúdo seja preservado e acessado por gerações futuras.

Geralmente são inseridos no interior do recipiente os seguintes objetos: um objeto pequeno e significativo que representa o ano passado, um livro *best seller*, jornais e revistas da época, fotografias, postais, moedas, DVDs e CDs, entre outros itens que possam identificar no futuro como as pessoas viviam em sua época.

De modo geral, cápsulas do tempo possuem uma data final para abertura, que pode variar de décadas a milênios. Também é esperado que sejam seladas ou enterradas, com o objetivo de manter seu conteúdo à salvo de intervenções humanas (como furtos dos objetos originais, que eventualmente têm valor financeiro) e do efeito da degradação do tempo (como umidade, fungos, intempéries etc.).

Geralmente associa-se esse momento a outra solenidade, o lançamento da pedra fundamental, no qual será possível enterrar a cápsula do tempo, com local previamente escolhido para ser aberto em determinado momento.

Aula Magna

Uma espécie de conferência, onde um renomado especialista é convidado para uma apresentação no meio acadêmico e/ou educacional. Requer um protocolo cuidadoso, pois tem como característica básica a formalidade.

Aula Inaugural

Possui as mesmas características da Aula Magna, só que não se utiliza da formalidade, geralmente utilizada quando o início do ano ou semestre letivo.

Debate

Discussão realizada, entre, pelo menos dois oradores ou também chamados de debatedores, para defender um ponto de vista já pelo menos conhecido pelo público.

Geralmente cada debatedor apresenta pontos de vista divergentes sobre o tema, o que requer a presença de um moderador ou coordenador.

Estudos de Caso

Tipo de evento mais utilizado na área científica ou médica, onde um determinado caso é apresentado a um grupo de participantes e após a disseminação das informações, o grupo procura a solução mais adequada a ser implantada.

Cerimônias Fúnebres

Honras que se prestam em cerimônias de sepultamento. Mais usual quando o falecimento é de personalidades.

Quando o falecimento é de uma pessoa de destaque na sociedade e ligada a uma instituição deve-se procurar um local nobre para que seja montada a câmara mortuária, onde o corpo será velado. Para evitar grandes tumultos, o fluxo de pessoas na câmara mortuária deverá ser conduzido por fitas de isolamento.

Água e café devem estar disponíveis durante o período de velório, sendo servidos em recintos fechados.

Outro item importante é o livro de presenças para o registro das pessoas que compareceram, assim, posteriormente, a família poderá agradecer a presença.

Posse

Dar legitimação à posse de uma pessoa para um determinado cargo, seja público ou privado.

São compostos por formalidades que seguem determinados ritos sociais do órgão ou empresa.

Outorga de Títulos

Visa realizar homenagens a pessoas físicas ou jurídicas em reconhecimento a realizações e méritos alcançados, por meio da entrega de títulos ou diplomas.

Colação de Grau

A solenidade de outorga de grau, denominada Colação de Grau, é o ato oficial, público e obrigatório, por meio do qual o aluno, concluinte do curso de graduação, recebe o grau ao qual tem direito por concluir o curso superior. Em nenhuma hipótese, a outorga de grau é dispensada e, por oficializar a conclusão do curso, é exigência legal para emissão e registro do Diploma. As sessões de colação de grau poderão ocorrer nas seguintes modalidades: • Colação em Gabinete (sem a participação pública);

• Sessão Solene (aberta à participação pública).

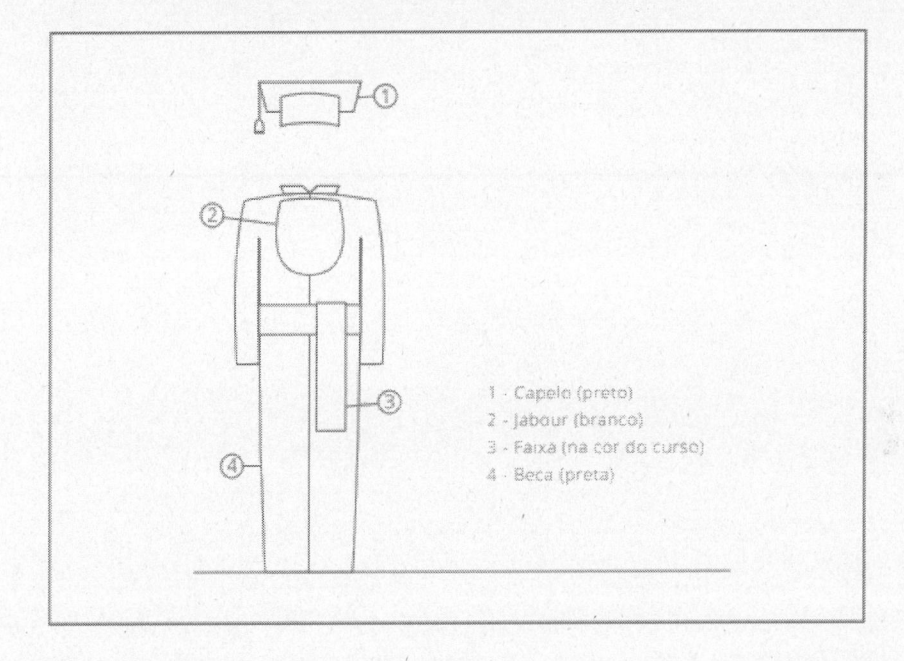

1 - Capelo (preto)
2 - Jabour (branco)
3 - Faixa (na cor do curso)
4 - Beca (preta)

Traje Formando

Fonte: das autoras

Ordem de Precedência na Colação

Reitor ou seu representante; Diretor da Faculdade; Autoridades governamentais de 1º escalão, das 3 esferas e instâncias; Chanceler; Pró-Reitor Acadêmico; Pró-Reitor Administrativo; Pró-Reitor de Assuntos Comunitários; Paraninfo do curso; Patrono do curso; Presidente ou representante do Conselho Regional da área que está sendo formada; Professor homenageado do curso.

Atenção

PARANINFO – é o título atribuído à pessoa escolhida para ser o padrinho da turma dos formandos, durante uma cerimônia de colação de grau. Cada turma tem um Paraninfo. Podem ser professores do Departamento formando ou também dos outros Departamentos. É quem faz o discurso.

PATRONO – profissional, professor ou não, de notória competência e padrão de excelência na área específica de conhecimento. O Patrono não faz discurso na solenidade. Cada turma deverá ter apenas um Patrono.

Eventos Sociais

Noivados, Casamentos, Bodas, Festa de Debutantes, Aniversários, Batizados, Primeira Comunhão, Chá de Revelação, Chá de Bebê, Chá de Panelas ou Lingerie, Chá-Bar, Despedida de Solteiro(a)

Acredite se puder!

Uma nova moda surgiu recentemente em função da quantidade expressiva de divórcios: a Festa da Separação ou do Divórcio. Nesse evento ocorre a celebração por estar novamente solteiro e entre seus objetivos, além de elevar o astral, está a sua inclusão no mundo dos solteiros, alardeando sua nova condição civil. Há público para todos os eventos!

Open House

Tem o objetivo de apresentar aos amigos uma nova residência. Nas grandes cidades, esse tipo de evento é realizado de forma fragmentada para atender aos diferentes perfis de familiares e amigos e, também, em função das dimensões da moradia.

Campanha

Utiliza da comunicação para divulgar o evento sobre um tema específico. O público envolvido pode ser de familiares, amigos, colaboradores e a sociedade; vai depender do que a campanha fará engajamento: produtos, serviços, dentre outros.

Luau

É um evento descontraído, tem origem havaiana, com objetivo de diversão e confraternização e a música, normalmente, é com violões. A decoração é feita com tendas, flores, pétalas e conchas e o jantar é servido no chão ou na areia da praia, coberto por folhas ou esteiras.

Raves

Festa de música eletrônica com duração acima de 15 horas – mínimo. Tem característica de ser um evento *no-stop* (grande duração).

As raves explodiram no final da década de 80, (as primeiras raves aconteceram em Manchester, na Inglaterra, em fins de 1987 e início de 88).

Foi no estado de Goa, na Índia, onde se pode afirmar que a cultura psy-trance surgiu. Goa era uma região cristã colonizada pelos portugueses. Diferente das outras regiões indianas, Goa possui uma maior tolerância e diversificação cultural. Era uma espécie de ponto de encontro internacional, pela sua cultura espiritualizada e não materialista com uma sociedade repleta de muitos adeptos aos ideais hippies, antropólogos, místicos e traficantes de drogas viajavam frequentemente para a região.

Faziam-se diversas festas que tocavam rock-psicodélico e reggae em grande maioria, até que entre os anos de 1987 e 1988, o DJ Laurent introduziu a música eletrônica nestas festividades, no início não foi muito bem aceito, mas em pouco tempo se tornou uma febre e causou uma reação em cadeia que revolucionou o cenário da música eletrônica internacional.

Logo após, o fenômeno se espalha pela Alemanha, principalmente Berlim. Nos EUA (New York), as festas raves chegam em 1991/92. Mas toda a cena da Inglaterra no final dos anos 80 era chamada de *acid house party*, a terminologia "rave" não existia. O conceito rave, nascido no final dos anos 80 e advindo da produção da música eletrônica, foi formatado em festas em espaços abertos fora do perímetro urbano ou em galpões abandonados da periferia, ao som de música eletrônica. Apesar de imprecisões, já que uma especificidade de uma rave, é sua marginalidade, há indícios que a primeira festa rave no Brasil aconteceu em 1992 e foi batizada com o nome de Jeneration. A festa foi amplamente encampada pela mídia e pelo patrocinador (uma marca de jeans). A festa aconteceu no estádio do Pacaembu em São Paulo.

Atenção: A maioria dos tipos de eventos geralmente associam-se com serviços de alimentos e bebidas para otimizar os resultados traçados. Muitos até mesmo acabam sendo confundidos como os próprios eventos, criando novas terminologias mercadológicas. Os principais modelos são:

Brunch

Vem do idioma americano, mas precisamente da gíria que aglutina os termos *"breakfast"* – café-da-manhã e *"Lunch"* – almoço. Significa uma espécie de café--da-manhã tardio, com a oferta de alimentos não só do café (leite, café, frios, pães, ovos, cereais, frutas, etc.) mas também de pratos do almoço (saladas, crepes, panquecas, omeletes, salsichas defumadas, presunto defumado, salmão, tortas, doces de compota e até mesmo champanhe).

O sucesso de um Brunch está no equilíbrio entre doces e salgados e entre os sucos e bebidas alcoólicas

O serviço é em estilo *buffet self-service*, o que não prende os participantes, tendo uma maior liberdade de horário.

Brinner

Nada mais é do que um *breakfast for dinner*, ou seja, uma refeição com elementos do café da manhã oferecido no período do jantar. Esse tipo de serviço de Alimentos & Bebidas tem origem nos Estados Unidos, quando os americanos, sem tempo para se dedicar à refeição preferida do dia, por conta da correria para chegar ao trabalho, decidiram transformar as receitas mega calóricas do café em jantar.

Coffee-break

Presente em quase todos os eventos de duração superior a três horas que requer um intervalo nos trabalhos para um relaxamento, uma ida ao toalete, degustar alguma bebida não alcoólica ou mesmo ingerir um alimento. Estudos realizados indicam que esse período de interrupção do evento deve acontecer de 90 a 100 minutos após o início das atividades e a cada acúmulo posterior.

O serviço, geralmente também *self-service*, deve incluir bebidas revigorantes, como café, refrigerantes, sucos, chás e principalmente água mineral. Já com relação aos alimentos não devemos servir alimentos gordurosos ou que necessitem da utilização de talheres, pois os espaços destinados a este fim são limitados. O mais comum é servir *petit fours* – biscoitos amanteigados e recheados - pães de tamanho pequeno, bolos secos, sem cobertura, brioches, pão de queijo etc.

Coquetel

Tem como principal característica o cunho de confraternização motivado por inúmeras razões. O serviço engloba a oferta de bebidas – alcoólicas e não alcoólicas

– e aperitivos como canapés e salgadinhos. Não deverá ultrapassar de duas horas de duração.

Dividem-se em:

- Coquetel *Party* – o mais simples e tradicionalmente, habitualmente até às 20h.
- Coquetel *Souper* – acrescido de um prato quente – disposto em *réchaud*. Geralmente pratos que não necessitem a utilização de facas, apenas garfos.
- Coquetel com Jantar.

Café da Manhã

Trata-se do tradicional café-da-manhã que é servido em horário matutino e que cada vez mais tem atraído um público numeroso, pois permite que os participantes ganhem mais tempo, pois com o compromisso agendado para as primeiras horas do dia, não compromete o restante do dia.

Chá da Tarde

Reunião descontraída, com um maior apelo para o público feminino.

O serviço inclui a oferta de guloseimas, sanduíches, frios, tortas, frios, salgadinhos, café, chocolate, leite, sucos naturais e é claro o chá, com diversas variedades a escolher.

Churrasco

Tipicamente brasileiro que consiste em assar em braseiro, à lenha ou carvão peças especiais de carne bovina, suína, ovina e outras.

Estipula-se o consumo médio de carne por pessoa de 500 gramas sem osso e 700 gramas com osso.

O serviço tradicional é o espeto corrido ou rodízio. Atualmente os mini-espetinhos são muito usados em eventos sociais, de confraternização.

Há uma necessidade mais rigorosa de higienização constante devido às técnicas rudimentares da preparação do churrasco, assim como sua visibilidade por parte do público.

Há também a prerrogativa de prever espaços maiores para a circulação dos profissionais e também dos convidados.

Queijos e Vinhos

A combinação dos deuses, considerada perfeita, vem se destacando no cenário de eventos como um atrativo sem concorrência nos últimos anos, até em função do interesse maior em enologia – a arte de combinar alimentos e vinhos.

Work Lunch

Formato de serviço adaptado pelos norte-americanos com o intuito de otimizar as horas de trabalho, sem interromper o mesmo para o horário de almoço. Nessa oferta há estações com oferta de sanduíches, pães, frios diversos e tortas salgadas e doces, além de refrigerantes, sucos e café que ficam disponíveis o tempo todo na condução da reunião para que os participantes se sirvam à vontade.

Almoço/Jantar

Refeições distintas, cujo formato irá depender de inúmeros fatores como: disponibilidade financeira, logística, quantidade de pessoas etc.

O jantar por ser mais formal deve ser utilizado quando o assunto requer mais cerimonial.

Atualmente no Brasil, este serviço é um dos mais comuns e tradicionais, atingindo numerosos participantes, onde escolhe-se o que deseja comer e diretamente serve-se do alimento.

Alguns profissionais já introduziram Hors D`Oeuvre (entrada) como opção de alimentação, por apresentarem em seus *buffets* apenas sugestões especiais como melão com presunto cru, ostras, camarões, casquinha de siri, salmão defumado, saladas exóticas, etc. Porém na clássica cozinha essa opção não existe. Ela é apenas um componente de um menu.

Ceia

Costuma ser a última refeição do dia, antes de deitar-se. É composta por alimentos leves, tais como frutas, sanduíches frios, caldos, iogurtes, frutas secas, dentre outros. É diferente da ceia de Natal, especificamente servida na ocasião com uma refeição farta, onde reúnem à mesa familiares e amigos para comemorar o nascimento do Menino Jesus.

Vamos combinar? Harlem Shake não é uma tipologia de Eventos!

Com o dinamismo da sociedade moderna, de tempos em tempos, cada vez mais curtos e consequentemente de absorções descartáveis, novos modismos surgem, com um poder avassalador de multiplicação de audiência, por intermédio das mídias sociais.

Uma onda que viralizou recentemente foi o Harlem Shake, uma manifestação grupal de dança, com participantes em um ritmo único,

Muita calma nessa hora... nem tudo que se parece é ou pode ser considerado como uma tipologia de eventos.

A sociedade muitas vezes banaliza algo que lhe parece óbvio, mas não o é... Vejamos por que: O Harlem Shake é um meme, um viral difundido pela internet... ok... a ação precisa de um mínimo planejamento para ocorrer... pois há necessidade de data e horário programados, escolha de um local aglutinador, produção de fantasias, ou fragmentos delas, máscaras, um MC com voz grave que anuncia "then do the Harlem Shake", som e até coreografia... não coletiva, mas sim individual, que resultam em danças bizarras que se dizem contagiantes. Conclusão: uma febre que contagiou boa parte do planeta.

Mas qual a mensagem dessa ação?

A conceituação de Eventos é ampla e complexa, não limitando-se a uma única definição para sua plena compreensão, devido a vasta conexão de ações que compõem sua estruturação e planejamento e atualmente tornou-se cobiça de diversas áreas de serviços (Marketing, Administração, Comunicação e Turismo), possibilitando inúmeras contextualizações totalmente corretas e correlatas.

O epicentro de Eventos é o agrupamento de pessoas reunidas em um determinado local, ambiente e horário, onde por meio de um planejamento metódico todos os participantes estarão sintonizados no mesmo interesse, com algo em comum, pelo menos naquele determinado período. Essa sintonia está relacionada a mensagem... a que se quer receber, a que se quer transmitir...

E a pergunta volta... qual a mensagem do Harlem Shake.... ?

Diversão... Alopração... Pertencimento...

Não está nítido, não é perceptível.... Não pode ser um evento!!! Seu objetivo principal não é definido.

Além disso, se realmente é um evento... como muitos taxam... onde está o OPC para que com muito maestria, torne a ação realmente solidificada por exercer seu papel de comunicação dirigida... sem ruídos ou interferências.

Então tá combinado... não é um evento... é um viral... é um meme... é uma ação que hoje bomba e amanhã... já vimos esse filme...

Ah... que saudades do Flash Mob...

Ignite – Você sabe o que é?
Se você ainda não participou... É apenas uma questão de tempo!
Meeting Design é um dos Conceitos do Momento em Eventos

A área de eventos tem um dinamismo espetacular, que demanda sempre atualizações e a busca por novidades ou até mesmo na recriação do antigo, transformando-o em algo contemporâneo.

É possível vislumbrarmos tais ocorrências, não só no que diz respeito às tipologias de eventos, mas também em estratégias utilizadas na concepção e planejamento dos mesmos.

Festa do Divórcio e Workshop são alguns exemplos de eventos que surgiram para o atendimento às novas necessidades da sociedade. Já Simpósio e Sarau são outras tipologias que foram alinhadas ao tempo moderno, elas já existiam no passado, mas com outros enfoques e operacionalidades que atendiam perfeitamente ao público destinado de outrora... como a sociedade muda... os eventos também devem acompanhar esse movimento.

Conceitos como Green Meetings, Gamification, Hibridismo, Cinco Sentidos, entre outros, atualmente tornaram-se sensações nos eventos, sobretudo na esfera corporativa.

Porém há um conceito que inclusive pode abranger todos os listados acima, trata-se do *Meeting Design,* uma forma não só de montagem, preparação do espaço, mas também de operacionalização, transformando o evento em algo mais atrativo, participativo e focado no atendimento dirigido, não mais de forma massiva, mas sim contido em audiências menores, muito mais específicas.

E o Ignite está nele.

Trata-se de um típico exemplo de *Meeting Design* que permite uma maior participação do público, de forma muito ágil e instigante.

O *key note speaker* – palestrante/orador – recebe apenas cinco minutos para expor e vender sua ideia, seu produto ou serviço, tendo como suporte recursos tecnológicos como *power point* ou *prezi,* sendo que toda essa apresentação não terá seu controle tátil, já que automaticamente com o apoio de um temporizador, os slides mudarão a cada 15 segundos.

Após essa rápida ação, abre-se para perguntas e respostas da plateia, efetivando assim uma verdadeira interação. Tudo isso com o acompanhamento de um facilitador, que está preparado caso não haja perguntas e pode até mesmo escolher alguém para que realize alguma indagação. Dessa forma todos ficam muito vivo durante todo o processo.

Em época de pouca passividade e muita participação, o modelo de *ignite* atende perfeitamente ao público que busca aprender, mas também compartilhar conhecimentos e até mesmo trabalhar seu marketing pessoal.

Ele permite a comissão organizadora desenvolver mais temas com menos tempo, ganha a audiência sem gerar cansaço, pois as apresentações são curtas e incitam a proatividade.

Demanda maior preparação por parte do *keynote speaker* para que o mesmo tenha pleno poder de síntese e crie apresentações mais imagéticas que textuais.

E então, que tal um *ignite*?

Para memorizar !!

Média & Dimensões: A Matemática para Eventos

Estimativas

- Serviço disponível em *mesa-buffet* – para cada 80 *paxs* (pessoas) 01 mesa com entrada por ambos os lados, facilitando a circulação. Com a inclusão de pratos quentes, esse número cai para 50 a 60 *paxs*, dependendo das iguarias.
- Garçom – 07 garçons para cada 100 *paxs* (se forem experientes). 10 garçons para cada 100 *paxs* (com pouca experiência).
- A taxa de rolha - valor cobrado quando o próprio cliente é responsável pela compra ou fornecimento da bebida a ser servida pelo contratado em um espaço locado - corresponde entre 10 a 20% do preço da garrafa vendida. Pode-se também estipular um preço fixo por variedade. É comum que todas as garrafas – cheias e vazias - sejam entregues ao final do evento para a conferência do cliente.

E os Eventos Virtuais? Tipologia?

À medida que aumenta a interatividade entre o *high tech* e o cotidiano, a sociedade busca encontrar novas e mais ágeis formas de ter acesso às informações.

Seguindo essa direção, uma nova modalidade de eventos começa a ganhar mais espaço e adesão, principalmente na esfera internacional: são os eventos virtuais.

A definição de eventos virtuais tem como seu diferencial o meio nos quais são realizados esses acontecimentos especiais. Como meio, compreende-se o ambiente nos quais os eventos são realizados, classificando-os como físico ou virtual.

Especificamente abordando os eventos virtuais o ambiente utilizado é o da plataforma web, hoje popularmente comum em quase todas as regiões do mundo.

Atualmente softwares, minicâmeras, interfaces gráficas, entre outros itens, já encontram-se disponíveis popularmente, possibilitando, entre outras ações, que profissionais espalhados pelo mundo inteiro possam debater planejamentos, realizar encontros de negócios ou até mesmo visitar feiras internacionais.

Essa possibilidade íntegra o que foi taxado de novas mídias digitais colaborativas, um conceito que surgiu ao longo da década de 80 e pressupõe, uma grande agilização das comunicações nas empresas.

A interatividade nos eventos virtuais é sua principal característica, mesmo excluindo o contato olho no olho, *face-to-face*.

Inicialmente utilizado somente por grandes corporações em função dos elevados investimentos necessários a sua concretização, os eventos virtuais, atualmente, democratizaram seu uso pela queda significativa dos custos envolvidos em seu planejamento e pela própria demanda em conseguir reduzir despesas com a realização dos eventos, já que não há implicação de custos corporativos diretos relacionados aos deslocamentos geográficos, hospedagem e alimentação.

Em época de *"savings"*, com toda a turbulência econômica recente, muitas companhias realizaram um realinhamento de suas estratégias e principalmente de suas despesas operacionais, trazendo como consequência percebida a introdução e/ou incremento do uso dos eventos virtuais como uma alternativa aos eventos presenciais, conseguindo, assim, manter seus objetivos de conectividade, compartilhamento, aprendizagem, pesquisas e bem-estar.

Em uma pesquisa realizada pela FORBES em 2009 com 760 executivos provenientes de pequenas, médias e grandes empresas de todo o mundo, levantou-se que 58% do grupo entrevistado presenciou um avanço da realização de eventos virtuais em sua rotina corporativa.

Aliás, o ano de 2009 foi considerado como o marco consolidador da relevância dos eventos virtuais como tendência no mercado corporativo internacional.

Eventos virtuais podem oferecer um portfólio diversificado para que os participantes se conectem e se comuniquem. Como principais ferramentas encontram-se os *webcasts* - incluindo apresentações ao vivo ou pré-gravadas, chats on-line ou fóruns de discussão com plena disponibilidade de interação com os conferencistas ou facilitadores que ficam disponíveis para perguntas e respostas no final da sessão expositiva. Outra atuação que vem conquistando os participantes de eventos virtuais é o aproveitamento de suas próprias redes sociais para ampliação de contatos e posteriormente dar continuidade às discussões e reflexões iniciadas no evento, sendo, portanto, o ciclo de vida do acontecimento especial prolongado.

Outra característica alardeada pelo uso dos eventos virtuais é ampliar a abrangência de participação das pessoas, não só em termos de quantidade, mas principalmente em escala global de diversificação cultural.

Essa especificidade fez parte de uma pesquisa liderada – também em 2009 – pelo Event Marketing Institute, que apresentou 10 *Insights* referentes a esse novo meio para a realização de eventos. Entre os tópicos que foram elencados destacam-se a necessidade latente de manter a atenção do público, que poderá com mais propriedades apresentar distrações e desviar seu foco, sendo necessário um planejamento orientado na audiência e suas reais pretensões, além de propiciar cenários e layouts atraentes que impulsionam a motivação de sua concentração.

Com a pesquisa consolidada pela Forbes, esse mesmo item ganhou reforço já que 58% dos entrevistados assumiram que frequentemente realizam outras tarefas paralelas a sua participação em eventos virtuais (navegação na internet, checagem de e-mails, leitura de outros materiais e relatórios distintos, etc.).

Essa informação é de extrema valia no intuito do aprimoramento profissional dos que trabalham na área, tendo em vista que esses desafios se tornarão mais comuns e demandam soluções apropriadas e eficientes.

E no Brasil parece que os eventos híbridos é que serão mais bem acolhidos, já que a equalização de conteúdos presenciais com virtuais, uma espécie de *mix* ou híbrido (evento presencial com uma programação que também inclui uma plataforma virtual, designando-se como uma verdadeira simbiose), atrai mais a sociedade brasileira.

Atenção

As novas tecnologias disponibilizam recursos que colaboram para alcançar os objetivos do projeto idealizado, dentre elas as plataformas de transmissão de eventos. Grandes aliadas na realização de eventos online, devem, contudo, ser adequadamente escolhidas segundo o tipo de evento. Recomenda-se fazer uma avaliação criteriosa a respeito de cada plataforma antes de escolher aquela que atenderá ao evento. Usar uma referência de demonstração poderá ser muito útil e produtivo. Existem várias plataformas de streaming disponíveis no mercado, algumas gratuitas, outras não. Cada uma tem suas especificidades, como quantidade máxima de audiência, ferramentas de interatividade, plataformas de edição e de transição acopladas, dentre outras.

Não é Evento

Fund Raising

As ações de "fund raising" tornaram-se frequentes, como forma de obtenção de fundos para uma determinada causa ou grupo, portanto o mesmo não pode ser considerado uma tipologia de evento, pois se utiliza de inúmeras possibilidades para sua realização

Dicas Preciosas

A primeira edição do evento não deve ser numerada;

A colocação da abrangência no nome do evento é sugerida, mas não obrigatória; Pode-se utilizar sigla ou identidade do evento acompanhada do ano em peças de comunicação, todavia, quando o nome é apresentado por extenso deve-se fazer referência à edição.

As perguntas chaves para Organizar um Evento

- O que = Qual é o objeto do projeto
- Por que = Quais são as razões para o projeto
- Para que = Que objetivo se espera alcançar
- Para quem = Qual a público-alvo do evento
- Quando = data programados
- Onde = Qual o local
- Como = Quais estratégias serão utilizadas
- Com que pessoas = Equipes e responsáveis
- Quanto = Quanto vai custar fazer o evento
- Com que recursos = Como serão angariados fundos

5. Espaço para Eventos não é qualquer Lugar

Jamais uma equipe que está à frente da organização de um evento deve negociar o fechamento de um local para sediar um evento sem realizar uma visita técnica.

Muito similar existe a chamada de visita precursora ou preparatória, diretamente já vinculado à equipe de Cerimonial e quando o espaço já foi definido (mais à frente será abordado esse item).

A visita técnica permite avaliar se realmente o ambiente em questão está apto a acolher a ideia do projeto de um acontecimento.

Com o poder tecnológico da atualidade, é possível visitar os locais virtualmente, mas, nada, será melhor que o olho no real, no esclarecimento de dúvidas de imediato.

Por vezes em eventos em outros estados e/ou países, recomenda-se que a mesma seja incluída no orçamento final ou já faça a contratação de um membro da equipe in loco para exercer essa função.

Modelo de Roteiro de Visita Técnica

1) Histórico do espaço;
2) Material de Divulgação do Espaço;
3) Estrutura do Departamento de Eventos (Captação, Comercialização, Operacionalização);
4) Formas de Comercialização (custo do m^2, itens oferecidos etc.);
5) Número de dias utilizados na montagem, realização e desmontagem de eventos. É possível a realização de quantos eventos simultâneos?
6) Escolha do local (analisar os aspectos físicos e geográficos do entorno – vias de acesso, facilidades para se chegar ao local do evento, área de exposição);
7) Analisar o tipo de montagem necessária para a realização de eventos nos locais;

8) Apoios, Patrocínios, Convênios e Parcerias possíveis;
9) Regulamento Interno e Manual de Operações para Eventos (há algum manual específico?);
10) Operacionalização do evento (número de pessoas envolvidas – há fluxograma? informatização, uniformização da equipe, cronograma de atividades e check-list dos eventos);
11) Estatísticas dos Eventos realizados;

Durante a visita "in loco", atentar-se – ainda – os seguintes itens:

1) Quais os indicadores de hospitalidade adotados pelos espaços?
2) Número de profissionais – mono e bilíngues, equipamentos disponíveis para controlar a entrada e saída, número de seguranças existentes - segurança patrimonial ou orgânica.

No item segurança, verificar com a empresa contratada o número de profissionais e o número de horas trabalhadas por cada segurança. Seguranças recebem treinamento específico para atuação? Acessos especiais...

É fundamental também verificar a existência de extintores de incêndio, saídas de emergência, *sprinklers*, dentre outros.

3) Recepção do Evento
4) Pontos de Apoio do Evento (hospitalidade in loco):
   . chapelaria;
   . guarda-volumes;
   . limpeza;
   . cozinha;
   . sanitários;
   . palcos / auditórios montados especificamente para shows etc...
5) Pontos de Apoio do Evento (hospitalidade arredores):
   . pronto-socorro;
   . postos bancários;
   . polícia militar;
   . corpo de bombeiros;
   . ponto de táxi - facilidade/ mobilidade/ aplicativos;
   . transporte público para traslados (hotel, metrô etc.);

6) Acessibilidade:

. rampas de acesso;

. banheiros adaptados;

. espaço reservado e mesas adaptadas para cadeirante;

. elevadores

7) Refrigeração e Iluminação;

8) Se o evento precisar de espaço aberto, quem toma a providência, caso tenha previsão de chuva, o local ou o organizador?

Locações Inusitadas

A famosa grife de luxo Dolce & Gabbana recentemente surpreendeu o mundo ao promover o lançamento de sua nova coleção de alta costura na mítica cidade de Veneza, Itália, ao ar livre, em plena Praça São Marco, um dos mais visitados pontos turísticos da região. Com mais de 1.600 anos, o espaço foi alvo de passarela e do famoso burburinho do *jet set* fashionistas que a cada nova coleção ficam ávidos por espetáculos que surpreendam, não só pelo conceito expostos nos modelos, mas também pela transformação, cada vez mais frequente, de usar o que em eventos chamamos de "locações inusitadas", ou seja, ambientes que não foram planejados para receberem eventos, mas são provisoriamente transformados para tal fim.

Essa estratégia gera grande visibilidade e desperta interesse da audiência, mas demanda investimentos até três vezes mais alto que um orçamento de um evento realizado em um ambiente convencional.

Isso porque a infraestrutura do local não foi arquitetada para tal desempenho e quase tudo, precisa ser providenciado, o que acaba exigindo a aplicação de mais recursos. Contudo, sabemos que o binômio custos x benefícios está atrelado aos eventos e a decisão por esse tipo de sede, será sempre muito bem estudada e analisada.

Aliás essa ação, foi a primeira após o período de isolamento que o mundo foi içado em 2020 em função da pandemia Sars Cov2 e a escolha por um ambiente ao ar livre foi recomendação para justamente evitar aglomerações em locais fechados, o que pode acelerar a propagação do vírus, mesmo parte da Europa já ter dito flexibilizações para a realização de eventos com ainda controle de público e a implementação de protocolos específicos.

O evento da moda contou com uma plateia que por si só também era estrelar, mais de 400 pessoas ligadas ao mundo *fashion* estiveram presentes e se inebriaram com o convite de vivenciarem 03 dias de puro glamour e surpresas promovidas pela marca. Entre os convidados pode-se citar celebridades como as atrizes Helen Mirren e Monica Bellucci, as cantoras Jennifer Lopez, Doja Cat e Ciara, o ator Christian Bale, e o rapper Sean Combs e a modelo Heidi Klum.

A programação do evento, antecedendo ao já consagrado Festival de Cinema de Veneza, incluía: no sábado, a exibição da coleção de joias da grife no magnífico Palazzo Ducale. No domingo, ponto alto da celebração, instalou uma passarela sobre as águas para o desfile de moda feminina e na segunda-feira, o desfile de moda masculina.

Se pudéssemos usar duas palavras pelas imagens transmitidas, nos dois primeiros acontecimentos especiais, poderíamos mencionar ostentação e impactante, mas entrelaçadas por muita delicadeza e um ode à cultura local, já que os estilistas proprietários da marca fizeram uma emocionante homenagem à cidade italiana recriando seus monumentos, como a torre do relógio, e tradições locais como os cristais coloridos da ilha de Murano e as máscaras do carnaval veneziano em bordados e estampas pintadas à mão. Cem gôndolas, outra tradição local, levavam às modelos até a passarela. Realmente algo nunca visto.

O vento acabou sendo um figurante que não atrapalhou, pelo contrário, gerou até um efeito esvoaçante para os longos e fluidos vestidos.

Mas no final da tarde, o tempo ameaçou arruinar o desfile, numa fusão entre chuviscos e sol, que formou um arco-íris, que contribuiu, ainda mais, para a atmosfera de fantasia imaginada por seus criadores...um efeito naturalmente orgânico. Enquanto tocava "Quatro Estações" de Vivaldi e os designers recebiam uma ovação de pé da plateia, a chuva veio, mas nada assustador. Depois do desfile, Domenico Dolce confessou à revista Vogue: "Sabem que sou católico por isso pedi à Virgem, 'por favor espere um bocadinho! Por favor'."

Porém no último dia de evento, as preces não foram ouvidas... algo inusitado ocorreu... uma chuva de granizo... O fato ocorreu no Arsenal de Veneza, quando um vento forte soprou e grandes pedras de granizo começaram a cair enquanto os modelos apresentavam as peças da coleção de alfaiataria masculina da grife. A situação fez com que na disputada fila "A", poucas pessoas permanecessem até o fim do desfile. Já o *pit* - local no fim da passarela em que os fotógrafos se posicionam - ficou lotado de pessoas, buscando proteção.

Mesmo assim os produtores decidiram levar ao pé da letra *"The show must go on"* e os modelos, de um profissionalismo ímpar, mantiveram sua linhagem e finalizaram a apresentação.

Guarda-chuvas logo surgiram e ajudaram a minimizar o impacto das pedras de gelo... realmente ... algo não imaginado, mas que no próximo, já estará nas variáveis de segurança a serem consideradas.

Claro que as questões climáticas relacionadas a um evento ao ar livre são pontos de grande vulnerabilidade, já que não há por lá um **"Cacique Cobra Coral"**

A Fundação Cacique Cobra Coral, entidade mediúnica, que comprova ter trabalhos para controlar o tempo.

Se existe algo para mitigar qualquer possibilidade de pontos negativos e que são comprovados... porque não o fazer.

E como os eventos ao ar livre estão entre as tendências na retomada dos eventos presenciais...precisamos nos atentar – e muito – para essas questões.

Reuniões Preceptoras

A reunião precursora deve conter uma visita guiada, feita pelo cerimonial ao local onde vai ocorrer uma solenidade.

O objetivo é fazer um reconhecimento do local, traçar o percurso que o assessorado irá fazer no dia, verificar onde ele se sentará e dirimir quaisquer dúvidas sobre segurança, composição de mesa, discursos e ordem de precedência. Quando não se conhece os profissionais que estão organizando o evento ou o local onde ele será realizado, recomenda-se que a visita seja feita com um ou dois dias de antecedência.

Nesses casos, além de obter as informações padrões de uma precursora, o intuito é criar um clima de cordialidade e boa vontade com os cerimonialistas da outra instituição. Se deixar para fazer isso horas antes do evento, é provável que os organizadores nem possam atender, porque estarão cuidando dos últimos detalhes do evento ou dando preferência para aqueles que conhecem.

Não é garantia, mas esse entrosamento prévio, na maior parte das vezes, ajuda a resolver problemas que possam surgir. Já o inverso é certeza: se ninguém se conhece, fica mais difícil ter uma solicitação atendida, por mais simples que seja.

Eis as informações que se coletam durante a precursora:

- Ordem dos trabalhos e roteiro de locução: isso deve ser repassado ao membro, a fim de que ele saiba quem vai compor a mesa e se fará uso da palavra.

- Lista de convidados: o membro pode desistir de comparecer a uma solenidade em razão do público que foi convidado. Nem sempre esta informação é divulgada, mas é sempre bom tentar obtê-la.
- Local reservado: identificar a cadeira exata que foi reservada para o membro, ou reservar uma ao chegar ao local.
- Acesso ao local e estacionamento: repassar essa informação para o motorista, a fim de que o membro desembarque no local correto, onde o aguardam.
- Acesso à sala VIP: verificar com antecedência se o membro tem direito a ficar no local. Isso evita o constrangimento de ser barrado ao desejar entrar na sala.
- Fotógrafo oficial: credenciá-lo, caso seja necessário, e saber se ele terá acesso às áreas restritas. Mesmo com esse cuidado, o fotógrafo oficial é muitas vezes tratado como imprensa e, como consequência, acaba sendo barrado pela segurança.
- Imprensa: saber qual local foi reservado para jornalistas, para que o membro possa traçar uma rota de fuga, caso queira evitá-los ou ir até eles, se quiser dar entrevista.
- Policiamento e segurança: verificar o esquema de segurança que será utilizado. Dependendo de quão ostensivo for, é necessário avisar o membro para que chegue com antecedência ao evento, para evitar atrasos e tumulto.
- Serviço médico: saber onde e como contatar o socorro, em caso de emergência.
- Banheiros e copa: saber onde ficam.

6. Comunicação Assertiva, sem Chances de Equívocos

> "É preciso ritos. – Que é um rito?, perguntou o principezinho. – É uma coisa muito esquecida também, disse a raposa. É o que faz que um dia seja diferente dos outros dias; uma hora, das outras horas."
>
> **Antoine de Saint-Exupéry, O Pequeno Príncipe.**

A criatura humana é sabidamente um animal social. Sua tendência é viver em grupo. Para que o grupo subsista é preciso que haja, no mesmo, harmonia. Esta será sempre decorrente de uma recíproca compreensão. Acima de tudo, a criatura humana deseja que, quando em grupo, seja compreendida a sua posição no mesmo. Essa será em decorrência do tempo (antiguidade), responsabilidades, atribuições (atuais ou passadas), gênero, conhecimentos, ascendências, méritos ou conquistas e, com certeza, o será sempre em razão de ser "gente", e à qual, portanto, corresponderá um espaço, no mínimo como tal.

Através da comunicação, torna-se possível ao homem a convivência em grupo. O instrumento para a comunicação é a linguagem. Será por esta que o animal homem comunicará, ao seu semelhante, seus sentimentos, necessidades, pensamentos, comandos e submissões.

As modernas correntes atuantes em Relações Públicas vêm considerando o cerimonial como uma comunicação com linguagem (a expressão "com linguagem" é acréscimo nosso) aproximativa, ou seja, uma linguagem pela qual o homem, ao externar ao outro a compreensão de sua posição no grupo, está promovendo a aproximação de seus participantes. Essa linguagem, no entanto, não é nova. As mais antigas civilizações já a cultivavam e a História está cheia de incidentes em torno da mesma e também nos conta dos esforços feitos para a sua atualização.

É preciso que se compreenda o cerimonial como um meio de comunicação, para assegurar o equilíbrio do convívio humano. Ele não será nunca aquilo que seus detratores afirmam: uma série de atos melífluos e fúteis. Ele é, isto sim, o fruto da racionalidade que paira acima da lei ou da moral, situando-se como inerente a um agrupamento humano e inseparável do mesmo. Ele estará sempre em relação à cultura do grupo em que se insere. Como tudo, através do tempo, sofreu alterações, evoluindo, ou involuindo, em razão do momento histórico.

Aldeia Global

Marshall Mcluhan, um dos grandes vultos da comunicação, em determinado trecho de sua obra, afirmou ser este mundo "uma aldeia global". Com essa expressão, configurava ele um mundo onde a comunicação se torna tão intensa e tão plena que a aproximação de todos se tornará fácil, como em uma aldeia, uma aldeia global. Em decorrência deste fato, a ninguém é dado eximir-se de conhecer o que ocorre à sua volta, num mundo que se tornou pequeno, mercê da informação. Tanto a Ele, como a Ela, tornou-se indispensável estar informado, sob pena de não poderem conviver. Tanto um como outro, ao longo de sua formação, adquirem um acervo de informações que lhes permite integrar-se, num todo, à sociedade à qual devem servir e da qual devem valer. Além dessas informações, no entanto, haverá aquela diuturna que se sucede no dia-a-dia, a respeito das pessoas e coisas, indispensáveis ao relacionamento diário, ou melhor, à manutenção de seu "espaço" no todo.

Tanto a imprensa falada, como a televisada e a escrita desempenham um papel preponderante em relação ao cerimonial.

Nesta última, principalmente e de preferência nos matutinos, certos fatos noticiados determinarão compromissos tanto para a agenda d'Ele, como para a agenda d'Ela. Serão fatos que induzirão tanto Ele como Ela, a praticar atos de relacionamentos, dentro da linguagem do cerimonial.

Listas de convidados

Quem convidar?

Essa é uma pergunta vital e que em muitas vezes traz muita ansiedade aos organizadores de qualquer evento,

Por isso, a formatação da lista de convidados é uma tarefa que requer zelos especiais, já que esse é um item fundamental para o sucesso do evento, pois a partir da sua concretude podermos iniciar análises sobre o planejamento em si, definindo local, quantidade de bebidas e alimentação, aluguel de mesas e cadeiras, confecção de brindes etc.,

A montagem da lista de convidados é um trabalho desenvolvido em várias frentes. Os diversos nomes obtidos são reunidos e em muitos casos são revisados em função dos recursos disponíveis.

Convites

Para algumas pessoas, o convite é a primeira impressão do que será o evento, apresentando suas características, formalidade ou não, assim como o requinte e o encantamento. Para cada tipo de evento, é elaborado um tipo de convite, com estilo próprio.

Além de data, horário, tipo, objetivo, e importância da recepção, o convite deve informar ao convidado o tipo de traje.

A elaboração do convite é a parte mais simples e objetiva do planejamento de um evento, apesar das dezenas de regras e detalhes criados por livros de etiqueta.

Quer seja formal ou informal, o convite contém os mesmos elementos básicos: para eventos formais o convite é gravado em papel branco ou creme (usa-se tinta preta que é a cor mais sóbria); para eventos informais é concedida total liberdade de criatividade artística, sentimental ou de tendências (FREITAS, 2001, p.170).

As etiquetas digitadas são permitidas para os envelopes que se referem a eventos de caráter profissional; já para eventos sociais os envelopes devem ser sobrescritos à mão, preferencialmente por calígrafo.

A caligrafia computadorizada e impressões de alta qualidade podem, algumas vezes, substituir o manuscrito, em convites não oficiais (FREITAS, 2001, p.171).

O anfitrião convida, seja uma autoridade, um presidente, um diretor, etc. Não é adequado ter como anfitrião a empresa/instituição, sem citar sua representação física, pois é algo que transmite muita frieza e impessoalidade. O anfitrião não pode ser um grupo de três ou mais pessoas, isso acaba gerando um excesso de informações no convite.

Como existe a possibilidade de percentual de falta de convidados, geralmente é expedido entre 15% a 30% a mais de convites, dependendo da solenidade.

Alguns convites trazem a obrigatoriedade da confirmação de presença, para que o anfitrião possa tomar as devidas providências, com relação ao serviço de alimentos e bebidas, quantidade de lugares à mesa, itens de decoração e homenagens, dentre outros. Normalmente é utilizada a sigla R.S.V.P. ou RSVP. *(répondez s'il vous plaît)* à direita ou esquerda do convite, acompanhada de telefone ou email do cerimonial responsável pelo evento.

Pela indelicadeza de boa parte dos convidados, que não realiza o RSVP passivo, se faz relevante atuar com uma central ativa, com o trabalho de confirmação a cargo da própria organização que emitiu os convites. A essa ação batiza-se de RSVP ativo.

Quando houver menção no convite de *"regrets only"* significa que devem se manifestar apenas os que não vão comparecer, para que o Cerimonial tenha uma idéia total das ausências. Usa-se *"regrets only"* em caso de grandes recepções (negativas somente). Não deve ser recusado convite feito pessoalmente por superior hierárquico (FREITAS, 2001,

Um termo muito utilizado nesses eventos é o *"SAVE THE DATE"*. Enviado com antecedência de até três meses, o termo leva o anfitrião a anunciar a data do seu evento e pedir para que seus convidados já coloquem na agenda a data.

O traje, especificado no convite, facilita a comunicação entre anfitrião e convidados e evita constrangimentos que possam ocorrer ao chegar ao local e estar destoando dos demais convidados.

Trajes

Tempos & Movimentos

É preciso falar de Trajes.

Moda, Tradição, Desrespeito, Equívocos.

Os Eventos são Passarelas, do Bem...e Alguns casos de Bizarrices.

A inadequação do uso de trajes e vestimentas.

Cumprimentos muito aquém do que seja respeitoso, decotes que transparecem até a alma, brilhos que ofuscam até o mais discreto globo de prata da balada mais famosa, roupas que nunca chegaram perto de um ferro de passar, tamanhos menores para pessoas maiores e vice-versa, paleta de cores que deixa o arco-íris inibido e moldes tão justos que nem segunda pele, poderia ser tão incorporada ao corpo: são apenas alguns exemplos que com frequência nos deparamos nos eventos.

Em muitos casos, mesmo que haja a orientação de qual traje deverá ser utilizado para o evento, o público, ou não entende sua configuração ou realmente aposta em estilos, que chocam pelo surrealismo ou falta total de aderência com o conceito e a identidade do acontecimento especial.

Há também a veia inventiva do brasileiro, que acaba induzindo erros escandalosos, pois teimam em sinalizar com tipos de trajes que não são oficialmente padronizados e reconhecidos como tais.

Como você iria a um evento, com a informação que o traje é "Tropical?" E se fosse "Gipsy Chic"? Ou ainda "Perdidos na Vida"? Sem falar na abominável composição "Miserável"?

Realmente seria possível explorar diversos estilos, associações e conexões. Só de pensar... arrepia!

Se a organização do evento quer criar uma disruptura com os clássicos códigos de trajes que existem socialmente formatados, deve adotar no serviço de *RSPV* – ativo ou passivo – uma fonte de informações correlatas a ideia, para que o público não fique desorientado e possa acabar embarcando em uma onda surreal, que chamará a atenção, na maioria dos casos, pelo tom bizarro e completamente sem noção.

Convites que não indicam o *dress-code*, ou seja, o código da roupa, que se adequa a tipologia do evento realizado, podem gerar desconforto e até mesmo insegurança, deixando os participantes em situações de constrangimento e até mesmo de pouco interesse no aceite do mesmo. Portanto, é vital que em um convite de evento o tipo de traje seja informado e reforçado.

É bom salientar que são apenas quatro trajes universalmente reconhecidos: Esporte, Passeio, Passeio Completo, Gala/Rigor ou Black Tie.

Não existe traje social, afinal de contas, todos os trajes são sociais, já que não há liberdade para que todos andem pelados em sociedade.

Agora como explicar o que é esporte fino ou Passeio luxo? Realmente, nem os fortes conseguem.

Sem dúvida alguma, as mulheres acabam tendo muito mais chances de erros, já que as peças de seu guarda-roupa são em número bem maior do que dos homens. Isso sem comentar a gama de acessórios, muitos seguindo as tendências da estação e da moda, que nem sempre estão alinhados com o ambiente do evento.

A roupa é uma espécie de cobertura, com finalidade de proteção, decoro e que transmite muito da personalidade de uma pessoa. É claro que todos nós temos a liberdade de vestirmos o que quisermos. Porém é preciso respeitar o ambiente social, o evento, que define em sua mensagem o que se espera em termos de vestimentas. Sempre digo, há locais para todos os tipos de roupas, só precisamos ser sagazes o suficiente para identificar essa correlação.

Em época de exibicionismo, muitas pessoas usam sua vestimenta para realmente transmitir algo, mas é preciso cuidado, para que essa transmissão realmente seja fidedigna aos propósitos e esteja em sinergia com o evento, afinal, é uma atividade coletiva, que deve manter todos em um estado irmanado, sem repulsas, sem vergonhas, sem inquietações, sem olhares perplexos, afinal, a passarela, neste momento, é de todos, e o respeito deve ser item que não pode ser deixado guardado em um closet.

Seja feliz, vista o que quiser, mas tenha empatia e respeite o evento que você está!

Atenção

Traje gera demissão

A filial brasileira da Salesforce, empresa norte-americana de softwares, demitiu seu presidente Maurício Prado e mais dois funcionários após polêmica envolvendo a festa de fim de ano da empresa.

Um concurso de fantasia durante a festa de fim de ano da Salesforce no Brasil, empresa norte-americana de softwares sediada no Vale do Silício, resultou em três demissões, incluindo a do presidente da filial nacional, Maurício Prado, segundo o jornal Folha de São Paulo.

O motivo: um dos funcionários "se vestiu" de "negão do Whatsapp", um conhecido meme que circula no aplicativo de troca de mensagens em que um homem negro aparece com uma toalha azul no ombro e o pênis à mostra. Sua fantasia ficou em quarto lugar no concurso, promovido pelo RH da empresa.

A foto dele, ao lado do diretor comercial de outros funcionários, foi vista pela liderança da empresa, na sede da multinacional nos Estados Unidos, em São Francisco, que ficou chocada. Na imagem, ele aparece com uma toalha no ombro exibindo uma prótese para

simular o personagem.

Segundo a reportagem, uma das versões da história é a de que a matriz teria pedido que o funcionário, que seria da equipe de vendas, fosse demitido. O diretor comercial teria tentado defender a permanência do funcionário, usando o argumento de que os brasileiros são mais liberais e por isso, também teve a demissão decretada.

Nesse momento, o presidente da Salesforce no Brasil, Maurício Prado, tentou intervir. Ele teria dito que a punição era exagerada para um fato que não passava de uma brincadeira. Resultado: também demitido.

A escolha da tematização do evento não foi alinhada com os valores da organização e acabou gerando uma situação extremamente delicada de um evento festivo, uma crise corporativa.

Tipos de Convite

Impresso

Usado para eventos específicos e eventos oficiais. O "layout", o tipo de letra, formato, papel e cor são pontos importantes para o conjunto e a harmonia do convite. O convite é uma mensagem que pode valorizar o evento e criar expectativa nos convidados (FREITAS, 2001, p.173).

Semi-Impresso

É o tipo de convite com lacunas para serem preenchidas com dados do evento, por exemplo: data, horário, local e nome do convidado. Esse tipo de convite facilita a utilização para muitos eventos, por isso já podem ser impressos e guardados para serem utilizados quando necessário.

Ofício

Esse tipo de convite, usado para convidar autoridades, vem sendo substituído pelo digital, devido a praticidade (veja detalhamento abaixo no item exclusivo sobre ofícios).

Telefone e Whatsapp

Os convites também podem ser feitos pelo telefone, para ocasiões informais. As informações básicas não podem faltar, mesmo que o evento seja em residências; além disso, o cardápio e o traje também devem ser informados.

Os anfitriões ou organizadores de eventos têm utilizado muito o aplicativo whatsapp, mas devem atentar para o tipo de linguagem, afinal, informalidade não combina com desleixo.

Convite Eletrônico

A internet facilita a comunicação de uma forma geral, e com relação a convites para eventos não é diferente. É possível enviar o mesmo *layout* do convite impresso, por meio eletrônico e não perder a qualidade nem o objetivo.

Atenção

Folder não é Convite

Com as facilidades de design, o mercado está sendo invadido por uma peça que tem como objetivo promover o evento, mas isso não pode ser confundido como convite.

São duas peças distintas, que devem ter a mesma programação visual, referência, mas não podem ter um único instrumento para atender as premissas comunicacionais, que são distintas.

Ao responder o convite feito por telefone é rude dizer "Eu confirmo depois" a não ser que a frase seja completada com: "Preciso saber do "fulano" se ele fez algum compromisso para esse fim de semana" ou "Comprei ingressos para o teatro na sexta, mas tentarei trocá-los. Confirmo logo que consiga". A confirmação nesses casos, deve ser feita com presteza, demonstrando o apreço pelo convite.

O tempo certo para enviar convites é uma das garantias da presença dos convidados.

- Almoço familiar	01 semana
- Almoço social	10 dias
- Almoço de negócios	10 a 15 dias
- Brunch	10 dias
- Café da manhã	10 dias
- Jantar informal	10 dias
- Jantar formal, protocolar	20 dias
- Jantar de formatura	20 a 30 dias
- Jantar de noivado, bodas	20 a 30 dias
- Aniversários	10 dias
- Coquetel	15 a 20 dias

- Fim de semana em casa de campo   20 a 30 dias

- Casamento   30 a 40 dias

- Baile de Gala   40 dias

Fonte: (FREITAS, 2001, p. 175).

Respondendo aos Convites

Mesmo que o convite não peça confirmação, é de bom tom responder se aceita ou não. O prazo normal é de até 24 horas e se o convite for formal, não deixe de pedir desculpas por não poder comparecer.

Vale lembrar que se tiver aceitado o convite, compareça; se faltar, por motivo muito grave ou de imprevisto, lembre-se de retratar-se depois. Quando o convite for para um evento formal e vier do Governador, Presidente da República ou outra autoridade, não deve ser recusado; só em casos de extrema necessidade.

Deve-se observar a etiqueta nessa situação, no que diz respeito ao convite exclusivo para você ou se está extensivo à acompanhante ou família. Nunca peça convite extra. É extremamente deselegante. No pós-evento, é de bom tom agradecer e tecer elogios ao convite feito.

Convite Formal

Símbolo Governamental

O Governador do Estado do Rio Grande do Sul

XXXX XXXXX

tem a honra de convidar

para a recepção que oferece aos Chefes de Delegações da II Conferência

de Ministros responsáveis por Comércio Exterior do Hemisfério e aos

participantes da III Jornada Empresarial das Américas.

a realizar-se dia doze maio (sexta-feira) de 2024,

às 20h30min

nos jardins do Palácio Piratini

Porto Alegre – Rio Grande do Sul

R.S.V.P. Fone

Endereço eletrônico Traje Passeio Completo

_____

Endereço Completo – sem CEP

Informações diversas como valet, QrCode,, etc.

Convite Informal

Pode-se mudar a ordem das linhas, mas os elementos básicos são os mesmos.

Você está convidado

para jantar

em 15 de outubro de 2024

às 19h

Espaço Rosa - Rua Feijó Boulevard, 223

Belo Horizonte – Minas Gerais

Patrícia Fernandes e Maurício Ferdinando

Favor responder tel.: (0XX) 0000-00000

Convite em Homenagem a um Convidado

Ao elaborar um convite para homenagear um convidado, lembre-se de colocar o nome do mesmo. Ele pode vir escrito tanto no começo do convite quanto no meio do mesmo.

Em homenagem a

Sua excelência o Senhor _____

Presidente da República _____

E Senhora _____

_____

o Governador do Estado do Rio de Janeiro,

(nome do Governador)

Tem a honra de convidar

(Convidado)

para jantar

a realizar-se em dez de outubro de 2024

às 20h

no Palácio das Laranjeiras

Rio de Janeiro – Rio de Janeiro

R.S.V.P. Traje Passeio Completo

(021)XXXX-Endereço

Cerimonial – A&C

Atenção: Vale lembrar que todos os convidados devem sempre chegar com meia hora de antecedência e só podem se retirar depois da maior autoridade ou homenageado. Concluindo: a autoridade ou homenageado do evento são sempre os últimos a chegarem, para a solenidade.

Convite Semi Impresso

O Presidente da Assembléia Legislativa do Estado de São Paulo,
Deputado Nono Nonono,
tem a honra de convidar

para a Cerimônia de Entrega dos Certificados de Conclusão do
Curso de Cerimonial Público.

Dia 15 de setembro de 2006, às 15 horas
Auditório Governador André Franco Montoro
Av. Pedro Álvares Cabral, 201 – Ibirapuera – SP

RSVP: (11) 3886-6280
E-mail: cerimonial@al.sp.gov.br

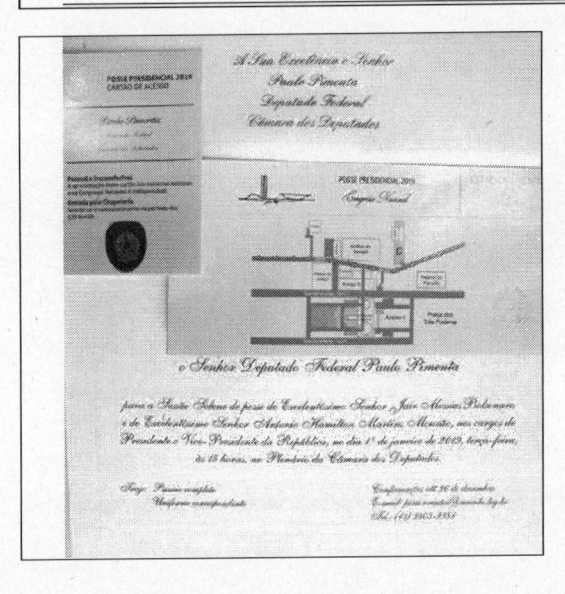

Podem acompanhar o convite impresso cartão de identificação da autoridade, credenciais para estacionamento, mapa de localização do evento ou credenciais de acesso a áreas especiais. Esses cartões menores são anexados ao convite com um clipe pequeno

Atenção

Sempre gera muita dor de cabeça... mas na língua portuguesa... a abreviatura correta da palavra hora é um h minúsculo, que deverá ser escrito ao lado do número, sem espaço ou ponto abreviativo:

- 7h
- 11h
- 13h
- 17h
- 21h

Escrita errada: 7H, 11Hs, 13h., 17hs, 21hrs.

A indicação das horas, minutos e segundos deverá ser feita de forma seguida, em espaços que marquem a subdivisão do tempo:

- 18h15
- 18h15min
- 18h15min30s
- 18h15min30
- 21h30
- 21h30min
- 21h30min45s
- 21h30min45

Os dois pontos não deverão ser usados na escrita de horas em português. É a forma americana de representação das horas, muito usada em relógios digitais e em tabelas com horários por ser considerada uma forma mais fácil de apreensão da informação. Muitos aprovam essa grafia em áreas específicas, como em anotações de programação com horários em sequência, de passagens, competições, agendas, horários anunciados pela televisão etc.

Portanto, na língua portuguesa, a representação de horas não é efetivada com a utilização de dois-pontos, e sim com a abreviação da palavra hora, que é h, sem ponto final (nunca hs nem hrs). A representação de minutos é realizada com a abreviação da palavra minuto, que é min, sem ponto final. Portanto, abreviam-se as horas desta maneira: 12h, 12h30min ou 14h22min.

Note então que essa é a forma correta, e amplamente aceita, de se escrever as horas em português, segundo os manuais de redação.

Horário – Pontualidade

> "O que me cansa, o que me irrita mesmo, são as desorganizações, o não se cumprirem os horários marcados, os imprevistos que não me é possível controlar."
>
> Francisco Sá Carneiro

O horário pré-determinado tanto do início como do término do evento deve ser respeitado. Alguns locais não permitem solenidades e outros acontecimentos após determinado horário e isso deve ser respeitado, podendo até mesmo ser alvo de multas.

Assim, a pontualidade deve ser um fator presente em todo o processo de organização do evento. E, como o evento é feito por pessoas, o cumprimento do horário pelos profissionais deve ser rigorosamente utilizado. É uma questão de respeito para com o público que chegou no horário previsto.

Infelizmente no Brasil, a falta de pontualidade tornou-se uma peculiaridade da nação. E como profissionais que lidam com compromissos pautados em horários, é importante salientar o quanto é necessário cumprir o que foi estabelecido, evitando atrasos.

Tempos & Movimentos

Não temos relógios...

Em 2012, na 30º edição dos jogos olímpicos realizada em Londres, com o intuito de gerar maior hospitalidade do povo anfitrião, o comitê local formatou uma série de cartilhas orientativas com relação aos costumes e ritos de alguns países, e no caso do Brasil, algo que foi alvo de chacota foi o fato descrito como "não usam relógios".

Como assim? No humor sarcástico e polido dos ingleses, significava não sermos pontuais, não respeitarmos horários, ou seja, perfil de um povo que não consegue honrar compromissos e atividades em seu devido horário agendado.

Apesar do incômodo gerado com a exposição, não podíamos, se quer, retrucar que era inverídica a questão, pois sabemos que em sua maioria, somos assim!

E essa questão, então, tornando-se algo cultural, que vem sendo transmitido de geração para geração, impregnado em todas as áreas, em todos os níveis sociais.

E nos eventos? Seria diferente?

É raro um acontecimento especial que crave seu início sugerido como o de sua efetividade.

O público condicionado a entender que tudo atrasa, acaba também retardando sua chegada, o que gera a sensação de esvaziamento e induz a espera por um quórum maior.

Eventos públicos, nos quais o Estado e sua estrutura sejam promotores e/ou convidados, a situação é ainda mais latente.

Em 2022, na solenidade de diplomação do presidente e vice-presidente eleito, Luiz Inácio Lula da Silva e Geraldo Alckmin, no Tribunal Superior Eleitoral, a cerimônia agendada para às 14h começou às 14h25min. Por quê? Nem satisfação foi transmitida ao público presente e espectadores online... Outra especificidade nossa... não se justificar...

Essa cultura da impontualidade tornou-se atributo de brasilidade, porém, nada valoroso.

É preciso reverter esse cenário. Iniciar nossos eventos no horário planejado deve ser prerrogativa plena e não uma exceção.

A ressalva de tolerância de 15 minutos deve ser extinta, pois acabamos multiplicando o tempo de atraso compulsoriamente.

Essa flexibilização de horário, de forma contínua, não é positiva, precisa ser revista, já esse estereótipo negativo afeta nossa imagem e reputação.

Alguns consideram que a infraestrutura da nação não ajuda... fazer o que, se todo mundo é assim... esses pensamentos resultam em um círculo vicioso.

Os britânicos, em sua pontualidade excepcional, usam e abusam desse traço de distinção.

Certamente não iremos nos tornar "britânicos" com relação ao horário, mas podemos ganhar novos olhares, respeitando mutuamente um dos mais almejados bens humanos da atualidade, e que muitos dizem ser escasso: o tempo.

O tempo de cada um é valioso, e não há tempos mais importantes que outros.

Cancelamento ou Adiantamento de Convites

Caso seja necessário o cancelamento de um evento, ele deve ser avisado revelando o motivo. O mesmo ocorre quando se trata de adiamento do mesmo. Evidente que, para não causar prejuízos ou descontentamento, o motivo deve ser de força maior.

Controle de Convites

Expedidos os convites ou iniciada a divulgação do evento, é preciso compartilhar e manter atualizada a lista de confirmações e escusas, documento no qual são registrados os retornos de cada convidado confirmando presença ou se desculpando por não poder comparecer.

O cuidado vale também para convidados, autoridades ou não, que comparecerem ao evento representando alguma autoridade. A lista deve conter dados como nome, instituição, cargo e formas de contato com os convidados e do responsável pela informação.

Em caso de ajustes no programa ou até mesmo do cancelamento do evento, os contatos serão indispensáveis para avisá-los a tempo de se reprogramar. Escusas também precisam ser registradas.

Uma lista minuciosamente organizada permite à equipe avaliar a receptividade dos públicos de interesse ao convite, estimar o número de participantes, saber de antemão quem não poderá comparecer, redirecionar os informes sobre o evento, estruturar o receptivo das autoridades e convidados e subsidiar a confecção das nominatas.

"Pour Mémoire"

O *"pour mémoire"* reforça um convite que já foi feito anteriormente, pelo telefone ou até mesmo pessoalmente, por e-mail ou aplicativos.

Serve para lembrar e confirmar os dados do evento. Não requer resposta do convidado.

Save the Date

A princípio seu uso era mais comum em eventos sociais, portanto migrou também para a esfera corporativa e até pública, com o objetivo de já sinalizar que em determinada data um acontecimento especial irá ocorrer. Essa tradição surge nos Estados Unidos, e que de forma muito pragmática, mesmo sem ter informações detalhadas, já há a iniciativa de solicitar que a agenda dos convidados seja reservada para tal participação.

Portanto, é uma técnica que colabora para que os convidados de um evento possam já deixar a data reservada, mesmo ainda não plenamente informados de todas as circunstâncias relativas ao seu planejamento.

Atenção

É importante não confundir com a técnica publicitária de Teaser, que é um conteúdo que deixa seu público com o "gostinho de quero mais"!

São materiais/peças comunicacionais que geram expectativa e desejo de consumo. A intenção do teaser é de gerar curiosidade sem entregar o resultado, preparando o público, que tende a ficar mais interessado e antenado em receber as informações completas posteriormente.

Ofício

É um gênero textual, pertencente à redação técnica e formal utilizado para comunicar, solicitar ou reivindicar algo ou alguma coisa para determinada instituição pública ou privada ou mesmo entre autoridades

Como todo documento oficial, ele deve estar escrito de forma correta de acordo com a língua portuguesa, e com texto claro e objetivo. É muito importante também um texto com argumentos fortes e coerentes.

A norma reza que, quando se convida uma autoridade, deve-se fazê-lo por ofício, mas esse procedimento está sendo mais flexível e muitos têm preferido emitir convites impressos. Porém o tradicional ainda tem muito peso no meio.

Um ofício pode ser simples, destinado a uma só pessoa ou instituição, ou múltiplo, voltado a diferentes destinatários.

O ofício é composto das seguintes partes: número de controle, local e data, vocativo, corpo, anexos, fecho, assinatura do signatário e identificação do destinatário.

Se o ofício tiver mais de uma página, esses dados devem ser repetidos em todas as páginas, posicionados também na margem superior esquerda.

O formato não precisa ser engessado, porque é bastante frequente que cada órgão ou corporação tenha suas peculiaridades e normas próprias. Em geral, a formalidade é uma regra. Então, ao escrever uma correspondência assim, aposte em fórmulas de tratamento (Sr., Sra., Srta. etc.), evite gírias e jargões, fuja de palavrões e vocabulário chulo e prefira a norma formal da língua (em oposição ao coloquialismo; quer dizer, evite escrever da maneira costumamos falar no dia a dia).

É comum incluir nome e endereço do destinatário em um único bloco, no topo ou no final do documento, indicando aos cuidados de quem se destina o pedido ou comunicado. Assim como memorandos ou avisos, essa prática é especialmente útil para ofício destinado a uma instituição, onde há muitas pessoas trabalhando e um grande volume de cartas sendo recebidas. A área de protocolo de uma organização assim precisa saber, da forma mais clara e direta possível, como direcionar cada um dos documentos.

Observações:

1. Não deve haver abuso de formas que afetam a elegância e sobriedade do documento (negrito, itálico, sublinhado, letras maiúsculas etc.)

2. É recomendado que os memorandos, ofícios e seus anexos sejam impressos em ambas as faces do papel. Neste caso, as margens direita e esquerda terão as distâncias invertidas nas páginas pares (margem espelho).

3. Cores:

Impressão preta em papel branco.

Impressão colorida somente em gráficos e ilustrações.

MEDIDAS PARA ELABORAÇÃO DE OFÍCIO

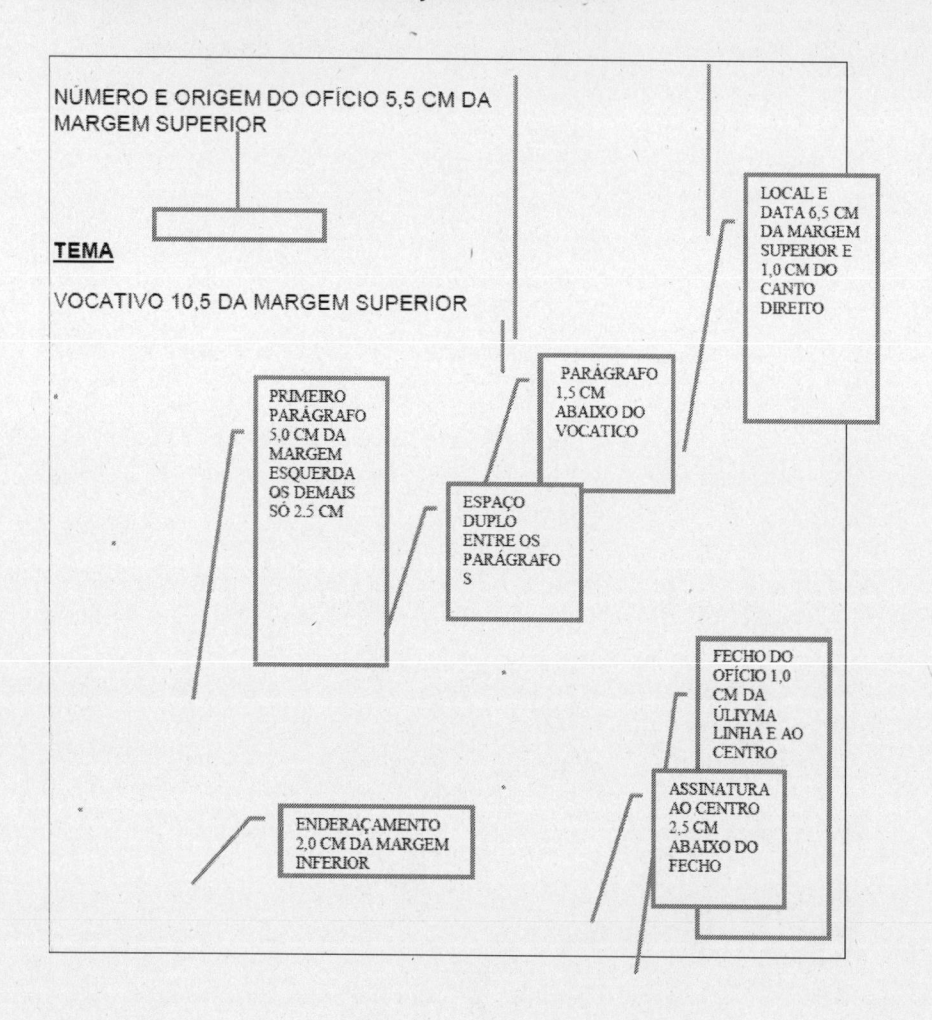

NÚMERO E ORIGEM DO OFÍCIO 5,5 CM DA MARGEM SUPERIOR

TEMA

VOCATIVO 10,5 DA MARGEM SUPERIOR

LOCAL E DATA 6,5 CM DA MARGEM SUPERIOR E 1,0 CM DO CANTO DIREITO

PRIMEIRO PARÁGRAFO 5,0 CM DA MARGEM ESQUERDA OS DEMAIS SÓ 2,5 CM

PARÁGRAFO 1,5 CM ABAIXO DO VOCATICO

ESPAÇO DUPLO ENTRE OS PARÁGRAFOS

FECHO DO OFÍCIO 1,0 CM DA ÚLIYMA LINHA E AO CENTRO

ASSINATURA AO CENTRO 2,5 CM ABAIXO DO FECHO

ENDERAÇAMENTO 2,0 CM DA MARGEM INFERIOR

SERVIÇO PÚBLICO FEDERAL

MINISTÉRIO DA EDUCAÇÃO

UNIVERSIDADE FEDERAL DE SANTA CATARINA

GABINETE DA REITORIA

CAMPUS UNIVERSITÁRIO REITOR JOÃO DAVID FERREIRA LIMA - TRINDADE

CEP: 88.040-900 - FLORIANÓPOLIS - SC

TELEFONE: (48) 3721-9320 – FAX: (48) 3721-8422

E-MAIL: gr@contato.ufsc.br

Ofício n.º 28/2024/GR

Florianópolis, 12 de janeiro de 2024.

Assunto: **Resumo do teor do documento**

Senhor Ministro,

1. Introdução.

2. Desenvolvimento.

3. Conclusão.

Respeitosamente,

NOME
Cargo

A Sua Excelência o Senhor
Nome do destinatário
Cargo do destinatário
Órgão
Endereço
70.160-900 – Brasília .DF

O Ciclo de Vida de um Convite Oficial na Esfera Pública

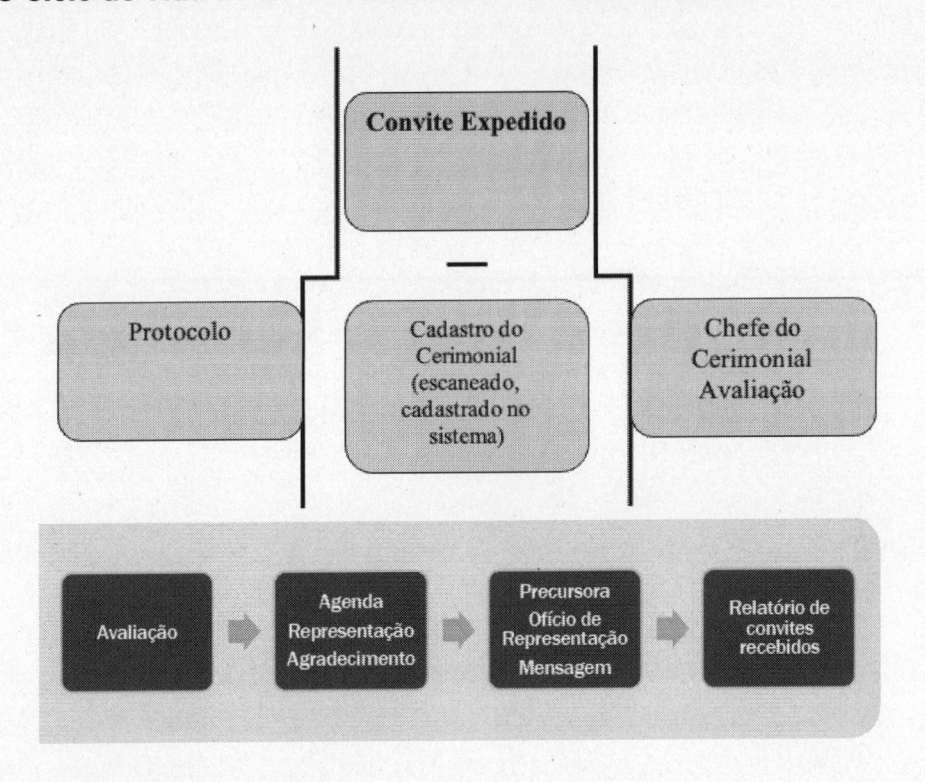

```
                        ┌──────────────────┐
                        │ Convite Expedido │
                        └──────────────────┘
                                 │
        ┌────────────────────────┼────────────────────────┐
┌───────────────┐      ┌──────────────────┐      ┌───────────────┐
│   Protocolo   │      │   Cadastro do    │      │    Chefe do   │
│               │      │    Cerimonial    │      │   Cerimonial  │
│               │      │   (escaneado,    │      │    Avaliação  │
│               │      │   cadastrado no  │      │               │
│               │      │     sistema)     │      │               │
└───────────────┘      └──────────────────┘      └───────────────┘
```

┌──────────┐   ┌──────────────┐   ┌──────────────┐   ┌──────────────┐
│Avaliação │ ▶ │   Agenda   │ ▶ │ Precursora │ ▶ │ Relatório de │
│   │   │Representação │   │ Ofício de   │   │   convites   │
│   │   │Agradecimento │   │Representação │   │   recebidos │
│   │   │   │   │   Mensagem   │   │   │
└──────────┘   └──────────────┘   └──────────────┘   └──────────────┘

Correspondências Formais

Organização das comunicações oficiais

INTRODUÇÕES: A correspondência deve ser iniciada sempre sem artificialismos, de maneira concisa, clara, objetiva e direta.

Exemplos de introduções inadequadas e adequadas:

- Inadequada: Vimos por meio desta informar que...
- ***Adequada: Informamos que...***
- Inadequada: Valemo-nos deste meio para fazer chegar às mãos de Vossa Senhoria...
- ***Adequada: Enviamos a Vossa Senhoria...***
- Inadequada: Tem a presente a finalidade de acusar o recebimento...

- *Adequada: Recebemos....*
- Inadequada: Vimos por intermédio desta solicitar...
- *Adequada: Solicitamos...*
- Inadequada: Procedemos à escolha de...
- *Adequada: Escolhemos...*
- Inadequada: Dirigimo-nos ao caro colega a fim de efetuar nosso pedido de desculpas.
- *Adequada: Pedimos desculpas....*
- Inadequada: Desejo levar ao seu conhecimento que...
- *Adequada: Informo-lhe que... Comunico-lhe que...*
- Inadequada: Formulamos a presente para solicitar...
- *Adequada: Solicitamos...*

Desfechos

As correspondências devem ser finalizadas sempre com objetividade, evitando-se frases feitas, expressões vazias e arcaicas. É possível criar e personalizar uma despedida, desde que se harmonize ao contexto da correspondência.

Na redação oficial, a saudação final deve se ater a duas expressões:

a) para autoridades superiores, inclusive o Presidente da República: **RESPEITOSAMENTE,**
b) para autoridades da mesma hierarquia ou de hierarquia inferior: **ATENCIOSAMENTE,**

Devido à formalidade dos documentos oficiais, é aconselhável não abreviar o atenciosamente.

Em e-mails e similares é possível empregar a forma Atte., registrada no Vocabulário da Língua Portuguesa, da Academia Brasileira de Letras.

Exemplos de desfechos inadequados:

• Sendo o que tínhamos para o momento... • Nada mais tendo a acrescentar... • Valemo-nos da presente para externar nossos votos de estima e consideração. • Com elevada estima, subscrevemo-nos mui atenciosamente. • Limitados ao exposto... • Aproveitamos a oportunidade para reiterar nossos votos e elevado apreço. • Colhemos o ensejo para expressar... • Sem outro particular, subscrevemo-nos muito atenciosamente.

A equipe de Cerimonial tem como responsabilidade também o zelo pelos documentos que serão assinados por autoridades e/chefias.

As solenidades de assinaturas de atos, convênios, protocolos etc. serão conduzidas pelo Mestre de Cerimônias, de acordo com o roteiro elaborado pelo Coordenador de Cerimonial em entendimento prévio com o órgão envolvido.

Com a presença de autoridades, obter com antecedência os atos a serem assinados.

Se o documento exigir um número significativo de assinaturas, apenas as principais serão obtidas na solenidade; as demais serão colhidas posteriormente. A sala de cerimônia deve ser ampla, respeitando o número de convidados.

Quando houver grande número de autoridades presentes, as assinaturas poderão ocorrer em pé, na tribuna ou na mesa, com a seguinte sequência:

1. Composição de mesa ou indicativo para as autoridades virem à frente no praticável.
2. Registro de presença de autoridades.
3. Breve relato do ato a ser assinado.
4. Assinaturas.
5. Pronunciamentos.

Emprego dos pronomes de tratamento e vocativos

No intuito de demonstrar respeito e consideração, há orientações específicas relativas à utilização das formas de tratamento, considerando, não apenas a área de atuação da autoridade em questão (executiva, universitária, judiciária, religiosa, etc.), mas também a posição hierárquica do cargo que ocupa.

Há uma grande confusão nos termos Tratamentos e Vocativos, por isso, é importante elucidá-los, antes de qualquer orientação em seu emprego.

Vocativo tem sua origem do latim "vocativus", derivado de "vocare" que significa chamar. É usado entre os interlocutores de uma comunicação. O vocativo é um chamamento, uma invocação, um apelo. Quando o emissor se dirige ao receptor, ou seja, quando quem fala chama, nomeia ou invoca a pessoa com quem está falando.

O emprego dos pronomes de tratamento obedece secular tradição. Conforme as orientações do DECRETO N 70.274 de 1972, são de uso consagrado, porém o mesmo foi alterado pelo decreto lei nº 9.758 de 2019.

Foi publicado numa edição extraordinária do Diário Oficial, texto que dispõe sobre a forma de tratamento empregada na comunicação, oral ou escrita, com agentes públicos da administração pública federal direta e indireta e sobre a forma de tratamento de comunicações escritas e eles dirigidas,

Fica proibido o uso de sete pronomes de tratamento: Vossa Excelência ou Excelentíssimo, Vossa Senhoria, Vossa Magnificência, doutor, ilustre ou ilustríssimo, digno ou digníssimo e respeitável. O decreto determina "o único pronome de tratamento utilizado na comunicação com agentes públicos federais é "senhor" /"senhora", independentemente do nível hierárquico, da natureza do cargo ou da função ou da ocasião. Vale inclusive para presidente da república.

Assim, se algum agente público entender que não foi abarcado por tal decreto e existir tratamento diferenciado, deverá se dirigir ao interlocutor com o mesmo tratamento,

O endereçamento das comunicações dirigidas a agentes públicos federais não conterá pronome de tratamento ou o nome do agente público. Também poderão constar o pronome de tratamento na forma deste Decreto, e o nome do destinatário quando a correspondência for dirigida à pessoa de agente público específico e a mera indicação do cargo ou da função e do setor da administração ser insuficiente para a identificação do destinatário.

Então, o uso de Vossa Excelência, em comunicações dirigidas às seguintes autoridades:

a) <u>do poder Executivo:</u>
Governadores e Vice-Governadores de Estado e do Distrito Federal;
Secretários de Estado dos Governos Estaduais;
Prefeitos Municipais.

Porém recomenda-se avaliar em cada município e gestão estadual, se os mesmos seguiram tal reconfiguração.

b) *do poder Legislativo*

Presidente, Vice-Presidente e Membros da Câmara dos Deputados e do Senado Federal;

Presidente e Membros do Tribunal de Contas da União;

Presidente e Membros do Tribunais de Contas Estaduais;

Presidentes e Membros das Assembleias Legislativas Estaduais;

Presidentes das Câmaras Municipais;

c) *do poder Judiciários*

Presidente e Membros do Supremo Tribunal Federal;

Presidente e Membros do Superior Tribunal de Justiça;

Presidente e Membros do Tribunal Superior Eleitoral;

Presidente e Membros do Tribunal Superior do Trabalho;

Presidentes e Membros dos Tribunais de Justiça;

Presidentes e Membros dos Tribunais Regionais Federais;

Presidentes e Membros dos Tribunais Regionais Eleitorais;

Presidentes e Membros dos Tribunais Regionais do Trabalho;

Juízes e Desembargadores;

Auditores da Justiça Militar;

O vocativo a ser empregado em comunicações dirigidas aos Chefes de Poder, com exceção do Executivo, é Excelentíssimo Senhor, seguido do cargo respectivo:

Excelentíssimo Senhor Presidente do Congresso Nacional,

Excelentíssimo Senhor Presidente do Supremo Tribunal Federal,

As demais autoridades serão tratadas com o vocativo Senhor, seguido do cargo respectivo:

Senhor Senador,

Senhor Juiz,

Senhor Ministro,

Senhor Governador

No envelope, o endereçamento das comunicações dirigidas às autoridades tratadas por Vossa Excelência obedecerá a seguinte forma:

Excelentíssimo Senhor

xxxxxxxx

Presidente da Câmara dos Deputados

70.064 – Brasília/DF

Excelentíssimo Senhor

Senador xxxxxxx

Senado Federal

70.160 – Brasília/DF

Excelentíssimo Senhor

xxxxxxxxx

Juiz de Direito da 10ª Vara Civil

Rua ABC, nº 123

01010 – São Paulo/SP

Vossa Senhoria é empregado para as demais autoridades e para os particulares. O vocativo adequado é Senhor seguido do cargo do destinatário:

Exemplo: Senhor Chefe da Divisão de Serviços Gerais,

No envelope deve constar:

Ao Senhor

xxxxxxxx

Rua ABC, nº 123

70.123 – Curitiba/PR

Acrescente-se que doutor não é forma de tratamento, e sim título acadêmico. Não deve ser usado indiscriminadamente. Seu emprego deve restringir-se apenas às comunicações dirigidas a pessoas que tenham tal grau por terem concluído curso universitário de doutorado. Nos demais casos, o tratamento do Senhor confere a desejada formalidade às comunicações.

Mencionemos, ainda, a forma Vossa Magnificência, empregada, por força da tradição, em comunicações dirigidas a reitores de universidade.

Corresponde-lhe o vocativo: **Magnífico Reitor.**

Os pronomes de tratamento para religiosos, de acordo com a hierarquia eclesiástica são:

<u>Vossa Santidade</u>, em comunicações dirigidas ao Papa. O vocativo correspondente é: <u>Santíssimo Padre.</u>

<u>Vossa Eminência ou Vossa Eminência Reverendíssima,</u> em comunicações aos Cardeais.

Corresponde-lhe o vocativo: <u>Eminentíssimo Senhor Cardeal,</u> ou <u>Eminentíssimo e Reverendíssimo Senhor Cardeal.</u>

<u>Vossa Excelência Reverendíssima</u> é usado em comunicações dirigidas a Arcebispos e Bispos

<u>Vossa Reverendíssima</u> ou <u>Vossa Senhoria Reverendíssima</u> para Monsenhores, Cônegos e superiores religiosos.

<u>Vossa Reverência</u> é empregado para sacerdotes, clérigos e demais religiosos.

Atenção às Diferenças

Interino: O cargo em questão está vago.

Em exercício: O titular se afasta temporariamente

Orientador Tratamento e Vocativo
Para Memorização e Consulta

TÍTULOS ACADÊMICOS

	TÍTULO	ABREVIATURA	VOCATIVO	CORRESPONDÊNCIA	ENDEREÇAMENTO
Doutor	Doutor(a)	Dr./Dra.	Doutor(a)	Doutor Senhor(a) Doutor(a)	Ao Senhor (Nome, Cargo, Endereço)
Doctor of Philosophy	PhD	PhD	PhD	Senhor(a) PhD	Ao Senhor (Nome, Cargo, Endereço)
Mestre	Mestre / Mestra	Me e Ma	Mestre / Mestra	Senhor Mestre Senhora Mestra	Ao Senhor (Nome, Cargo, Endereço)
Professor e Professora	Professor e Professora	Prof. e Profa.	Professor(a)	Senhor(a) Professor(a)	Ao Senhor (Nome, Cargo, Endereço)

Autoridades Judiciárias:

Cargo ou Função	Por Extenso	Abreviatura Singular	Abreviatura Plural	Vocativo
Auditores Curadores Defensores Públicos Desembargadores Membros de Tribunais Presidentes de Tribunais Procuradores Promotores	Vossa Excelência	V.Ex.ª ou V. Exa.	V.Ex.ªs ou V. Exas.	Excelentíssimo Senhor + cargo
Juízes de Direito	Meritíssimo Juiz ou Vossa Excelência	M.Juiz ou V.Ex.ª, V. Exas.	V.Ex.ªs	Meritíssimo Senhor Juiz ou Excelentíssimo Senhor Juiz

Autoridades Eclesiásticas

Cargo ou Função	Por Extenso	Abreviatura Singular	Abreviatura Plural	Vocativo
Arcebispos	Vossa Excelência Reverendíssima	V.Ex.ª Rev.ma ou V. Exa. Revma.	V.Ex.as Rev.mas ou V. Exas. Revmas.	Excelentíssimo Reverendíssimo
Bispos	Vossa Excelência Reverendíssima	V.Ex.ª Rev.ma ou V. Exa. Revma.	V.Ex.as Rev.mas ou V. Exas. Revmas.	Excelentíssimo Reverendíssimo
Cardeais	Vossa Eminência ou Vossa Eminência Reverendíssima	V.Em.ª, V. Ema. ou V.Em.ª Rev.ma, V. Ema. Revma.	V.Em.as, V. Emas. ou V.Em.as Rev.mas ou V. Emas. Revmas.	Eminentíssimo Reverendíssimo ou Eminentíssimo Senhor Cardeal
Cônegos	Vossa Reverendíssima	V. Rev.ma ou V. Revma.	V. Rev.mas V. Revmas.	Reverendíssimo Cônego
Frades	Vossa Reverendíssima	V. Rev.ma ou V. Revma.	V. Rev.mas ou V. Revmas.	Reverendíssimo Frade
Freiras	Vossa Reverendíssima	V. Rev.ma ou V. Revma.	V. Rev.mas ou V. Revmas.	Reverendíssimo Irmã
Monsenhores	Vossa Reverendíssima	V. Rev.ma ou V. Revma.	V. Rev.mas ou V. Revmas.	Reverendíssimo Monsenhor
Papa	Vossa Santidade	V.S.	-	Santíssimo Padre
Sacerdotes em geral e pastores	Vossa Reverendíssima	V. Rev.ma ou V. Revma.	V. Rev.mas ou V. Revmas.	Reverendo Padre / Pastor

Autoridades Militares:

Cargo ou Função	Por Extenso	Abreviatura Singular	Abreviatura Plural	Vocativo
Oficiais Generais (até Coronéis)	Vossa Excelência	V.Ex.ª ou V. Exa.	V.Ex.as, ou V. Exas.	Excelentíssimo Senhor
Outras Patentes	Vossa Senhoria	V.S.ª ou V. Sa.	V.S.as ou V. Sas.	Senhor + patente

Antigos ocupantes de cargos do Poder Executivo, como os ex-Presidentes da República, ex-Vice-Presidentes, exMinistros de Estado, bem como ex-Governadores, exSecretários de Estado e ex-Prefeitos levam consigo seus títulos, desde que não estejam ocupando na atualidade outra função pública.

Quando citadas em eventos, essas autoridades devem ser nominadas pelos títulos dos cargo que ocuparam, sem a expressão ex. Por exemplo: "Ministro Fulano de Tal", sem mencionar a Pasta a que ele pertenceu.

Essa norma, porém, não se aplica a antigos membros do Poder Legislativo (Senadores, Deputados Federais, Deputados Estaduais e Vereadores.

Tempos & Movimentos

Sai Vossa Excelência... Oficializa-se Senhor!

Pomposos termos usados estão cassados no âmbito Federal.

Mas nas outras casas... Habemus o mesmo!

O governo do presidente Jair Messias Bolsonaro ao completar 100 dias de governo veio a público prestar contas de sua atuação nesse breve período de gestão.

E a área de Cerimonial e Protocolo, há muito esquecida, foi alvo de algumas transformações, que mesmo sutis, tem como prerrogativa demonstrar maior simplicidade, sem esquivar-se da educação e respeito na convivência com uns com outros no ambiente público.

No texto assinado, juntamente com outros 17 decretos e projetos que marcaram a cerimônia dos 100 dias de governo, extingue a obrigatoriedade que funcionários, servidores e integrantes do governo federal utilizem os termos "Vossa Excelência" e "Doutor" em comunicados, atos e cerimônias públicas. O texto do decreto prevê ainda que os agentes públicos utilizem, uns com os outros, o termo "senhor" ou "senhora" no tratamento oral e escrito.

Portanto, a partir de maio, formas de tratamentos e de endereçamento como "Excelentíssimo Senhor Presidente da República" e "a sua excelência o Senhor" não mais farão parte do ritual de comunicação em documentos e eventos do governo federal.

Vale ressaltar que o uso de "Doutor" refere-se a um título concedido a quem defendeu tese acadêmica. Já interpelamos uma "pseudo" cerimonialista que ao apresentar o curriculum de seu representado informava que o mesmo deveria ser chamado de Doutor e sem titubear, indaguei qual foi o tema de seu projeto de pesquisa e a qual instituição de ensino estava vinculado. A mesma gaguejou e por meio de um sorriso amarelo, exclamou, que era apenas uma forma mais nobre de chamá-lo e respondendo a mesma informei que a maior nobreza que podemos ter é justamente nunca faltar com a verdade, por isso ele seria conduzido a mesa diretora, como senhor e não doutor. E o assunto morreu... mesmo com o semblante contrariado da senhora, que certamente emanou muitas vibrações negativas dirigidas a a nossa equipe, mas como dizem por aí: Meu Santo é Forte!

De acordo com o governo, a medida assinada pelo presidente Bolsonaro visa "promover a desburocratização no tratamento" e "eliminar barreiras que criam distinção entre agentes públicos no âmbito do Poder Executivo federal".

O governo explicou que a forma de tratamento não valerá para os casos em que haja previsão legal exigindo o uso de algum pronome de tratamento específico ou exigência de outros poderes. Ou seja, teremos em vigor ainda os outros termos nas outras casas... Se podem dificultar, por que facilitar não é mesmo? Estamos no Brasil!

O embasamento desse novo olhar está alicerçado na lei número 70.274, de 09 de março de 1972, material de trabalho de quem pratica o correto protocolo. Há muitos outros itens que mereceriam atenção especial para acompanhar os novos tempos, mas os mesmos só podem ser alterados por autoridades que tenham esse poder, como ocorreu agora.

Portanto não cabe aos profissionais invencionices e quebras de protocolo levantando a bandeira do novo. O que é lei está presente para ser cumprida, gostemos ou não. Se quisermos transformações, devemos nos articular e fomentar um lobby para tal, mas nunca assumir com ares de "sabe tudo" tais ações equivocadas contra o que é certo.

O Cerimonial e Protocolo exigem constantes atualizações e cabe aos nossos profissionais estarem atentos e alertas, afinal: "Manda quem pode e obedece quem tem juízo!"

Sim, senhor! Sim, senhora!

DECRETO Nº 9.758, DE 11 DE ABRIL DE 2019

Dispõe sobre a forma de tratamento e de endereçamento nas comunicações com agentes públicos da administração pública federal.

O PRESIDENTE DA REPÚBLICA, no uso da atribuição que lhe confere o art. 84, caput, inciso VI, alínea "a", da Constituição,

DECRETA:

Objeto e âmbito de aplicação

Art. 1º Este Decreto dispõe sobre a forma de tratamento empregada na comunicação, oral ou escrita, com agentes públicos da administração pública federal direta e indireta, e sobre a forma de endereçamento de comunicações escritas a eles dirigidas.

§ 1º O disposto neste Decreto aplica-se às cerimônias das quais o agente público federal participe.

§ 2º Aplica-se o disposto neste Decreto:

I - aos servidores públicos ocupantes de cargo efetivo;

II - aos militares das Forças Armadas ou das forças auxiliares;

III - aos empregados públicos;

IV - ao pessoal temporário;

V - aos empregados, aos conselheiros, aos diretores e aos presidentes de empresas públicas e sociedades de economia mista;

VI - aos empregados terceirizados que exercem atividades diretamente para os entes da administração pública federal;

VII - aos ocupantes de cargos em comissão e de funções de confiança;

VIII - às autoridades públicas de qualquer nível hierárquico, incluídos os Ministros de Estado; e

IX - ao Vice-Presidente e ao Presidente da República.

§ 3º Este Decreto não se aplica:

I - às comunicações entre agentes públicos federais e autoridades estrangeiras ou de organismos internacionais; e

II - às comunicações entre agentes públicos da administração pública federal e agentes públicos do Poder Judiciário, do Poder Legislativo, do Tribunal de Contas, da Defensoria Pública, do Ministério Público ou de outros entes federativos, na hipótese de exigência de tratamento especial pela outra parte, com base em norma aplicável ao órgão, à entidade ou aos ocupantes dos cargos.

Pronome de tratamento adequado

Art. 2º O único pronome de tratamento utilizado na comunicação com agentes públicos federais é "senhor", independentemente do nível hierárquico, da natureza do cargo ou da função ou da ocasião.

Parágrafo único. O pronome de tratamento é flexionado para o feminino e para o plural.

Formas de tratamento vedadas

Art. 3º É vedado na comunicação com agentes públicos federais o uso das formas de tratamento, ainda que abreviadas:

I - Vossa Excelência ou Excelentíssimo;

II - Vossa Senhoria;

III - Vossa Magnificência;

IV - Doutor;

V - Ilustre ou ilustríssimo;

VI - Digno ou digníssimo; e

VII - Respeitável.

§ 1º O agente público federal que exigir o uso dos pronomes de tratamento de que trata o caput, mediante invocação de normas especiais referentes ao cargo ou carreira, deverá tratar o interlocutor do mesmo modo.

§ 2º É vedado negar a realização de ato administrativo ou admoestar o interlocutor nos autos do expediente caso haja erro na forma de tratamento empregada.

Endereçamento de comunicações

Art. 4º O endereçamento das comunicações dirigidas a agentes públicos federais não conterá pronome de tratamento ou o nome do agente público.

Parágrafo único. Poderão constar o pronome de tratamento, na forma deste Decreto, e o nome do destinatário nas hipóteses de:

I - a mera indicação do cargo ou da função e do setor da administração ser insuficiente para a identificação do destinatário; ou

II - a correspondência será dirigida à pessoa de agente público específico.

Vigência

Art. 5º Este Decreto entra em vigor em 1º de maio de 2019.

Brasília, 11 de abril de 2019; 198º da Independência e 131º da República.

JAIR MESSIAS BOLSONARO

Marcelo Pacheco dos Guaranys

Este texto não substitui o publicado no DOU de 11.4.2019 - Edição extra

Lembre-se:

1) "(...) doutor não é forma de tratamento, e sim título acadêmico. Evite usá-lo indiscriminadamente. Como regra geral, empregue-o apenas em comunicações dirigidas a pessoas que tenham tal grau por terem concluído curso universitário de doutorado. É costume designar por doutor os bacharéis, especialmente os bacharéis em Direito e em Medicina." (Manual de Redação da Presidência da República – p.10).

2) Foi abolido o uso do tratamento Digníssimo e dispensado o emprego do superlativo Ilustríssimo, de acordo com os Decretos 1.937/1996, 2.954/1999 e 4.176/2002, que revogou a Instrução Normativa 468, de 5 de março de 1992.

Tempos & Movimentos

Precisamos falar sobre isso...

Penetras: Uma Praga presente nos Eventos

Rigor no Receptivo e Segurança

Dizem que onde há eventos, há – quase sempre – organização, esforços, trabalho de equipe, roteiro, receptivo, tecnologia, serviços de Alimentos & Bebidas e... Penetras.

Sim, Penetras. Também conhecidos como Bicões, Intrusos, Biculinos e Entrões.

Configurados como pessoas que buscam burlar a organização e fazem de tudo – tudo mesmo – para entrar em eventos sem possuir convites ou ingressos que liberem sua participação nos mesmos, essa categoria cresce vertiginosamente, sendo mais que hora de iniciarmos uma espécie de manifesto e união dos profissionais da área contra esses seres que acabam por só macular a imagem e brilho dos eventos.

As artimanhas desses mau educados de plantão, sim, pois tentar invadir um espaço para o qual não foram convidados e/ou não tem anuência para entrar, extrapola a boa prática de um comportamento civilizado e decente, e pode até mesmo ser considerado um ato de contravenção, pois está de forma arbitrária avançando sobre um espaço particular - no caso de eventos não públicos – e para tal circunstância é cabível acionar a polícia para devidas providências legais.

Essa categoria que nada acrescenta, pelo contrário, só dificulta a operação de um evento, pois ocupam lugares não planejados para recebê-los, não passam por identificações verossímeis de segurança, sem comentar àqueles com o interesse de furtos, tem até associações e agrupamentos não oficiais para fomentar logísticas quase infalíveis para enganar o receptivo e segurança dos eventos.

É preciso ficar muito atento, ser rigoroso no controle da entrada, enfim ter mais atitudes, pois no atual cenário, percebemos mais atitudes por parte dos penetras que dos próprios organizadores. Não podemos de forma alguma achar engraçado, inusitado e normal tais comportamentos que podem gerar transtornos irreparáveis aos acontecimentos especiais.

E na atualidade, ainda temos, o *Ambush marketing*, termo internacional que designa comportamentos predatórios e ilegais de empresas e marcas que pretendem associar-se aos eventos de grande porte sem que para tal assumam a condição de patrocinadores oficiais.

Na busca de um mercado mais ético e práticas nobres, não há como deixar campo fértil para qualquer que seja os tipos de intrusos. Os profissionais tem que fazer seu papel com maior rigor sem perder a altivez e classe, sabendo que existirá desgastes, mas que esses estarão acima de qualquer drible e intenções petulantes, afinal, o que é certo e incontestável é buscar de todas as formas corretas salvaguardar a boa imagem e reputação de um evento.

Faz parte do negócio e não pode ser afrontado por nada e muito menos por alguém que age de forma inescrupulosa e insolente em forçar sua presença onde não foi chamado.

Penetras não são bem-vindos e ponto final!

Para Descontrair:

Desconfiado de que a sua festa estava cheia de penetras a certa altura da noite, o anfitrião sobe numa cadeira e grita:

- Quem é convidado da noiva, por favor, para o lado direito!

Metade dos convidados se alojam do lado direito do sujeito.

- Agora quem é convidado do noivo, por favor, fiquem ao meu lado esquerdo!

Um monte de gente se juntou do lado esquerdo do sujeito.

Assim sobrou uma minoria no centro!

Então o anfitrião muito aborrecido grita:

- E agora, vocês tanto do lado direito como os do esquerdo tratem de cair fora! Por que isso aqui é uma festa de batizado!

Dúvida

Seis da tarde ou seis da noite?

Esclarecimentos Importantes

A dúvida é frequente. Mas acerta tanto quem diz "seis da tarde" quanto "seis da noite".

Por convenção, adotamos que a tarde é o período entre às 12h e às 18h, e a noite, entre às 18h e às 24h.

No entanto, a noite é definida pelo momento do dia em que o Sol se põe, como diz o Aurélio: "Espaço de tempo em que o Sol está abaixo do horizonte".

Como o horário do pôr do Sol varia entre as regiões do Brasil e mesmo entre estações do ano, é difícil definir com exatidão quando a noite começa e a tarde termina.

Assim, pode-se considerar que tanto fica correto usar "às seis da tarde" quanto "às seis da noite".

Atenção

Estrangerismo

Os estrangeirismos devem ser usados com cuidado.

1. Se já existir uma forma aportuguesada, não use o estrangeirismo. É o caso de fôlder, em vez de folder; pôster, em vez de poster; uísque, em vez de whisky.
2. Se houver um termo equivalente em português, prefira-o à palavra estrangeira. Use cardápio, e não menu; padrão, e não standard; primeiro-ministro ou premiê, e não premier; pré-estreia, e não avant-première.
3. Se o termo estrangeiro já foi incorporado à língua portuguesa na sua forma original, use-o sem itálico. Em geral, esses termos estão registrados nos dicionários e no Vocabulário Ortográfico da Língua Portuguesa, da Academia Brasileira de Letras. São palavras de uso amplo, como marketing, office boy, blog, royalty, commodity, design, download, free shop, online, iceberg.
4. Quando forem necessárias, as palavras estrangeiras que não estejam incorporadas ao português na sua forma original e as que precisam ser traduzidas ou explicadas devem ser grafadas em itálico. É o caso de cluster, spread, trading, startup.
5. Palavras de formação híbrida (derivadas de estrangeirismos) são escritas sem itálico. Mantém-se a forma original do termo e acrescenta-se o prefixo ou o sufixo da língua portuguesa: showmício, motoboy, darwinismo (Darwin), neodarwinismo (Darwin), kantiano (Kant), byronismo (Byron).
6. Citações em língua estrangeira devem ser traduzidas, mesmo que bastante conhecidas. Grafe a citação em itálico, entre aspas e escreva a tradução entre parênteses, sem itálico, entre aspas. Por exemplo: "*Libertas quae sera tamen*" ("Liberdade ainda que tardia").
7. Nomes de instituições, empresas e estabelecimentos estrangeiros são escritos sem itálico, com iniciais maiúsculas. Quanto à tradução dos nomes, observe dois aspectos:

Marcas comerciais não devem ser traduzidas: Apple, Bank of Boston, Credit Suisse, Lehman Brothers.

No que se refere a instituições e órgãos (museus, universidades, departamentos, zoológicos, bibliotecas, órgãos públicos, entidades financeiras), o importante é que a informação fique clara. Para isso, pode-se traduzir ou explicar o nome da instituição ou compará-la a órgãos similares brasileiros. Por exemplo: Universidade Harvard; Zoológico de San Diego; Federal Reserve, o banco central americano; Moma, Museu de Arte Moderna de Nova York; Museu do Louvre.

8. A separação silábica de palavras estrangeiras deve seguir as regras da língua de origem, tanto para os nomes comuns quanto para os próprios. Em caso de dúvida, consulte um dicionário ou evite a separação das sílabas. As palavras da língua portuguesa derivadas de estrangeirismos seguem a regra do português, como em pizzaria: piz-za-ria.

7. Precedência - Prioridades Regidas por Lei e Hierarquia

"Guerras foram declaradas e tronos foram perdidos em decorrência do assunto precedência".

Lilian Eichler "The New Book Etiquette", 1944, New York, USA.

"Estabelecer precedência é em muitos casos administrar um dos pecados capitais, a vaidade humana".

Autor Desconhecido, mas muito sábio.

Entende-se por precedência, como algo que demanda prioridade, que irá preceder ou estar a frente.

O decreto N° 70.274, de 09 de março de 1972, é o documento que regulamenta as normas do cerimonial público e a ordem geral de precedência.

É rigorosamente seguido em solenidades oficiais, com a presença de autoridades públicas nacionais e estrangeiras. Representa para os cerimonialistas um dos mais eficazes instrumentos de apoio nas diversas sequências do seu trabalho.

Algumas alterações foram feitas neste decreto para atender a ocasiões não previstas como, por exemplo, por ocasião da morte de Ulysses Guimarães, quando as circunstâncias de seu desaparecimento no mar não constavam do antigo decreto, no que se refere às honras fúnebres às autoridades.

Os cerimonialistas devem estar sempre muito atentos à atualização do "mundo oficial" que abrange os três poderes a nível municipal, estadual e federal, uma vez que as alterações de cargo são constantes e a ordem de precedência precisa trabalhar com dados corretos.

De acordo com Nelson Speers (1984), "A precedência é reconhecer a primazia de uma hierarquia sobre a outra, e tem sido, desde os tempos mais antigos, e em todas as partes, motivo de normas escritas, cuja falta de acatamento provoca desgraças". A precedência sempre foi e sempre será motivo de controvérsias, causando transtornos aos chefes de cerimonial, por isso a importância em reconhecer a primazia de uma hierarquia sobre a outra.

A precedência deve regular a gestão dos espaços ocupados no evento, sendo considerado um verdadeiro código de linguagem comunicacional, visando estabelecer condutas harmoniosas entre aqueles que estarão participando em destaque.

A composição da mesa de honra é o momento em que se exige mais conhecimento de ordem de precedência e, ao mesmo tempo, flexibilidade de um cerimonialista. Em tese, a mesa é composta pelo anfitrião, homenageados e autoridades que tenham relação com o evento. Mas na prática, vêem-se muitas mesas repletas de autoridades que as ocupam simplesmente por serem autoridades.

Isso acontece quando não se tem critério para a composição de mesa, dificultando até a recusa de uma autoridade que se voluntaria para compor a mesa, comportamento que é muito comum. A raiz do problema é que a composição da mesa de honra não é uma questão exata, e sim uma decisão política.

Pode-se recomendar ao assessorado quais autoridades deveriam compor a mesa em uma solenidade, mas é ele quem decide. Na hora do evento, muitos decidem alterar a composição da mesa. Outras vezes, as autoridades que confirmaram sua presença faltam ou se atrasam tanto a ponto de a solenidade ter de começar sem elas.

Enfim, a real composição de mesa é um mistério que só é definido minutos antes do início da solenidade. Uma prática que ajuda é a confirmação, no dia, das autoridades inseridas na ordem dos trabalhos.

Nas ordenações de precedência, o lugar de honra, de destaque, é a direita do anfitrião, autoridade máxima ou do ponto central de referência no lugar. Lembrando que o foco deste livro é a dimensão nacional, por isso se fará necessária a checagem em outras ambiências de cunho internacional.

A partir dessa figura central, inicia-se a ordenação pelo caráter da precedência.

Vale ressaltar que em circunstâncias que o convidado de honra está - pela hierarquia - acima do anfitrião, ele deverá - de forma cortês - ceder sua posição e colocar-se à esquerda do homenageado, que ocupará o centro, mas continuará à direita do seu anfitrião.

Não tem como esquecer: **O lugar de honra é à direita do anfitrião ou do ponto central de referência do lugar.** O chamado ponto central é que irá ser o eixo condutor da formatação de uma linha ou mesa diretora. Ele não entra no ordenamento.

É necessário não confundir presidência com precedência. Em geral, a presidência é do anfitrião, que nem sempre terá a maior precedência no evento.

Em todas as reuniões oficiais a que assiste o Presidente da República, ele ocupará o lugar de anfitrião, ou seja, o ponto central. À sua esquerda ficará o anfitrião.

O cerimonial não pode ser visto apenas numa abordagem normativa, embora aqui se concentre o eixo principal, ou seja, a Ordem de Precedência. De acordo com o Decreto 70.274 de 9 de março de 1972, com alterações no Decreto nº 83.186, de 19 de fevereiro de 1979, a ordem de precedência implica na observância da hierarquia referente ao cargo ocupado e sua representatividade no evento em questão. Ao estabelecer precedências, entra na esfera do poder, tanto público quanto privado. Significa adequar um conjunto de procedimentos previstos como prerrogativas de determinada autoridade, levando-se em conta o cargo que ocupa. As considerações prestadas às autoridades são valores, e até mesmo regras, em função da posição destacada e, portanto, temporária.

Ainda que a ordem de precedência brasileira esteja contida num decreto em vigor, é importante salientar que a iniciativa deve ser adaptada à realidade de cada localidade, sendo adotada com flexibilidade, mas nunca se distanciando de suas orientações.

Pontos Importantes Decreto 70.274 - Material disponibilizado na íntegra em Anexos

Art. 1º O Presidente da República presidirá sempre a cerimónia a que comparecer. Parágrafo único. Os antigos Chefes de Estado passarão logo após o Presidente do Supremo Tribunal Federal, desde que não exerçam qualquer função pública. Neste caso, a sua precedência será determinada pela função que estiverem exercendo.

Art. 2º Não comparecendo o Presidente da República, o Vice-presidente da República presidirá a cerimónia a que estiver presente. Parágrafo único. Os antigos Vice-Presidentes da República, passarão logo após os antigos Chefes de Estado, com a ressalva prevista no parágrafo único do artigo 1º.

Art. 3º Os Ministros de Estado presidirão as solenidades promovidas pelos respectivos Ministérios.

Art. 4º A precedência entre os Ministros de Estado, ainda que interinos, é determinada pelo critério histórico de criação do respectivo Ministério, na seguinte ordem: Justiça; Marinha; Exército; Relações Exteriores; Fazenda; Transportes; Agricultura; Educação e Cultura; Trabalho e Previdência Social, Aeronáutica; Saúde, Indústria e Comércio; Minas e Energia; Planejamento e Coordenação Geral; Interior; e Comunicações.

Art. 6º Nos Estados, no Distrito Federal e nos Territórios, o Governador presidirá às solenidades a que comparecer, salvo as dos Poderes Legislativo e Judiciário e as de caráter exclusivamente militar, nas quais será observado o respectivo cerimonial.

Parágrafo único. Quando para as cerimônias militares for convidado o Governador, ser-lhe-á dado o lugar de honra.

Art. 7º No respectivo Estado, o Governador, o Vice-Governador, o Presidente da Assembléia Legislativa e o Presidente do Tribunal de Justiça terão, nessa ordem, precedência sobre as autoridades federais Parágrafo único. Tal determinação não se aplica aos Presidentes do Congresso Nacional, da Câmara dos Deputados e do Supremo Tribunal Federal, aos Ministros de Estado, ao Chefe do Gabinete Militar da Presidência da República, ao Chefe do Gabinete Civil da Presidência da República, ao Chefe do Serviço Nacional de Informações, ao Chefe do Estado-Maior das Forças Armadas e ao Consultor-Geral da República, que passarão logo após o Governador.

Art. 8º A precedência entre os Governadores dos Estados, do Distrito Federal e dos Territórios é determinada pela ordem de constituição histórica dessas entidades, a saber: Bahia, Rio de Janeiro, Maranhão, Pará, Pernambuco, São Paulo, Minas Gerais, Goiás, Mato Grosso, Rio Grande do Sul, Ceará, Paraíba, Espírito Santo, Piauí, Rio Grande do Norte, Santa Catarina, Alagoas, Sergipe, Amazonas, Paraná, Acre, Mato Grosso do Sul, Distrito Federal, e Territórios: Amapá, Fernando de Noronha, Rondônia e Roraima.

Art. 10 – Nos Municípios, o Prefeito presidirá as solenidades municipais.

Art. 18 – Quando o Presidente da República se fizer representar em solenidades ou cerimônias, o lugar que compete a seu representante é à direita da autoridade que as presidir.

Parágrafo 2º – Nenhum convidado poderá fazer-se representar nas cerimônias a que comparecer o Presidente da República.

Ordem de Precedência das Autoridades

1. Presidente da República

2. Vice-Presidente da República

3. Governador do Estado em que se processa a cerimônia

4. Cardeais

5. Embaixadores estrangeiros

6. Presidente do Congresso Nacional

7. Presidente da Câmara dos Deputados

8. Presidente do Supremo Tribunal Federal

9. Ministros de Estado

10. Advogado Geral da União

11. Vice-Governador do Estado em que se processa a cerimônia

12. Presidente da Assembleia Legislativa do Estado da cerimônia

13. Presidente do Tribunal de Justiça do Estado da cerimônia

14. Enviados Extraordinários

15. Presidente do Tribunal Superior Eleitoral

16. Ministros do Supremo Tribunal Federal

17. Procurador Geral da União

18. Governadores de outros Estados

19. Senadores

20. Deputados Federais

21. Almirantes

22. Marechais

O Presidente do Senado preside as solenidades do Congresso Nacional e do Senado Federal. O Presidente da Câmara dos Deputados preside as solenidades em seu órgão. Quando a sessão incorpora o Senado e a Câmara forma-se o Congresso Nacional. Quem preside é o Presidente do Senado. Outras autoridades vêm após o Presidente da Casa: Presidente da República, do STF, Ministros, Deputados Federais, entre outros.

Os indicativos variam de acordo com o local do evento: pode-se utilizar (1) prismas de acrílico sobre a mesa com a informação em ambos os lados ou (2) etiquetas indicativas atrás dos assentos. Além disso, é necessário destacar um profissional da equipe de receptivo para conduzir os convidados na chegada e ao final do evento.

É também recomendado que a presidência da composição seja alterada também quando assistem a solenidade outros Chefes de Estado ou Autoridades Estrangeiras.

De forma voluntária é de bom tom que em atos de homenagem a autoridades de igual ou superior hierarquia seja também oferecida essa posição.

Não titubeie

Primeira-dama é o título informal que se dá à esposa de um governante em várias esferas do poder.

Refere-se sobretudo à esposa do presidente de um país, mas também se aplica aos casos de governador ou prefeito.

O marido da pessoa que é eleita para um cargo político, por sua vez, é chamado de primeiro-cavalheiro. Atualmente está sendo mais conhecido esse termo em função das relações homoafetivas terem maior aceitação social e não serem tão escondidas como outrora.

Primeira-dama não é um cargo, é uma condição, por isso não tem precedência em decreto, mas recebe a precedência e o tratamento atribuído ao marido, enquanto autoridade. Na ordem de precedência, vem logo após ao marido.

Sutileza e negociação são elementos cruciais no que diz respeito a conduzir cerimônias nas quais essa figura esteja presente.

Solenidades Empresariais

Não existe nenhuma regulamentação para solenidades no âmbito empresarial, sejam entidades de classe ou empresas.

No ambiente corporativo, a precedência será regulada pela estrutura hierárquica da organização.

O anfitrião/ pessoa focal, geralmente a de maior importância na empresa, é o ponto de partida para a formação da ordem de precedência.

Executivos mais ligados ao centro de decisão (ex.: vice-presidente, diretor); Importância das áreas administrativas (ex.: diretor industrial, diretor comercial); Cargos similares- podem-se estabelecer precedência observando o tema que gerou o evento, as faixas etárias dos participantes ou o tempo de serviço prestado na organização - No caso de pessoa de função mais simples ocupar lugar de destaque, como homenageada, convidada de honra, autora de algum projeto, deverá ser tratada ou posicionada na ordem de precedência próxima ao anfitrião, já que, naquele momento, seu posto ou cargo são irrelevantes em relação ao objetivo do evento.

Nos casos em que estejam presentes autoridades governamentais - federais, estaduais e municipais - observa-se o Decreto 70.274/72, adaptando a cada ato ou evento.

O presidente da organização (anfitrião) terá precedência sobre as demais autoridades e presidirá a solenidade, caso não estejam presentes o Presidente da República e o Vice-Presidente da República.

Ausentes o Presidente e o Vice-Presidente da República, e presente o Governador de Estado, a este poderá ser dado o centro da mesa.

Em solenidades empresariais nos Municípios, o Prefeito Municipal deverá ocupar o lugar de honra – à direita do anfitrião –, não sendo obrigatório dar-lhe a presidência do evento.

Na ausência das autoridades acima, após o anfitrião a precedência será da maior autoridade presente, seguida da segunda em hierarquia, e assim por diante.

Outros integrantes da organização / empresa anfitriã, mesmo sendo diretores, ocuparão seus lugares após as autoridades

Quando se tratar do representante do Presidente da República ou do governador do Estado, em solenidades federais ou estaduais, respectivamente,

Os representantes das autoridades não têm a mesma precedência das autoridades que representam; ele ocupará o lugar de honra, ou seja, ficará à direita da autoridade que a preside.

Do mesmo modo os representantes dos Poderes Legislativos e Judiciário, quando membros dos referidos poderes, terão a colocação que compete aos respectivos Presidentes.

Na presença do Presidente da República não existe representatividade. Em jantares e almoços, não existem representações.

Ordem de discursos e pronunciamentos

- É feita com base na ordem de precedência;
- O convidado mais importante é sempre o último a falar;
- O papel do Mestre de Cerimônias ou de quem preside o evento é fazer a saudação inicial e dar sequência aos atos;
- Os discursos são proferidos na ordem inversa de precedência.

O ideal é que no máximo cinco pessoas façam uso da palavra, assim a cerimônia não fica cansativa e o público tende a ficar mais atento à solenidade. Negocie entre os organizadores, em conformidade com o objetivo do evento, qual será o tempo médio da fala de cada um, essa informação é essencial para a cronometragem e controle dos tempos e movimentos do evento.

A ordem dos pronunciamentos deve ser da menor para a maior autoridade. Sugere-se, entretanto, consultar a maior autoridade para checar a disponibilidade de tempo dela. Se o tempo disponível for muito restrito, a ordem dos discursos pode ser adaptada de acordo com a agenda da autoridade.

Detalhes Importantes

Os convidados já estão dispostos em seus lugares à mesa ou podem ser chamados pelo MC.

Os prismas têm a função de orientar o convidado na composição da mesa e os participantes do evento sobre as autoridades presentes.

A colocação nos dois lados facilita, inclusive, para os jornalistas identificarem a composição da mesa e evita que tenham que perguntar depois.

Em eventos de grande porte, é bom ter um plano de mesa para fornecer aos jornalistas, com os nomes das autoridades e seus lugares.

Não é necessário que todas as autoridades que compõem a mesa façam pronunciamentos.

Ordem de Precedência dos estados

1. Bahia
2. Rio de Janeiro
3. Maranhão
4. Pará
5. Pernambucano
6. São Paulo
7. Minas Gerais
8. Goiás
9. Mato Grosso
15. Rio Grande do Norte
16. Santa Catarina
17. Alagoas
18. Sergipe
19. Amazonas
20. Paraná
21. Acre
22. Mato Grosso do Sul
23. Rondônia

10. Rio Grande do Sul
11. Ceará
12. Paraíba
13. Espírito Santo
14. Piauí

24. Tocantins
25. Amapá
26. Roraima
27. Distrito Federal

Esfera Estadual

A ordem de precedência nas cerimônias oficiais, de caráter estadual, será a seguinte:

   1 - Governador
   - Cardeais

   2 - Vice-Governador
   3 – Presidente da Assembleia Legislativa
   - Presidente do Tribunal de Justiça

   4 - Almirante-de-Esquadra
   - Generais-de-Exército Tenentes- Brigadeiros Prefeito da Capital estadual em que se processa a cerimônia

   5 - Vice-Almirantes
   - Generais-de-Divisão Majores-Brigadeiros
   - Chefes de Igreja sediados no Brasil
   - Arcebispos católicos ou equivalentes em outras religiões
   - Reitores das Universidades Federais
   - Personalidades inscritas no Livro do Mérito
   - Prefeito da cidade em que se processa a cerimônia
   - Presidente da Câmara Municipal da cidade em que se processa a cerimônia
   - Juiz de Direito da Comarca em que se processa a cerimônia
   - Prefeitos das cidades de mais de um milhão (1.000.000) de habitantes

6 - Contra-Almirantes
- Generais-de-Brigada
- Brigadeiros-do-Ar
- Presidente do Tribunal Regional Eleitoral
- Procurador Regional da República no Estado
- Procurador-Geral do Estado
- Presidente do Tribunal Regional do Trabalho
- Presidente do Tribunal de Contas
- Presidente do Tribunal de Alçada
- Chefe da Agência do Serviço Nacional de Informações
- Superintendentes de Órgãos Federais
- Presidentes dos Institutos e Fundações Nacionais
- Presidentes dos Conselhos e Comissões Federais
- Presidentes das Entidades Autárquicas, sociedades de Economia Mista e Empresas Públicas de âmbito nacional
- Reitores das Universidades Estaduais e Particulares
- Membros do Conselho Nacional de Pesquisas
- Membros do Conselho Federal de Educação
- Membros do Conselho Federal de Cultura
- Secretários de Estado
- Bispo católicos ou equivalentes de outras religiões

7 - Presidentes das Confederações Patronais e de Trabalhadores de âmbito nacional
- Membros da Academia Brasileira de Letras
- Membros da Academia Brasileira de Ciências
- Diretores do Banco Central do Brasil
- Diretores do Banco do Brasil
- Diretores do Banco Nacional de Desenvolvimento Econômico
- Diretores do Banco Nacional de Habitação
- Capitães-de-Mar-e-Guerra
- Coronéis Coronéis-Aviadores
- Deputados Estaduais
- Desembargadores do Tribunal de Justiça

- Prefeitos das cidades de mais de quinhentos mil (500.000) habitantes
- Delegados dos Ministérios
- Cônsules estrangeiros
- Consultor-Geral do Estado
- Juízes do Tribunal Regional Eleitoral
- Juízes do Tribunal Regional do Trabalho
- Presidentes das Câmaras Municipais da Capital e das cidades de mais de um milhão (1.000.000) habitantes

8 - Juiz Federal
- Juiz do Tribunal de Contas
- Juízes do Tribunal de Alçada
- Presidentes dos Institutos e Fundações Regionais e Estaduais
- Presidentes das Entidades Autárquicas, Sociedades de Economia Mista e Empresas -Públicas de âmbito regional ou estadual
- Diretores das Faculdades Federais
- Monsenhores católicos ou equivalentes de outras religiões
- Capitães-de-Fragata
- Tenentes-Coronéis
- Tenentes-Coronéis-Aviadores
- Presidentes das Federações Patronais e de Trabalhadores de âmbito regional ou estadual
- Presidentes das Câmaras Municipais das cidades de mais de quinhentos mil (500.000) habitantes
- Juízes de Direito
- Procurador Regional do Trabalho
- Auditores da Justiça Militar
- Auditores do Tribunal de Contas
- Promotores Públicos
- Diretores das Faculdades Estaduais e Particulares
- Vice-Cônsules estrangeiros

9 - Chefes de Departamento das Universidades Federais
- Prefeitos das cidades de mais de cem mil (100.000) habitantes

- Capitães-de-Corveta
- Majores-Aviadores
- Diretores de Departamento das Secretarias
- Presidentes dos Conselhos Estaduais
- Chefes de Departamento das Universidades Estaduais e Particulares
- Presidentes das Câmaras Municipais das cidades de mais de cem mil (100.000) habitantes

10 - Professores de Universidade
- Demais Prefeitos Municipais
- Cônegos católicos ou equivalentes de outras religiões
- Capitães-Tenentes
- Capitães
- Capitães-Aviadores
- Presidentes das demais Câmaras Municipais
- Diretores de Repartição
- Diretores de Escolas de Ensino Secundário
- Vereadores Municipais

Precedências nas Forças Armadas

Marinha	Exército	Aeronáutica
Almirante Marinha	Marechal	Marechal do Ar
Almirante de Esquadra	General de Exército	Tenente-Brigadeiro do Ar
Vice-Almirante	General de Divisão	Major-Brigadeiro do Ar
Contra-Almirante	General de Brigada	Brigadeiro
Capitão de Mar e Guerra	Coronel	Coronel
Capitão de Fragata	Tenente-coronel	Tenente-coronel
Capitão de Corveta	Major	Major
Capitão-tenente	Capitão	Capitão
1º Tenente	1º Tenente	1º Tenente
2º Tenente	2º Tenente	2º Tenente
Guarda-Marinha	Aspirante-a-Oficial	Aspirante-a-Oficial
Aspirante (Escola Naval)	Cadete (AMAN, IME*)	Cadete (AFA), Aluno (CFOE) e Estagiário (EAOF, EAOT)

Precedência em Ambientes Universitários

- Reitor
- Chanceler (maior autoridade da Mantenedora)
- Vice-Reitor
- Presidentes dos Conselhos Superiores ou Conselhos Específicos
- Pró-reitores
- Superintendente/Diretor de Campus
- Diretores de Centros, Faculdades e Institutos
- Chefes de Departamentos
- Professores

Categorias em Carreira Diplomática

- Embaixador
- Ministro Plenipotenciário
- Conselheiro de Embaixada
- Secretário de Embaixada
- Adido de Embaixada

Para Não Esquecer!!!
Resumo Precedências

• Eventos Internacionais: ordem alfabética

• Corpo Diplomático: Ordem de apresentação das Credenciais (Núncio Apostólico) •Estados e seus representantes, Ministérios, Secretarias Estaduais: Ordem cronológica de criação

• Municípios: Capital, Município sede do evento, 1 milhão, 500 mil, 300 mil, 100 mil, abaixo em ordem alfabética

• Militares: Forças Armadas: Ordem cronológica de criação, Antiguidade dos Comandantes

Nominatas

A nominata é a relação de autoridades presentes à cerimônia.

Poderá ser feita em forma de lista ou de cartões individuais com nome, cargo e entidade de autoridades.

Para elaboração da nominata nas solenidades geralmente é preciso saber:

- Quem é o anfitrião/requerente(s) do evento;
- Se há convidado de honra ou homenageado;
- O nome exato do convidado ou, se for o caso, o nome da autoridade;
- A função que exerce e a instituição que representa;
- Se é uma autoridade civil, militar ou eclesiástica;
- Se há algum representante de instituição. Nesse caso, é importante guardar o registro oficial da indicação do representante.

A segunda etapa consiste em ordenar os nomes, de forma decrescente de precedência (da autoridade de maior hierarquia para a de menor hierarquia).

O documento servirá de base para a definição da composição da mesa diretora e organização da ordem dos pronunciamentos.

A autoridade que iniciar os trabalhos fará a leitura de fichas de citação, conhecidas como nominatas, devendo manter a ordem hierárquica decrescente.

Tendo em vista a importância do documento, sugere-se que seja elaborada uma prévia das nominatas na véspera do evento, com base nas confirmações de presença.

No dia do evento, caberá à equipe do receptivo informar aos responsáveis pelas nominatas a chegada da autoridade para a atualização imediata.

A equipe da recepção deverá encaminhar as fichas de citação das autoridades e convidados especiais ao responsável pela triagem e pela colocação na ordem de precedência. Após a conferência dos nomes e respectivos cargos, serão entregues ao Mestre de Cerimônias. O ideal é que, do total de fichas preenchidas, o responsável prepare um novo conjunto de fichas para disponibilizá-las ao Presidente da Mesa, para que faça referência no vocativo, se assim o desejar.

É imprescindível que a nominata esteja sempre atualizada, pois esse documento serve de norteador da equipe durante a execução do evento e para a realização de eventuais ajustes no que tange a definição dos lugares na mesa diretora, a reserva de lugares na plateia, a definição da ordem dos pronunciamentos e aos agradecimentos formais. Sugere-se dividir a lista de autoridades entre aqueles que estão no dispositivo/mesa e as demais autoridades presentes no evento.

Todo e qualquer evento oficial ou não, existem um momento em que a pessoa que usa a palavra (discurso), que faz uso do momento de fala, e começa fazendo citação das pessoas que ela quer prestigiar e assim, se torna imprescindível que ela tenha recebido em mãos as nominatas, com os nomes das pessoas e cargos, dos que compõem o palco.

Não há necessidade de cada orador citar todas as autoridades já nominadas pelo Mestre de Cerimônias, com isso poupa-se o tempo do evento, tornando-o mais objetivo.

Recomendação da ordem de nominata:

1. Nome
2. Cargo
3. Instituição

Atualmente, o uso de leitura das nominatas individuais estão sendo substituídas por um cumprimento geral, sem citar cada integrante da mesa diretora, já que os mesmo já foram citados anteriormente pelo MC na composição da mesa.

Composição de filas de cumprimentos

As filas de cumprimentos são utilizadas para reverenciar anfitriões, convidados especiais e homenageados no momento dos cumprimentos. São organizadas da seguinte forma:

- as filas devem ser formadas da esquerda para a direita;
- a precedência é do anfitrião, seguida do convidado especial ou homenageado, esposa do anfitrião, esposa do convidado especial ou homenageado;
- quando compostas somente com homens, a precedência é do anfitrião, seguida do convidado especial ou do homenageado.

Composição de mesas

Para a determinação dos lugares à mesa é necessário utilizar a designação correta para cada tipo de mesa.

▶ Composição da mesa diretora

A mesa diretora é utilizada para os eventos informativos, questionadores e expositivos como palestras, conferências, fóruns, debates, simpósios, seminários, congressos, feiras e salões, entre outros.

Compõe-se a mesa diretora chamando em primeiro lugar o anfitrião, caso não estejam presentes o presidente da República ou o vice-presidente. O lugar do anfitrião é ao centro, a maior autoridade à sua direita, o próximo à sua esquerda e assim por diante.

O governador do Estado, o prefeito municipal ou os presidentes dos outros poderes se sentarão à direita do anfitrião, caso não seja um evento de sua instância.

Mesa de Honra	Mesa/Linha Diretiva	Mesa de Trabalhos
Utilizada nas solenidades elitizadas e geralmente organizadas com pompa, como cerimônias de posse, transmissão de cargo, entrega de títulos, de honrarias e outras.	Utilizada para os eventos informativos, questionadores, expositivos, como: palestra, conferência, fórum, debates, simpósio, seminário, congresso, feira salão, entre outros.	Utilizada somente para reunião de trabalho.

Sempre que possível, chame apenas um representante de cada instituição para evitar mesas cumpridas, desproporcionais ou até mesmo desconfortáveis. Não é necessário chamar o prefeito, o vice-prefeito e o assessor de uma mesma prefeitura. Em episódios assim, informe que apenas a autoridade maior, ou seja, o prefeito será integrante da mesa.Se houver a impossibilidade de seu comparecimento, ele será representado por alguém de sua indicação.

Os demais podem ser destacados em lugares especialmente reservados nas primeiras fileiras de assentos. Configura-se que a primeira fila do auditório é uma extensão da mesa.

Reserva de Lugares:

Nem todas as pessoas que estão inseridas na ordem dos trabalhos de uma solenidade compõem a mesa. Às vezes isso ocorre por limitação física da mesa de honra; outras vezes, porque a pessoa em questão não goza da mesma hierarquia dos outros integrantes da mesa.

É importante que essa pessoa que não compõe a mesa, mas está inserida na ordem dos trabalhos, tenha lugar reservado na primeira fileira e, preferencialmente, o mais próxima à tribuna, para facilitar seu acesso a ela. A reserva de lugares também é importante para prestigiar e mostrar deferência àqueles que não fazem parte da ordem do dia, apesar de serem autoridades, mas confirmaram sua presença no evento

DICA

Nem todas as autoridades gostam ou estão acostumadas a procurar ou a se sentar no lugar designado pelas placas para assentos reservados. Recomenda-se que as recepcionistas do evento encaminhem as autoridades para seus lugares, ou apenas as orientem. Também, cinco minutos antes de o evento começar, que se tire a placa da autoridade que não houver chegado, para que outras que já estejam presentes possam se sentar. Lembrando sempre que muitas autoridades confirmam presença e não comparecem.

MESA DE HONRA

Chama-se mesa de honra a mesa de autoridades formada em cerimônias. Essa mesa deverá ter, sempre que possível, um número ímpar de lugares, de forma que a autoridade que presidir a cerimônia, ocupe o centro. À sua esquerda estará sempre o anfitrião e à sua direita a segunda maior autoridade presente.

Quando o próprio anfitrião presidir a mesa, ele ocupará o lugar central e o homenageado ficará à sua direita.

As pessoas são sempre colocadas à direita e à esquerda do centro da mesa (considerando-se o ponto de vista de quem está na mesa, de frente para o público).

Quando for absolutamente necessário é possível que a mesa tenha duas filas de cadeiras, mas deve-se evitar mesas muito grandes. Nesse caso a precedência é estruturada organizando a primeira fila do centro para os lados e, quando esta está completa, a segunda fila também do centro para os lados.

Durante um mesmo evento a mesa pode ser composta mais de uma vez: mesa de abertura, mesa de trabalho, mesa de encerramento.

Caberá à equipe do cerimonial elaborar um roteiro da solenidade e apresentar antecipadamente à autoridade anfitriã, tendo em vista o devido ajuste e a sua aprovação, inclusive com relação ao tempo disponível para seu pronunciamento.

Atenção

"Há dois tipos de discursos: O bom, que é curto, e o outro"

Mário Covas

Caso o evento conte com homenageados e premiados, é mais adequado escolher somente um para falar em nome dos demais;

Não há necessidade de que todas as pessoas que compõem a mesa se pronunciem. Isso precisa ser articulado nas reuniões preceptoras, informando quem fará uso da palavra.

Procure, o máximo possível, reduzir os pronunciamentos, bem como o tempo destinado a cada discurso. Solicite à autoridade, antes de sua fala, que ela seja breve, não ultrapassando os dez minutos. O ideal mesmo é cinco minutos e é marcado pela clareza, objetividade, adequação à norma culta da língua, harmonia e polidez.

As autoridades podem falar diretamente da mesa diretiva ou deslocar-se até a tribuna (o que for mais conveniente para a pessoa).

Um bom pronunciamento deve ser organizado com ideias interligadas: inicialmente, cumprimentar componentes da mesa diretiva na pessoa da maior autoridade presente e também cumprimentar o público. Introdução (curta, apresentando o assunto), corpo do discurso (expondo a ideia central e a finalidade do discurso), conclusão (encerra reforçando a importância da realização do evento e desejando sucesso à iniciativa).

É notório que muitas autoridades não respeitam aquilo que previamente foi combinado, mas é o papel do Cerimonialista buscar total convergência e alinhamentos para que isso ocorra de forma a que a própria solenidade não seja prejudicada.

O evento só começa após a chegada da pessoa mais importante (Governador, Ministro, etc). Assim, é importante saber da assessoria do convidado o horário de chegada, que não deve exceder 15 minutos do horário marcado para o início do mesmo.

Quando se faz presente uma autoridade, os demais convidados só poderão se retirar depois que a autoridade sair. As instruções apresentadas com relação ao Presidente da República e aos governadores podem ser utilizadas, por analogia, para outras autoridades, quando o responsável pelo cerimonial e protocolo assim julgar conveniente.

Alguns profissionais utilizam a formação de mesa diretora das extremidades para o centro, sob a alegação de que não se deve fazer as autoridades esperarem. Essa forma de montagem é muito utilizada em Brasília e também está correta.

A composição da mesa diretora com um número ímpar de participantes facilita a definição de seu centro; e o ideal é que a mesa tenha de sete a onze convidados. No caso de mesa ímpar, a divisão do centro é alterada para a direita, sendo o lugar nobre o centro-direito (dando-se à frente para plateia); o centro-esquerdo é o lugar do anfitrião. Numa mesa diretora com número par de participantes, o ideal é haver de oito a doze convidados.

▶ Mesa com número ímpar

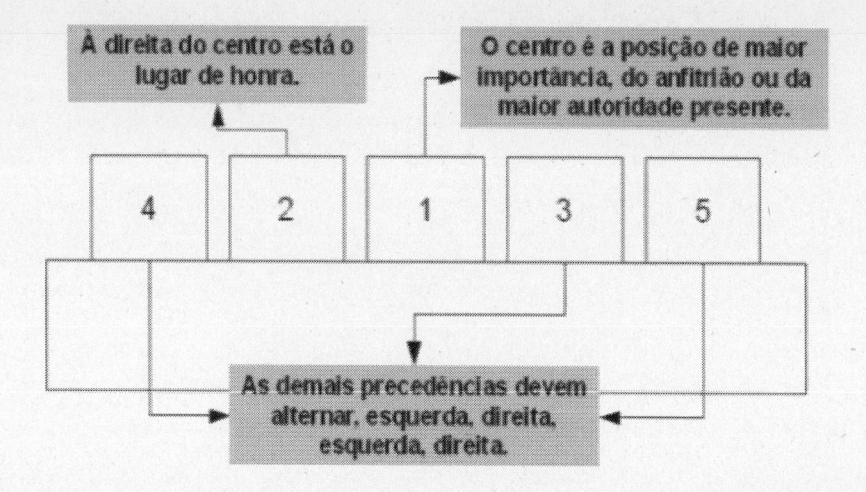

À direita do centro está o lugar de honra.

O centro é a posição de maior importância, do anfitrião ou da maior autoridade presente.

| 4 | 2 | 1 | 3 | 5 |

As demais precedências devem alternar, esquerda, direita, esquerda, direita.

Fonte: das Autoras

Já com mesa em número par, a ordenação se dá com a divisão da mesma em uma linha imaginária ao centro, subdividindo, centro-direita e centro-esquerda, como demonstrado na figura abaixo.

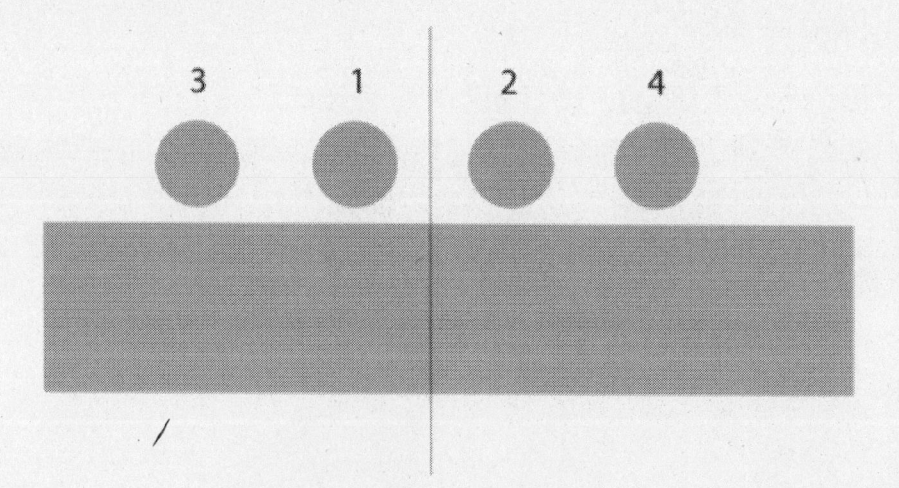

3   1 | 2   4

Figura 2 - Composição de mesa com número par de integrantes.

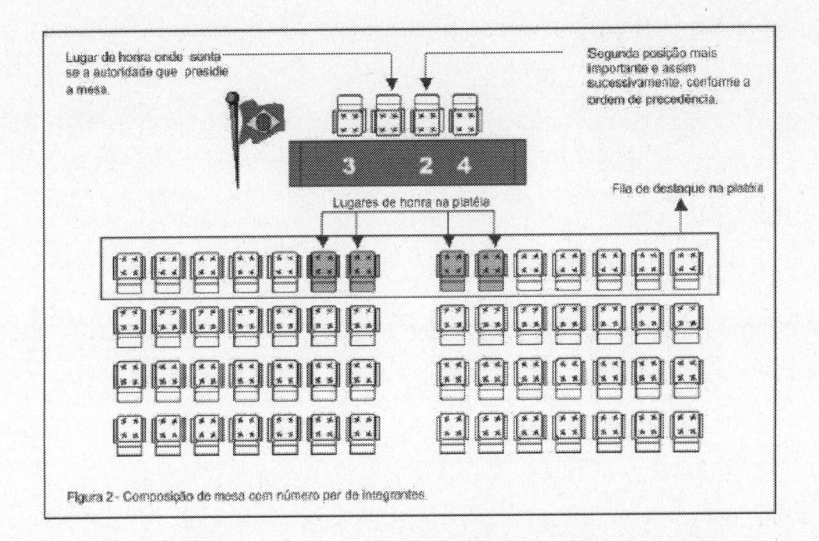

Procure deixar os espaços entre as cadeiras mais folgados, em caso de necessitar encaixar alguma autoridade que não pôde chegar no horário previsto.

▶ Composição de mesa de banquete

A mesa de banquete é utilizada para eventos sociais nos quais os participantes sentam-se em uma única ou em diversas mesas, debatem e trocam idéias sobre determinado assunto. O objetivo do evento pode ser a realização de negócios ou a mera confraternização. Os eventos mais comuns que utilizam a mesa de banquete são as reuniões, os almoços e os jantares.

Os lugares são determinados pelas cabeceiras:

- **cabeceira inglesa**: os anfitriões sentam-se na cabeceira, o convidado especial ao lado direito da anfitriã e a convidada especial ao lado direito do anfitrião, no caso de casais; caso a mesa não seja formada por casais, o lado direito dos anfitriões será dos convidados especiais, sejam homens ou mulheres;
- **cabeceira francesa**: as cabeceiras não são definidas e dependem do objetivo do evento; geralmente o anfitrião senta-se no centro da mesa e os convidados especiais sentam-se à sua frente.

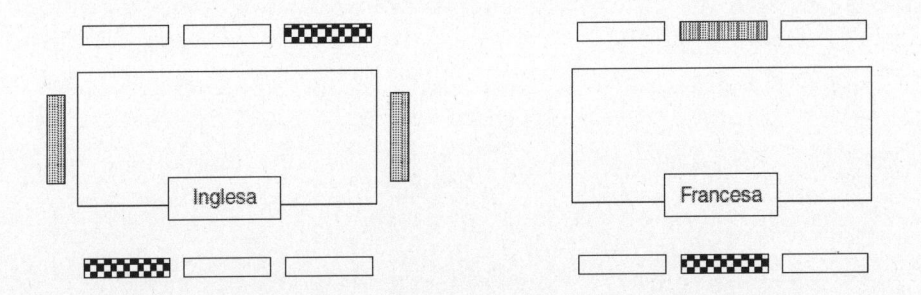

Tipos de Montagem

Detalhamento de Tipos de Montagens

São variáveis e dependem exclusivamente da dinâmica e objetivos do evento.

Há muitas formas de se organizar um espaço para eventos e esse fator está também vinculado ao talento, percepção e tarimba do organizador.

As formas mais utilizadas são:

"U"

Utilizada quando todos os participantes do acontecimento especial devem ter a sensação que encontram-se no mesmo nível de relevância ou de uma maior interação, onde todos podem ter uma visão completa de todo o grupo. Esta formatação permite que os participantes se comuniquem em proximidade. O suporte para projeções deverá ficar na área livre do "U".

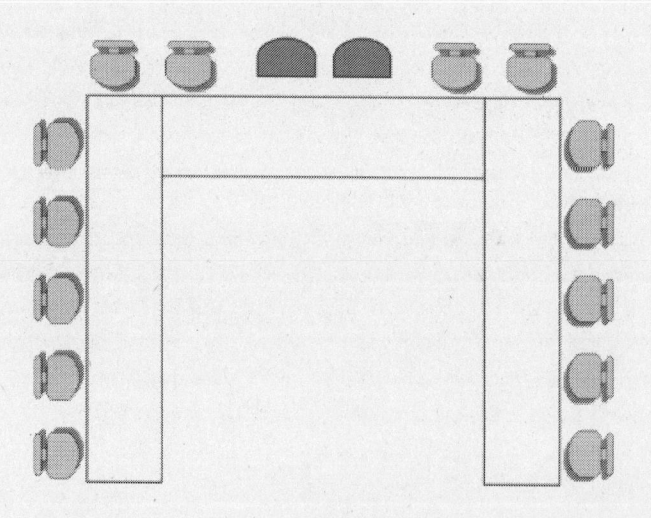

Fonte: Das Autoras

As cadeiras acompanham as mesas, dispostas em U. O ideal é não ultrapassar o número máximo de 30 *paxs*. Caso contrário poderá ocorrer sentimentos de exclusão – para aqueles que ocuparem as pontas.

"V"

Esta formatação também é utilizada para pequenas reuniões, sobretudo aquelas em que se objetivam decisões de pequeno grupo de participantes. Muito utilizada em reuniões de ordem empresarial ou educacional.

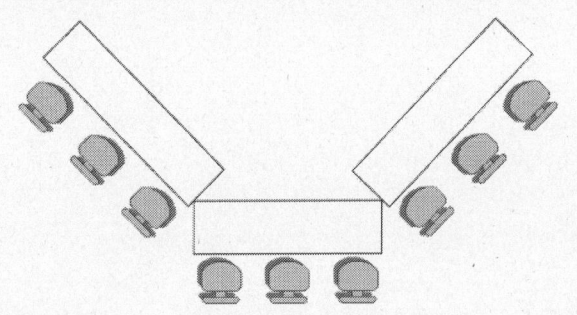

Fonte: Das Autoras

"Auditório"

Arrumação de sala ou salão que poderá receber diversos tipos de eventos e de vários tamanhos, dependendo da dimensão da sala ou salão. Deve-se observar a questão da dimensão do salão para que seja possível estabelecer o potencial de público para o evento. Normalmente a capacidade já é oferecida. Tem sua formação em cadeiras lineares na plateia e uma mesa principal com cadeiras ou linha principal (só com cadeiras) à frente.

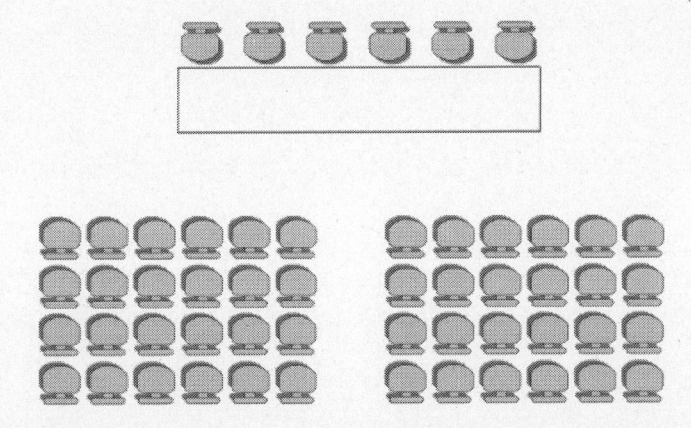

Fonte: Das autoras

Deve estrategicamente ter corredores livres em formato de cruz para facilitar a circulação e acessibilidade aos lugares.Para uma melhor visualização as cadeiras devem ser montadas de forma intercaladas.

Outra situação dessa formatação que deve permitir visibilidade do palco, do telão e do personagem que fala. Por isso, a existência de colunas ou outras situações arquitetônicas e decorativas poderão prejudicar a perfeita visibilidade, comunicação e conforto do participante.

"Quadrada"

Esta situação de mesa é muito praticada para reuniões de diversos objetivos, desde que a proposta seja para grupos pequenos. Normalmente em um lado do quadrado ficarão os líderes da reunião e no contorno restante da mesa os outros componentes do grupo.O espaço central poderá ser utilizado para decoração floral caso a mesa seja pequena. Este é um exemplo formal.

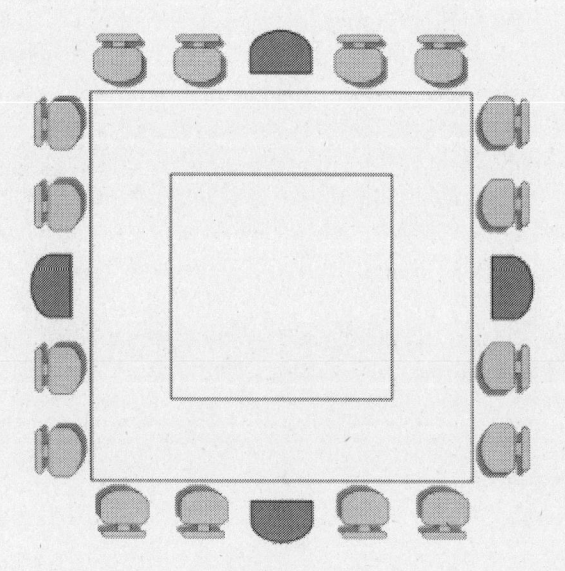

Fonte: Das autoras

"Escola"

Formatação muito utilizada para eventos cuja proposta está relacionada com cursos, treinamentos, reciclagens, entre outras ações que solicitam apoio e conforto para escritas e anotações.

Formado além das cadeiras, também por mesas ou pranchas enfileiradas que servem para apoio à escrita, quando há anotações a serem feitas pelos participantes do evento. Há também a possibilidade de cadeiras universitárias.

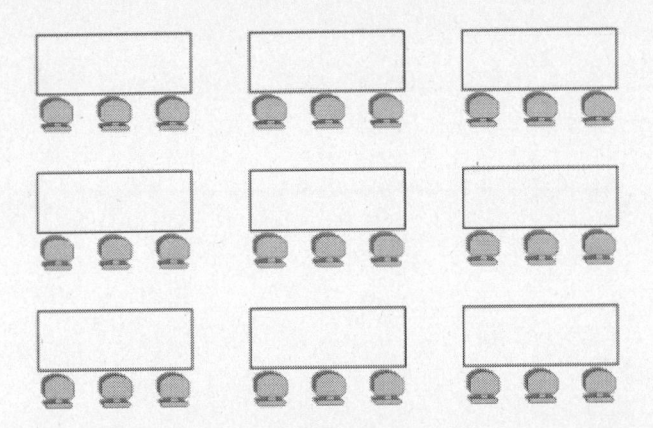

Fonte: Das autoras

"Espinha de Peixe"

Muito similar ao escolar, com cadeiras e pranchas, só que dispostas de maneira diagonal, com um espaço central em forma de corredor. Ideal para locais nos quais a visualização da mesa ou linha diretora fique comprometida entre o grupo participante.

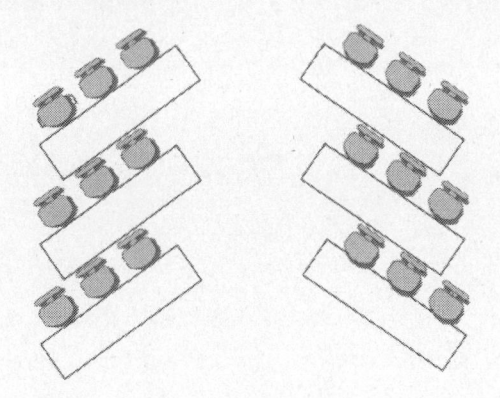

Fonte: Das autoras

Esta estética de arrumação de sala ou salão para eventos é uma junção da necessidade "Escola" com uma posição especial que provoca a centralização da atenção dos participantes para o palestrante. Esta imagem foi captada da posição do palestrante.

"Pente"

Para grandes acontecimentos especiais é comum a utilização do formato linear com dentes que comportam até mesmo o triplo de pessoas.

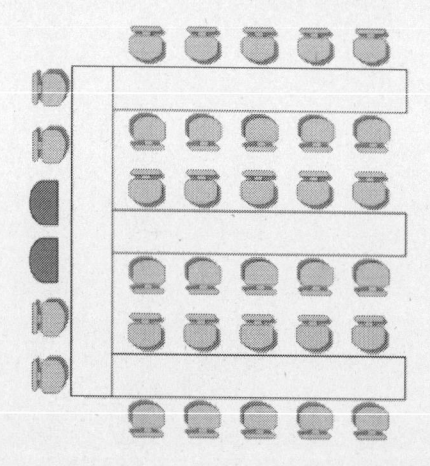

Fonte: das Autoras

"T"

Montagem muito utilizada para marcar lugares de honra é o formato T, no qual a cabeceira tem maior destaque.

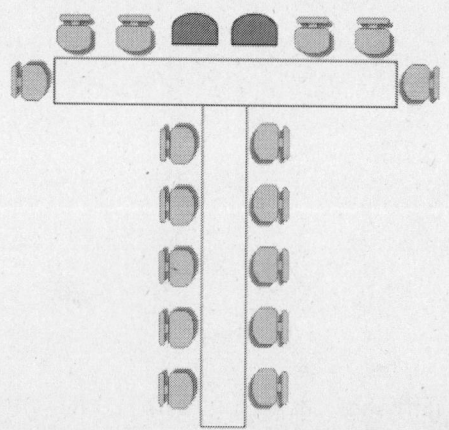

Fonte: das Autoras

"I"

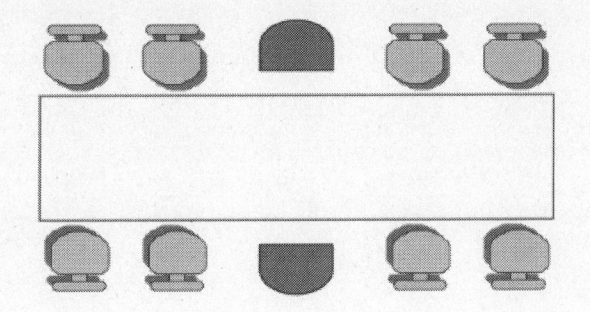

Mesa à Francesa em I

Fonte: das Autoras

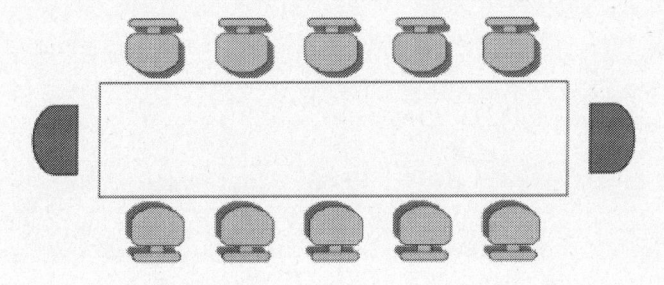

Mesa à Inglesa em I

Fonte: Das Autoras

"Senado"

Várias mesas em formato meia lua, alinhadas, com corredores entre elas, para a circulação de pessoas.

Mesa formato Senado

Fonte: https://istoeinteressante.com/uma-mesa-de-doces-no-senado-estadunidense/

"Banquete"

Uso aplicado para ocasiões nas quais há serviços de almoço, jantares, chás e até mesmo reuniões. Pode-se usar mesas ovais (de 04, 06, 08, 10, 12 ou 14 *paxs*) ou retangular (linear com até 12 *paxs*.

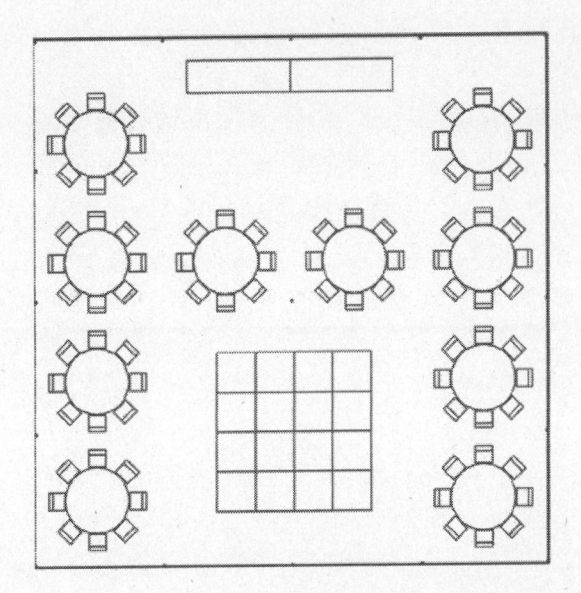

Mesa formato banquete

Fonte: https://comunidad.matrimonio.com.pe/debates/
tips-para-sentar-a-tus-invitados-en-tu-boda--t57691

Atenção

As recepções são fenômenos cuidadosamente planejados. Cada sociedade desenvolve seus sistemas de hospitalidade, alterando seu comportamento para reforçar seus ideais e sua identidade. Rituais, símbolos, significados e tradições fazem as recepções se tornarem plenas e complexas.

Um conjunto de detalhes é cuidadosamente planejado dentro de normas, decretos e leis que interagem no momento de cada recepção.

As recepções abrangem movimentos Rituais dos Anfitriões e dos convidados definidos por cada cultura e apoiados nos elementos da comunicação.

Há diferenças:
Cartão de Mesa ou Cartão de Braço

Cartão de mesa é o cartão que contém o nome do convidado/comensal e que é colocado ou sobre o guardanapo, dentro do prato ou à frente, da borda do prato, na própria mesa, o ideal.

Serve como orientação do *placement*, mapeamento de lugares previamente definidos.

Já o cartão de braço, possui o nome do convidado na face externa e na parte externa ele encontrará o mapa da mesa com o lugar indicado para ele se sentar.

Ele recebe o mesmo no momento de sua apresentação ao receptivo.

Outros formatos são viáveis de acordo com o número de convidados e do próprio espaço, podendo até mesmo criar montagens em forma em formato triangular, trapézios ou ainda redonda, oval em diversas dimensões e meia lua.

Salas Vips

A montagem de espaços reservados e exclusivos para o acolhimento de autoridades e convidados especiais irá demandar uma atenção especial da equipe de Cerimonial.

Esse local evita a exposição das autoridades, permitindo conversas reservadas e evitando entrevistas e pressões até antes do pronunciamento formal.

Uma equipe composta de recepcionistas, copeiros e vigilantes deverá ficar a postos para o atendimento a esse grupo.

Importante que o local esteja em sinergia com a cenografia do evento e ofereça conforto aos seus usuários. Se for possível prever um toalete privativo para o espaço, além de espelho em pé para verificação da imagem, antes de entrar em cena.

Também é importante prever material sobre o evento e de apoio, como notebook, impressora, Internet, wireless, carregadores de celulares, além do serviço de A&B.

Uma adequada organização desse espaço deve prever um cuidadoso controle de entrada e saída das pessoas.

Visitas de Chefes de Estado e Visitas Empresariais Alta Administração

A visita de uma autoridade internacional exige cuidados especiais. Há um protocolo específico para essas situações, independente de qual seja a nação.

A necessidade de inúmeras reuniões preparatórias que precisamos realizar, visitas técnicas a todos os locais que estão previstos na agenda oficial são ações primordiais para que possamos adequar todo o planejamento previsto.

8. Símbolos Nacionais - Leis que Precisam ser Respeitadas

"Não perguntes o que a tua pátria pode fazer por ti. Pergunta o que tu podes fazer por ela."

John Kennedy

A Lei que descreve sobre os símbolos nacionais é a de n° 5.700, de 1° de setembro de 197. E a Lei 8.421, de 11 de maio de 1992, altera a Lei anterior.

Os símbolos nacionais são:

- Bandeira Nacional;
- Hino Nacional;
- Armas Nacionais;
- Selo Nacional.

O Hino Nacional, juntamente com a bandeira, as armas e o selo, são símbolos que representam a nação brasileira, a Pátria que amamos e respeitamos. Não há precedência e muito menos hierarquia entre os símbolos nacionais, já que todos, isoladamente ou em conjunto, são símbolos da nação e expressam.

A Bandeira Nacional

> "É um pano e é uma nação, como a cruz é uma madeira e é toda uma fé"
>
> **Coelho Neto**

DESENHO DA BANDEIRA NACIONAL

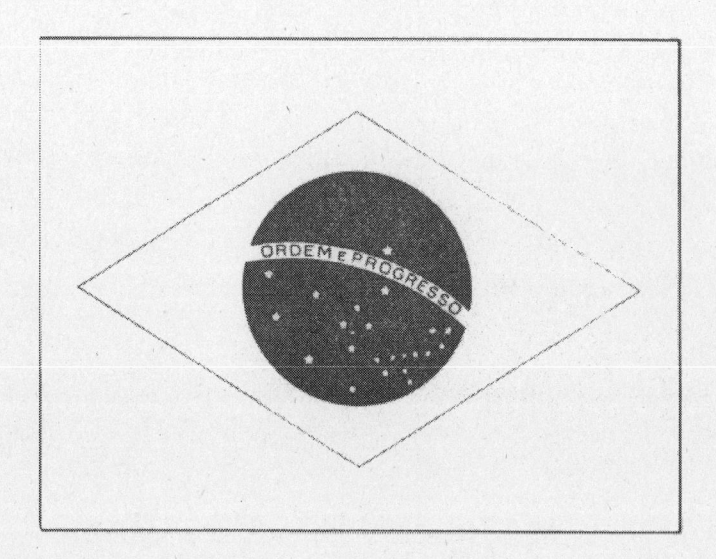

Quem desenhou a primeira bandeira brasileira foi Jean Baptiste Debret – a bandeira do Império (1822). A cor verde era a cor da Casa de Bragança, representando, então, a família nobre portuguesa à qual pertenceu Dom Pedro 1º e o amarelo era a cor da Casa de Habsburgo – Lorena Áustria, pátria de sua esposa, a Princesa Leopoldina Brito (2001).

Conforme conta o historiador Clóvis Ribeiro no livro "Brasões e Bandeiras do Brasil", publicado em 1933, o próprio marechal Deodoro da Fonseca, que proclamou a República e tornou-se o primeiro Presidente do Brasil, quis que a nova flâmula aludisse à anterior.

Escritores e poetas vêm nas cores verde e amarelo a nossa eterna primavera, a cor do ouro, o verde das florestas, etc. O azul seria uma referência aos rios que permeiam o território brasileiro e ao mar que banha a costa. Até o branco da faixa teria sua justificativa: a paz.

Pelo decreto n° 4, de 19 de novembro de 1889, depois da Proclamação da República, foi substituída pela atual.

A bandeira adotada pela República mantém a tradição das antigas cores nacionais - verde e amarelo - do seguinte modo: um losango amarelo em campo verde, tendo no meio a esfera celeste azul, atravessada por uma zona branca, em sentido oblíquo e decrescente da direita para a esquerda, com a legenda 'Ordem e Progresso' e pontuada por vinte e uma estrelas, entre as quais as da constelação do Cruzeiro, dispostas na sua situação astronômica, quanto à distância e ao tamanho relativos, representando os vinte Estados da República e o município neutro", diz o decreto.

Obviamente que as estrelas foram sendo atualizadas conforme novos estados eram criados.

E o município neutro - a capital federal era o Rio de Janeiro - hoje é o Distrito Federal, Brasília. "De acordo com a Lei n° 8.421, de 11 de maio de 1992, deve ser atualizada no caso de criação ou extinção de algum Estado", ressalta a Presidência da República.

Quando a República foi proclamada, o astrônomo Manuel Pereira Reis, que trabalhou no Observatório do Rio de Janeiro, foi chamado para determinar com precisão científica a disposição das estrelas. O Brasil é o único país cujo desenho da bandeira respeita a posição astronômica das estrelas. O Cruzeiro do Sul mostra que o Brasil se localiza no hemisfério sul, de onde a constelação pode ser vista. É a única bandeira do Ocidente que traz uma mensagem escrita. As 27 estrelas representam os 26 Estados brasileiros e o Distrito Federal. A Bandeira brasileira não tem avesso e suas 2 faces são exatamente iguais (Brito, 2001, p.73).

Dúvida

Dia da Bandeira é com maiúscula?

Quando se cita a data (19 de novembro), o mês é em maiúscula?

Nomes de comemorações cívicas, como Dia da Bandeira, são escritos com iniciais maiúsculas.

Nomes de festas populares, feriados e datas históricas seguem a mesma regra: Dia do Professor, Natal, Dia do Trabalho.

Já o mês é com inicial minúsculo: 19 de novembro.

Disposição da Bandeira Nacional

Todos os dias, a Bandeira Nacional deve ser hasteada no Congresso Nacional, nos Palácios do Planalto e da Alvorada, nas sedes dos ministérios, nos tribunais superiores, no Tribunal de Contas da União, nas sedes de governos estaduais, nas assembleias legislativas, nos Tribunais de Justiça, nas prefeituras e Câmaras de Vereadores, nas repartições públicas próximas das fronteiras, nos navios mercantes e nas embaixadas brasileiras.

É obrigatório hastear a bandeira nacional nos dias de festa ou de luto nacional em todas as repartições públicas, nos estabelecimentos de ensino e sindicatos, assim como é obrigatório o ensino do desenho e do significado da bandeira nacional em todas as unidades de ensino fundamental.

Dentro dos estabelecimentos, a bandeira nacional deve ser colocada sempre à direita de tribunas, mesas de reunião ou de trabalho.

Quando distendida e sem mastro, o lado maior fica na horizontal e a estrela isolada em cima.

É permitido usá-la em cerimônias fúnebres, desde que estendida sobre o ataúde, porém nunca deverá ser enterrada junto com o ataúde e muito menos cremada.

Nenhuma bandeira de outra nação poderá ser usada sem que a nacional esteja no seu lado direito e seja de igual tamanho, salvo nas sedes das embaixadas e consulados.

Num dispositivo de bandeiras, as estrangeiras deverão ficar distribuídas à direita e à esquerda da Nacional, por ordem alfabética dos países. A ordem alfabética é feita de acordo com a língua da nação onde estão hasteadas as bandeiras. A bandeira do Estado deve estar sempre acompanhada da Bandeira Nacional. Em salões deve estar à direita da mesa de autoridades ou atrás, acima das cabeças (Brito, 2001, p.75).

Curiosidades

A bandeira que fica permanentemente hasteada na Praça dos Três Poderes, em Brasília, é a maior bandeira nacional do país, com 286 metros quadrados e 90 quilos, sustentada por um mastro de 100 metros de altura.

No primeiro domingo de cada mês, a bandeira da Praça dos Três Poderes é substituída, em uma cerimônia pública feita em formato de rodízio executado pela Marinha, Exército, Aeronáutica e Governo do Distrito Federal (GDF).

Você sabia?

'Ordem e Progresso'

O lema escrito na bandeira, "Ordem e Progresso", tem inspiração em uma frase de Augusto Comte, criador da filosofia positivista, que diz: "O amor por princípio e a ordem por base; o progresso por fim".

Comte acreditava que o funcionamento da sociedade deveria promover o bem-estar. Para isso, seus membros deviam aprender desde criança a importância da obediência e da hierarquia. Daí vem o nosso lema: o 'progresso' é resultado do aperfeiçoamento e do desenvolvimento da ordem,

Ou seja, somente a ordem poderia conduzir ao progresso". Segundo o historiador, os primeiros anos da República foram marcados por medidas inspiradas no positivismo, como a separação oficial entre o Estado brasileiro e a Igreja católica.

Outra curiosidade do Ordem e Progresso é que a frase é escrita em verde, e não em preto.

Desrespeito à Bandeira

É proibido o uso da Bandeira Nacional nos casos em que possa provocar impressão desfavorável ou desapreço:

- Apresentá-la em mau estado de conservação;
- Mudar a sua forma, cores, proporções e dístico, ou acrescentar outras inscrições;
- Usá-la como roupagem ou como cobertura de placa, retrato, painel ou monumento a ser inaugurado;
- Reproduzi-la em rótulo ou invólucro de produto exposto à venda.

(Brito, 2001, p.73).

O nome dos Mastros que se lançam externamente do chão para o alto, são adriças

Recomenda-se que todos os jogos de mastros, internos ou externos, sejam do mesmo tamanho. Não é incorreto ter um mastro mais alto para a Bandeira Nacional, mas também não é norma, como muitos acreditam. E essa diferença de tamanho cria um problema quando se faz necessário hastear a Bandeira Nacional junto com a de outro país ou de um organismo internacional, pois eles são soberanos e têm as mesmas prerrogativas, portanto devem ser hasteados em mastros da mesma altura.

Quando não houver mastros suficientes para hastear todas as bandeiras dos estados ou países participantes de um evento, não se hasteia a de nenhum. Se houver a bandeira de um organismo que representa todos os participantes, hasteia-se, esta, ao lado da Bandeira Nacional.

Bandeiras Históricas do Brasil

Bandeira de Ordem de Cristo (1332 - 1651)	Bandeira de D. Pedro II, de Portugal (1683 - 1706)
Bandeira Real (1500 - 1521)	Bandeira Real Século XVII (1600 - 1700)
Bandeira de D. João III (1521 - 1616)	Bandeira do Reino Unido de Portugal, Brasil e Algarve (1816-1821)
Bandeira do Domínio Espanhol (1616 - 1640)	Bandeira do Regime Constitucional (1821- 1822)
Bandeira da Restauração (1640 - 1683)	Bandeira Imperial do Brasil (1822 - 1889)
Bandeira do Principado do Brasil (1645 - 1816)	Bandeira Provisória da República (15 a 19 Nov 1889)

Ria Slides

DICA

Ao adquirir uma bandeira, escreva, com caneta esferográfica, no reforço de sustentação, a que estado, país ou organismo internacional ela pertence e marque uma seta indicando qual lado deve estar para cima. Desse modo evitam-se confusões com bandeiras parecidas ou listradas na horizontal, como as bandeiras da Alemanha e Bélgica, Bulgária e Itália, Indonésia e Polônia, França e Países Baixos. Seria extremamente constrangedor para a instituição hastear a bandeira de outra nação que não a do visitante ou içá-la de cabeça para baixo.

▶ Posição da Bandeira Nacional

Em todas as apresentações no território nacional, a Bandeira Nacional ocupa lugar de honra, compreendido como uma posição:

- **central ou mais próxima do centro**: quando com outras bandeiras ou estandartes;
- **destacada à frente de outras bandeiras**: quando conduzida em formaturas ou desfiles;
- à direita das tribunas, púlpitos, mesas de reunião ou de trabalho.

A posição da Bandeira Nacional também deve ser observada em relação às outras bandeiras.

- **Bandeira Nacional e do Estado**: Nacional à direita e do Estado à esquerda;
- **Nacional, Estado e Município**: Nacional no centro, Estado à direita e Município à esquerda;
- **Nacional, Estado e empresa**: Nacional no centro, Estado à direita e empresa à esquerda;
- **Nacional, Estado, Município e empresa**: Nacional no centro-direito, Estado à esquerda da Nacional, dividindo as duas o centro, Município à direita e empresa à esquerda, ao lado da bandeira do Estado;

POSICIONAMENTO DE BANDEIRAS EM EVENTOS

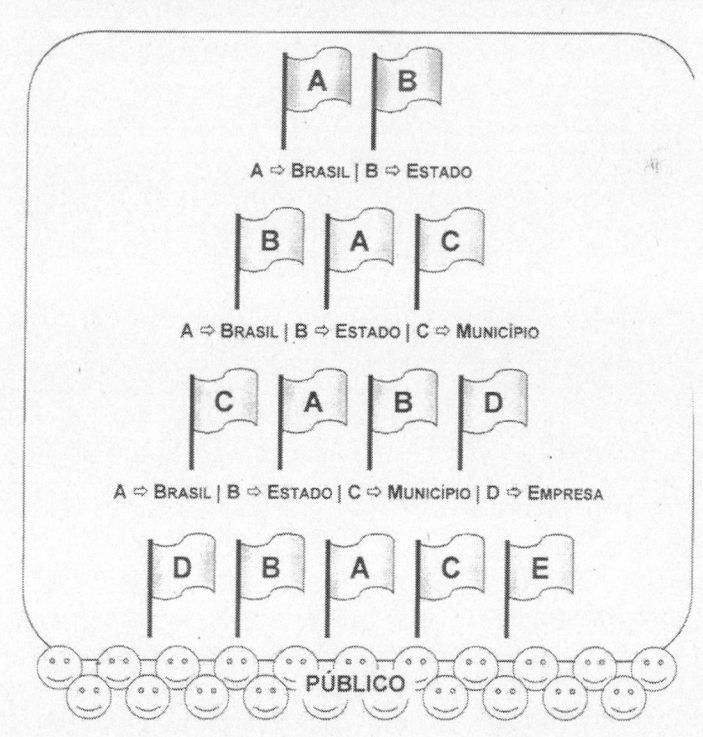

A ⇨ Brasil | B ⇨ Estado

A ⇨ Brasil | B ⇨ Estado | C ⇨ Município

A ⇨ Brasil | B ⇨ Estado | C ⇨ Município | D ⇨ Empresa

PÚBLICO

O prazo de validade de uma bandeira, hasteada diariamente em mastro externo, varia de acordo com o tecido e as condições meteorológicas de cada cidade; em Brasília, por exemplo, sua vida útil é de três meses, em média.

Já as bandeiras hasteadas em mastros internos costumam durar anos, desde que não estejam expostas diretamente à luz solar.

Atenção

Bandeira Mercosul

A Lei n° 3246 de autoria do Deputado Dr. Rosinha do PT do PR passou pelo crivo do Congresso, em 2004, avançando por todas as Comissões Temáticas da Câmara e do Senado, e foi sancionada pelo Presidente de época.. Portanto, cabe a nós cumpri-la da melhor forma.

> **Bandeira do Mercosul**
> Lei 12 157, de 23 de dezembro de 2009,
>
> - Art. 13. Hasteia-se diariamente a Bandeira Nacional e a do Mercosul:
>   - I - No Palácio da Presidência da República e na residência do Presidente da República;
>   - II - Nos edifícios-sede dos Ministérios;
>   - III - Nas Casas do Congresso Nacional;
>   - IV - No Supremo Tribunal Federal, nos Tribunais Superiores, nos Tribunais Federais de Recursos e nos Tribunais de Contas da União, dos Estados, do Distrito Federal e dos Municípios; (Redação dada pela Lei n° 5.812, de 13.10.1972)
>   - V - Nos edifícios-sede dos poderes executivo, legislativo e judiciário dos Estados, Territórios e Distrito Federal;
>   - VI - Nas Prefeituras e Câmaras Municipais;
>   - VII - Nas repartições federais, estaduais e municipais situadas na faixa de fronteira;
>   - VIII - Nas Missões Diplomáticas, Delegações junto a Organismo Internacionais e Repartições Consulares de carreira, respeitados os usos locais dos países em que tiverem sede.
>   - IX - Nas unidades da Marinha Mercante, de acordo com as Leis e Regulamentos da navegação, polícia naval e praxes internacionais.

Como podemos claramente observar, a mencionada Lei só se refere ao "caput" do art.13, ou seja, nas situações que a Bandeira Nacional tenha que ser hasteada diariamente e nos locais que são explicitados nos incisos de I ao IX. Portanto não temos que nos preocupar com as demais situações em que não estão normatizadas pelos demais incisos, parágrafos e alíneas da referida Lei 5.700.

Bandeira Mercosul

Fonte: das Autoras

Hino Nacional

Juntamente com a Bandeira, o Hino Nacional é o brado do seu povo e pode ser executado, normalmente, na abertura de cerimônias, depois das autoridades ocuparem os lugares a elas destinados.

Para evitar situações de embaraço, por parte daqueles que não memorizaram ou esqueceram a composição, é interessante inserir vídeo com *lettering* da letra no espaço visual do evento.

CURIOSIDADE: Em todas as solenidades oficiais, o hino nacional será executado em sua totalidade, já em cerimônias pouco formais ou informais, poderá ser executada apenas a primeira parte, sem ser cantado, ficando a escolha da equipe de Cerimonial.

Não é necessário olhar para a Bandeira Nacional quando o Hino é apresentado. O hino não se refere-se à bandeira e sim ao sentimento de patriotismo de todos, por isso, o público deve olhar sempre para frente, na direção da mesa diretiva. Da mesma forma, as autoridades da mesa devem olhar sempre para o público. Não há soberania de um símbolo nacional em detrimento ao outro.

Letra de Joaquim Osório Duque Estrada - Música de Francisco Manuel da Silva

Ouviram do Ipiranga as margens plácidas
De um povo heróico o brado retumbante
E o sol da liberdade, em raios fúlgidos,
Brilhou no céu da Pátria nesse instante.
Se o penhor dessa igualdade
Conseguimos conquistar com o braço forte, Em teu seio, ó liberdade,
Desafia o nosso peito a própria morte!
Ó Pátria amada,
Idolatrada,
Salve! Salve!
Brasil, um sonho intenso um raio vívido
De amor e de esperança à terra desce,
Se em teu formoso céu, risonho e límpido,
A imagem do Cruzeiro resplandece.

Gigante pela própria natureza,
És belo, és forte impávido colosso,
E o teu futuro espelha essa grandeza
Terra adorada,
Entre outras mil,
És tu Brasil,
Ó Pátria amada!
Dos filhos deste solo és mãe gentil,
Pátria amada,
Brasil!

Deitado eternamente em berço esplêndido,
Ao som do mar e à luz do céu profundo,
Fulguras, ó Brasil, florão da América,
Iluminado ao sol do Novo Mundo!
Do que a terra mais garrida
Teus risonhos, lindos campos têm mais flores;
"Nossos bosques têm mais vida"
"Nossa vida" no teu seio "mais amores"
Ó Pátria amada,
Idolatrada,
Salve! Salve!
Brasil, de amor eterno seja símbolo
O lábaro que ostentas estrelado,
E digo o verde-louro desta flâmula
Paz no futuro e glória no passado

Mas se ergues da justiça a clava forte,
Verás que um filho teu não foge à luta,
Nem teme, quem te adora, a própria morte.
Terra adorada,
Entre outras mil,
És tu Brasil,
Ó Pátria amada!
Dos filhos deste solo és mãe gentil,
Pátria amada,
Brasil!

Algumas particularidades sobre a execução do Hino Nacional:

- nas solenidades oficiais do Estado, executa-se o Hino Nacional na abertura do evento e o Hino do Estado no encerramento;
- geralmente, executa-se o Hino Nacional nas cerimônias de abertura ou encerramento de eventos; em cerimônia na qual se executará Hino estrangeiro, este precederá o Hino Nacional;
- em todas as solenidades oficiais, o Hino Nacional será executado em sua totalidade e cantado;
- em solenidades pouco formais ou informais, poderá ser executada apenas a primeira parte, sem ser cantado.

Posicionamento no Momento da Execução

O posicionamento correto é com ambas as mãos e braços paralelos ao corpo. Mãos no bolso ou para atrás também são posições incorretas.

Mão no peito foi conduta comportamental obrigatória na década de 40, porém revogada com a lei 5.700, de 1º. de setembro de 1971.

É ainda muito comum que tal posicionamento seja repetido por pessoas mais idosas e até mesmo por grupos de militares, que substituíram a continência por essa posição.

Não há uma proibição, mas a mão no peito não é mais usada, e alguns acreditam até mesmo ter vínculo direto com as forças armadas.

Apesar da legislação vetar qualquer forma de saudação além da atitude de respeito, em pé e em silêncio, atualmente, considera-se aceitável aplaudi-lo ao final de sua execução, como uma demonstração de respeito à Pátria e exaltação ao espírito cívico que deve estar presente entre os cidadãos.

DEVE-SE APLAUDIR APÓS A ENTOAÇÃO DO HINO NACIONAL?

Lembrando...a questão do aplauso para o Hino Nacional Brasileiro merece uma consideração mais didática, para que o cerimonialista possa entender o processo pelo qual passou o Brasil com relação à utilização dos Símbolos Nacionais.

Durante muitos anos no Brasil a educação cívica adotada sugeria o cumprimento rigoroso da Lei 5.700/71, que dispõe sobre a forma e apresentação dos Símbolos Nacionais. Com respeito à questão apresentada, o artigo 30 da mesma Lei diz: " Nas Cerimônias de hasteamento ou arriamento, nas ocasiões em que a Bandeira se apresentar em marcha ou cortejo, assim como, durante a execução do Hino Nacional, todos devem tomar atitude de respeito, de pé e em silêncio, os civis do sexo masculino com a cabeça descoberta e os militares em continência, segundo os regulamentos das respectivas corporações."

Parágrafo único: É vedada qualquer outra forma de saudação

Acredita-se que este parágrafo único tenha sido o causador de uma mensagem subliminar que sugeria, para os encarregados de zelar pelas manifestações cívicas, em épocas passadas, a seguinte determinação:" Não aplaudir a execução ou o Canto do Hino Nacional." Mas...posteriormente foi validado o aplauso para performances executadas ao vivo, tanto por intérpretes solos, orquestras, bandas ou musicistas, como forma de reconhecido da excelência do talento artístico.

Atenção

Nas solenidades com execução de outros hinos – Estado, Município, Empresa ou Instituição – estes serão executados após o Hino Nacional, seguindo o cerimonial de cada caso. Uma cerimônia pode ser iniciada com o Hino Nacional e encerrada com outro Hino, de Estado ou da empresa, por exemplo.

Você sabia?

Os principais hinos brasileiros são:

- Hino Nacional
- Hino da Independência
- Hino à Proclamação da República
- Hino à Bandeira

Os hinos brasileiros estão disponíveis para download no site do Exército:

www.exercito.gov.br

Brasão da República

Idealizado por Arthur Sauer, engenheiro alemão e antigo oficial do exército prussiano.

Composição: Escudo redondo azul, contendo, em seu interior, cinco estrelas de prata que representam o Cruzeiro do Sul. Nas bordas do escudo azul estão 27 estrelas brancas que simbolizam os estados brasileiros e o Distrito Federal.

O escudo azul repousa em uma estrela de 5 pontas, nas cores nacionais, no interior, e vermelho e amarelo dourado no exterior. A estrela se apoia em uma espada de 2 gumes em posição vertical, com punho de ouro e guardas azuis, armada numa estrela de prata.

(Brito, 2001, p.77).

Brasão Nacional

O conjunto escudo-estrela-espada repousa sobre uma coroa formada por um ramo de café frutificado à direita (esquerda do observador) e outro de fumo florido à esquerda, sem suas cores naturais. Os ramos de café e fumo são unidos por um pequeno laço azul. O café e o fumo representam as riquezas nacionais de um período em que o Brasil era predominantemente agrícola (século XIX).

O conjunto tem como fundo um resplendor dourado, cujos contornos formam uma estrela de 20 pontas. Abaixo, numa faixa azul sobre o punho da espada, aparece escrita em ouro a legenda: "República Federativa do Brasil", a data da Proclamação da República "15 de novembro" à direita e "de 1889" à esquerda.

É obrigatório o uso das Armas Nacionais no Palácio da Presidência da República e na residência do seu presidente; no edifício-sede dos Ministérios, da Câmara dos Deputados, do Senado Federal, do Supremo Tribunal Federal, dos Tribunais Superiores, dos Palácios dos Governos estaduais e das prefeituras municipais; na fachada dos edifícios das repartições públicas federais; nos quartéis das Forças Armadas e das Polícias Militares; nos navios; na fachada ou no salão principal das escolas públicas; nos papéis de expedientes, convites e publicações oficiais federais.

Selo Nacional

É um círculo que representa a esfera celeste, idêntica à da Bandeira Nacional e à volta do círculo contém as palavras "República Federativa do Brasil".

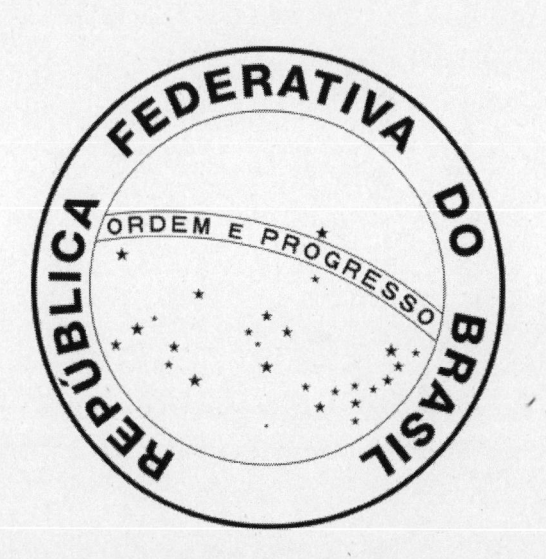

O Selo Nacional é usado para autenticar os atos de governo, diplomas e certificados

expedidos pelos estabelecimentos de ensino oficiais ou reconhecidos. Tem por objetivo dar cunho oficial a documentos.

Os símbolos nacionais servem também para o desenvolvimento do conceito de cidadania.

Um político estadista valoriza, com o seu comportamento e o seu exemplo, os símbolos de sua Pátria.

O político inconsequente os vulgariza, os denigre e mostra que não está comprometido com a construção de um país mais ético, mais democrático, mais solidário.

9. Serviços de Alimentos & Bebidas

> 'Se mais de nós valorizássemos comida e bebida e música acima do ouro acumulado, seria um mundo mais alegre."
>
> J.R.R. Tolkien

Antigamente a inserção de A&B em eventos era apenas mais um complemento. Atualmente, a gastronomia vem ganhando maior atenção e prestígio no planejamento de eventos, sendo até mesmo considerada como um atrativo de forte apelo à participação do público.

Foi-se, então, o tempo que o alimento em um evento era tratado como algo secundário e qualquer coisa que fosse servido estava bom. Esse atributo ganhou importância e protagonismo, chegando ao ponto de contribuir na imagem final de um evento.

Imagina hoje, com a proliferação da comunicação pelas redes sociais, uma única pessoa sair de um evento com fome, buscando o primeiro fast food para saciar-se? O quanto isso ganhará o conhecimento de outras pessoas e arranhará a reputação do evento?

Além disso, junto a gastronomia, inúmeras associações podem ser feitas com distintas áreas como a química, a física, a história, a geografia, a medicina, a religião, a cultura, nutrição, sociologia, arquitetura, engenharia, administração, marketing, entre tantos outros campos afins que possuem conexões diretas e indiretas com a arte de produzir e apreciar os alimentos e que associados aos objetivos de um evento, ampliam seu sucesso.

Antes de montar o cardápio, pesquise e verifique se o convidado tem alguma restrição alimentar, seja de saúde (intolerância a glúten, a lactose), de natureza religiosa (indianos não comem carne vermelha, judeus não comem carne de porco) ou sociocultural.

Procure montar um cardápio que vise atender ao paladar da maioria dos convidados, com algumas opções e preferindo pratos mais leves. Recomenda-se ao menos a inclusão de uma salada e de um prato vegetariano.

Devem ser evitadas composições muito fortes, condimentadas e alimentos exóticos demais. Capriche na composição dos pratos: eles devem ter uma boa aparência e agradar também ao olhar. Evite alimentos complexos para serem ingeridos, como peixes com muita espinha, carnes com muito osso, versões gordurosas demais ou de difícil manipulação.

Considere o clima local, o horário da refeição, o tempo destinado para o evento, o tema do evento. Esses itens podem alterar a composição do cardápio. Em alguns países, as bebidas alcoólicas não são permitidas e deve-se estar atento a isso.

Sugere-se que o cardápio contemple a variedade gastronômica das regiões brasileiras, valorizando a cultura e os produtos nacionais.

Atualmente, a cadeia produtiva de muitos alimentos é valorizada e indica um cuidado extra com o convidado, como usar alimentos orgânicos ou produzidos por uma comunidade sustentável.

Ao formatar cardápios ou indicação de pratos deve-se começar pela escrita da proteína, pelo método de cocção e depois o molho, seguido da guarnição mais importante e por último uma outra guarnição, se tiver.

Exemplos: Medalhão de filet mignon grelhado com molho de champignon, batata gratinada e vagem no alho.

Sempre que escrever um prato pense na ordem de importância dos itens a serem servidos.

Se for fazer uma releitura de algum prato tradicional, há a obrigação de explicar o que será servido e qual ingrediente será alterado ou adicionado à nossa receita.

Exemplos:

- **Pesto Nordestino** – O tradicional é feito com manjericão, mas esta versão é feita com coentro.
- **Clássica Sopa Leão Veloso** – Nunca usar a nomenclatura "clássica" se não fizer exatamente a receita original. Na dúvida coloque "do Chef", aí sim ele terá liberdade de criação.

Outra dica é passar o cardápio por um revisor ortográfico, além de sempre com um profissional técnico para explicar as nuances dos nomes e nomenclaturas.

Tipos de serviços de alimentação para eventos

Consideramos quase impossível na atualidade organizar um evento que não tenha a oferta de algum tipo de alimento. Até porque a inclusão desse serviço possibilita eliminar o risco de ter a atenção desviada de um participante de evento, em função de algum mal estar em decorrência da fome, que é uma necessidade fisiológica. Permite também que nesses momentos haja uma maior convivência e integração do público.

Inúmeros fatores devem ser contemplados para tal escolha, mas dois deles ganham destaques: a questão orçamentária, é lógico, mas principalmente o gosto do público-alvo do evento.

O que pode ser algo fantástico para determinado grupo para outro pode evocar até repulsa. Por isso o evento deve balizar-se em pesquisas que apurem o que mais pode lhes agradar. Não é o gosto do organizador, e sim do coletivo que se quer alcançar. E mesmo assim, deve ser contemplado sempre opções, nada de oferta única, pois o risco de deixar alguém insatisfeito é grande, e em eventos o pensamento deve ser orientado para o coletivo, mas, não deixando de considerar a individualidade

Como já abordado, muitos serviços de A&B em eventos tornaram-se tão conhecidos, que chegam até mesmo a serem confundidos com a tipologia de eventos.

Os principais serviços são: coffee-break, *welcome coffee*, banquetes, chá da tarde, *vin de honeur*, coquetel, café da manhã, *brunch, brinner*, churrasco, queijos e vinhos, *work lunch* e almoço e jantares.

O tipo de serviço de alimentação deverá estar vinculado ao conceito do projeto do evento, alinhando e contribuindo para uma plena identificação do mesmo. Imagina contratar um serviço de buffet da tradicional feijoada - com todos os tipos de carne de porco - para um almoço em um evento, cujo público é vegano?

Por isso é importante reuniões prévias no pré-evento, para que haja uma compreensão adequada do evento, para posteriormente elaborar um cardápio condizente com a essência do projeto, que atenda ao perfil do público-alvo e sobretudo esteja no patamar orçamentário previsto.

Além do mais, em um serviço de *catering* é imprescindível que se faça ao menos uma visita de inspeção no local do evento para certificar-se realmente do que está disponível para que o trabalho seja realizado, sem sustos.

É muito comum, que o contratado para liderar o serviço de alimentação, realize prévias gustativas para a aprovação do cliente, tendo, ainda mais uma oportunidade, de identificar melhorias e/ou trocas necessárias para um *grand finale*.

Pudemos também perceber que a gastronomia tem um papel fundamental nos eventos e pode ser por si só, uma área de interesse para a realização de alguns tipos de eventos, ampliando negócios e galgando resultados ainda mais exitosos.

SERVIÇOS E ARRANJOS DE MESA

Aqui serão exibidas as principais formas de servir alimentos e bebidas.

Lista Referência Montagem de Serviços

1. Prato
2. Guardanapo
3. Garfo
4. Garfo para peixe
5. Colher para sopa
6. Faca para peixe
7. Faca
8. Copo para vinho branco
9. Copo para vinho tinto
10. Copo para água
11. Copo para champanhe
12. Prato para pão
13. Faca para manteiga
14. Faca para sobremesa
15. Colher para sobremesa
16. Garfo para sobremesa
17. Garfo para ostra ou melão

Serviço à brasileira

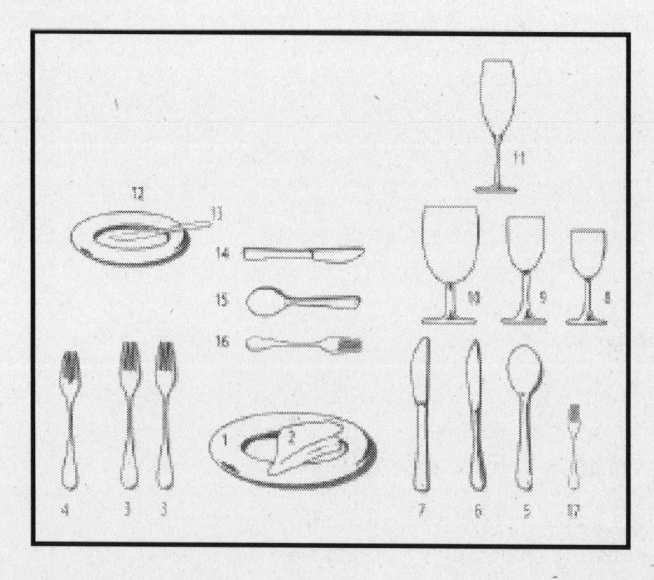

Fonte das Autoras

No serviço à brasileira, as travessas são colocadas sobre a mesa para que os convidados se sirvam, cabendo ao anfitrião destrinchar as carnes e servir as bebidas. O anfitrião será o primeiro a começar a comer e o último a terminar a refeição. Ao final, o garçom retira os pratos usados, os copos, as travessas e, em seguida, leva à mesa às sobremesas e suas respectivas guarnições, acompanhadas de água e copos. Por fim, licor e café, podem ser servidos à mesa ou em espaço reservado em outro salão.

Serviço à francesa

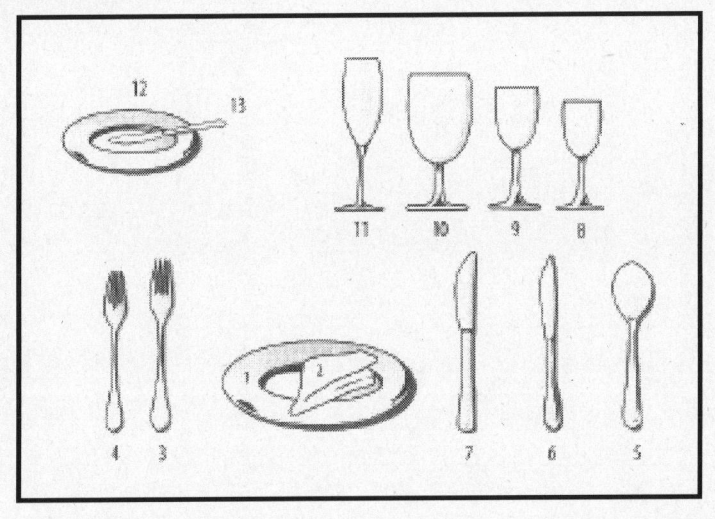

Fonte das Autoras

O serviço à francesa é considerado o mais cerimonioso de todos, sendo muito utilizado em reuniões oficiais, formais, e de caráter diplomático. Este serviço exige que se tenha uma equipe de maitre, garçons, auxiliares e serviçais treinados para esse fim. É utilizado para servir em várias mesas de oito a doze pessoas, podendo ser utilizado também em mesas ligadas abrangendo maior número de convidados, desde que o serviço seja baseado na convenção básica de serviçal/pessoa.

Os convidados de honra ficam à direita dos anfitriões; posicionam-se os demais, por ordem hierárquica seja social, familiar, oficial. Os anfitriões ocupam as cabeceiras e os casais devem ser separados, e intercalados para proporcionar conversação e movimentação ao acontecimento. Homens e mulheres, intercalados. Não é recomendado a presença de crianças.

Os convidados de honra devem ser servidos primeiro, e em seguida, as senhoras, a dona da casa, e, por fim, todos os homens. As travessas são levadas a cada um dos convidados para que estes mesmos se sirvam.

Serviço à americana

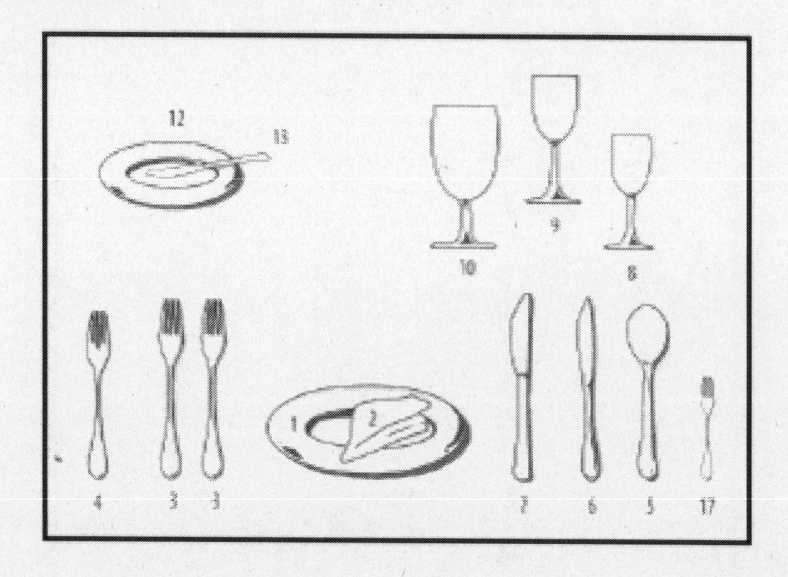

Fonte das Autoras

O serviço à americana é popularmente conhecido no Brasil como serviço de bufê e pode ser servido em qualquer refeição, desde o café da manhã à ceia. A mesa pode ser arrumada colocando-se os pratos seguidos de talheres e guardanapos. Arranjos de flores ou frutas ocupam as laterais e as ofertas de comidas, sequenciadas pela ordem que devem ser escolhidas.

Para cada oferta o talher sobreposto e frente a cada uma delas o seu acompanhamento específico. Dispensam-se as ofertas de pratos que necessitem o uso da faca, pois como o serviço é em pé e prato à mão, usa-se apenas o garfo. Etiqueta é conforto e bem-estar. Em outro espaço as bebidas podem ser expostas com copos e guardanapos laterais. As sobremesas serão disponibilizadas, após todos terem sido servidos e o bufê americano ser desfeito e re-arrumado. Idem para a mesa de água, café, licor e acompanhantes.

Serviço à Inglesa

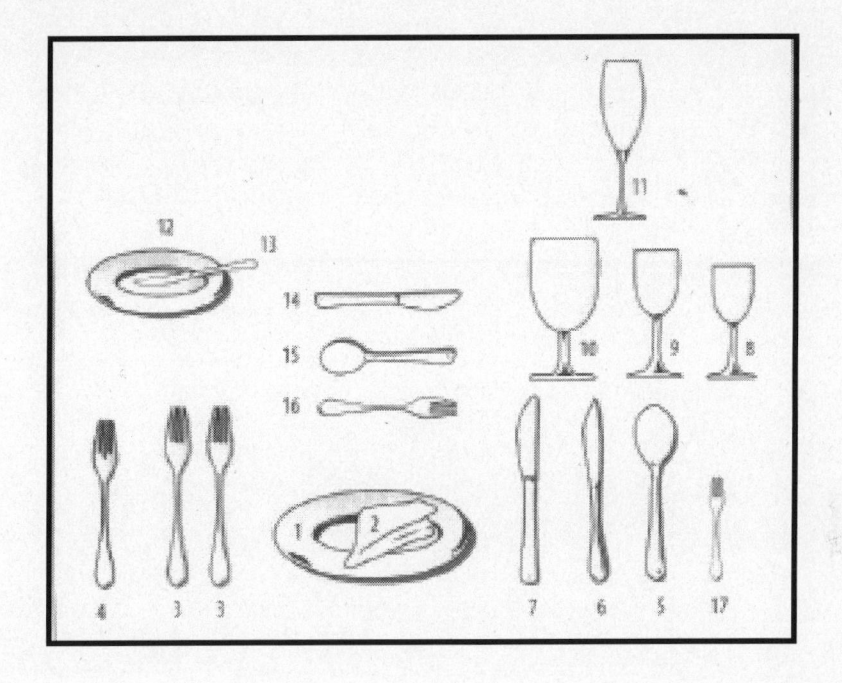

Fonte das Autoras

Existem duas versões do serviço à inglesa:

- Serviço à inglesa direto

Nos salões do evento, o garçom apresenta as travessas de comida, serve a todos e utiliza como suporte uma mesa menor e mais estreita, posta ao lado onde descansam as travessas, permitindo ficarem sobre os olhares dos comensais e à disposição para solicitar repetição.

- Serviço à inglesa indireto

Sua funcionalidade segue o seguinte rito: o profissional traz a travessa da cozinha e a mostra ao cliente ou convidado pelo lado direito, e quando este manifesta o aceite, o garçom monta o prato sob o carrinho auxiliar e só depois o serve pelo lado esquerdo. Esse carrinho auxiliar é chamado guéridon.

Quadro Resumo

Empratado	Francesa	Buffet	Inglesa Dir.	Inglesa Ind.
O prato é montado na cozinha e servido na mesa do cliente.	O serviço é considerado o mais requintado. O garçom serve o comensal diretamente da bandeja.	É montada uma mesa onde são dispostas diversas iguarias – frias e quentes – para que o próprio comensal, de pé, sirva-se conforme gosto e	Os garçons apresentam as travessas com os alimentos e as mesmas são colocadas sobre a mesa e cada comensal serve-se.	Difere-se do serviço indireto, já que será o próprio garçom que serve e monta o prato na frente do comensal, não passando diretamente ao prato do mesmo. Uso do guéridon, espécie de carrinho de apoio.

Fonte: Das autoras

Assim como em outras facetas de um evento, a questão de A&B também está vinculada a modismo e será sempre interessante estar atualizado com as tendências para associar ao projeto, caso as mesmas estejam alinhadas com o perfil do público-alvo

A busca pelo natural, livre de agentes maléficos à saúde, vem incentivando de forma plena a produção de alimentos orgânicos, cuja rastreabilidade de seu processo permite avaliar todos os componentes da cadeia, que são isentos de artifícios como agrotóxicos, pesticidas etc.

Atualmente o Brasil é o segundo maior produtor de alimentos orgânicos, estando atrás somente da Austrália, fato que gerou no ano passado mais de 16 milhões de reais de faturamento, apesar dos preços serem superiores em mais de 40% dos produtos sem esse controle.

E a cada ano, aumentam as pessoas interessadas em ter uma alimentação mais saudável, e acabam por optar por pratos com esse conceito.

É fato notório que antigamente, em caso de um serviço empratado, no momento da escolha os comensais que optaram pelo prato vegetariano era infinitamente menor que o da opção convencional. Na atualidade essa paridade já está igualitária, no reflexo não só de estilos alimentares, mas de uma comida mais leve e saudável.

Conhecida como *finger food* ou *on the spoon*, esse novo serviço tem conquistado espaço em eventos descolados e também em restaurantes modernos. Trata-se de pequenas porções que podem ser pinçadas com a ponta dos dedos, palitos, mini xícaras, copinhos e colheres de café, que recebem, um a um, pingados de ingredientes selecionados com bastante técnica pelos *chefs*.

Esses apoiam essa nova tendência, pois acreditam que o comensal possa realmente conhecer um resumo de sua cozinha em doses homeopáticas e que também a própria apresentação seja algo lúdico, divertido, contrapondo-se ao turbilhão caótico do mundo contemporâneo.

Se há o interesse pela degustação de pratos inusitados, há também o movimentado mercado que foi batizado de *comfort food*, que traduzida para o universo culinário seria a "comida que conforta" e que se aplica a alimentos que trazem um componente emocional e que sejam reconfortantes, no sentido mais amplo da palavra. Um excelente exemplo são as comidas simples, com um ar caseiro, que tragam até recordações de tempos como a infância.

Há ainda definições que a *comfort food* dão prazer e confortam a alma, sem trazer nenhuma culpa. Caracteriza-se também como sendo atrelada a hábitos e a cultura de cada povo. A valorização cultural dos povos, no sentido de minimizar os impactos da globalização, também está sendo representada pela culinária.

Inúmeros estabelecimentos com cardápios totalmente voltados para uma região ou até mesmo um único tipo de alimento cada vez mais proliferam-se mundialmente.

Essa tematização gastronômica está sendo também muito explorada em acontecimentos especiais, incluindo festivais e feiras.

Foi-se o tempo em que as pessoas que não gostavam de bebidas alcoólicas tinham de ficar somente à base do coquetel de frutas sem o componente etílico. Um grande movimento atual, possibilitado pelas técnicas de mixologia, elevou o consumo pelos *mocktails* que evidenciam uma mistura de sabores para a produção de refrescantes e saborosos drinks – sem álcool.

Mocktails - cujo nome vem do inglês: "mock", que significa "imitação" - são ótimas opções para quem não quer ou não pode consumir álcool, mas que quer viver a mesma experiência saborear um coquetel. Ele serve também para quem não abre mão de um drink alcoólico, mas que quer experimentar algo tão potente e saboroso quanto eles. São vários os ingredientes para essa fusão, com destaque para chás, sucos, frutas, legumes, reduções, gás, água tônica, água com gás, etc.

Curiosidades

Era uma vez ... um Doce... que virou o Rei dos Eventos

Sabor que aguça boas sensações e afaga Corações

Você sabe quem é?

A princípio era um doce característico de bodas, porém seu sabor considerado por muitos como irresistível impulsionou sua presença em outros tipos de eventos.

O bem-casado, agora tem outros nomes: bem parceiros (corporativo), bem nascido (batizados), bem velados (velórios), bem vividos (aniversários) e até o bem separado (festa do divórcio).

Sua origem em nuances lusitanas, à base de pão de ló, recheio cremoso de doce de leite ou ovos e suave calda de açúcar e hoje podemos considerá-lo como uma iguaria tupiniquim, que agrada os paladares do Oiapoque ao Chuí.

Em época de gourmetização há opções de recheios diversos, muito além dos clássicos, dando ênfase a sabores regionais como o de açaí, o de umbu e cupuaçu.

E até mesmo versões desconstruídas já estão disponíveis, quebrando a tradição e dando projeção ao doce de bolo de rolo e ao sorvete cremoso.

Em termos de calorias, calcula-se em média 140 e há opções de condicionamentos mais simples com unidades embrulhadas em papel crepom com delicado laço de fita até aqueles que são acomodados em porta joias de prata, atendendo, assim, todos os bolsos.

Simplicidade e luxo em uma só iguaria, símbolo de comemorações e carinho dedicado ao contentamento dos convidados, um pequeno prazer que impossibilita comer apenas um e por isso mesmo demanda a aquisição de uma maior quantidade para permitir até mesmo que se leve para casa, afinal comer o doce no dia seguinte tem um sabor, ainda mais, especial, com recordações do que se viveu no dia ou noite anterior...

Seja qual nome ele receber, esse doce tornou-se tão presente nos eventos, que quando ele não faz parte dos mimos oferecidos, há uma percepção de que falta algo, afinal ele é considerado o rei doce dos eventos.

E majestosamente, tem lugar garantido nos eventos que queiram atingir docemente o estômago e, é claro, o coração!

Tempos & Movimentos

Escolhas Inadequadas

Alguém pode explicar por que a Praça de Alimentação em Feiras sempre são tão limitadas e com opções tão pouco saudáveis?

E ainda tem alguns *coffee breaks* que de tão miseráveis em sua oferta devem contabilizar 01 peça por cada comensal, gerando um enérgico duelo para ser contemplado com a raridade. Fato que proporciona muito mais distanciamento que socialização, um dos objetivos de sua demanda.

Isso sem mencionar aquelas "pastinhas" sem sabor algum, que teimam em oferecer como entrada, para despertar as sensações, que nesse caso só pode ser de repulsa e desgosto.

Há também as pequenas bombas calóricas salgadas, cuja gordura pode permanecer por um bom tempo nos dedos de quem se arriscou a degustá-las... o pior é quando a gordura se prolifera por meio de apertos de mãos e tapinhas nas costas.

E os exemplos não param...

É preciso que os OPCs estejam cada vez mais alertas e conscientes que é de sua total responsabilidade o bem-estar do participante de um evento e o item alimentos não é um mero coadjuvante de seu plano de ação.

Um serviço de alimentação adequado ao perfil de seu público-alvo, condicionado a um atendimento fisiológico inerente ao ser humano, deve criteriosamente ser planejado como atributo de soma e não de subtração na percepção e satisfação do grupo.

Pensar em tendências como alimentos orgânicos, mais saudáveis e funcionais, enfatizando realmente os cinco sentidos, independente do modismo estar atrelado ao *finger food*, ao *comfort food,* ao *slow food*, entre tantos, certamente incorpora mais um diferencial ao evento.

É notório que o próprio panorama evolutivo dos eventos se iniciou na era paleolítica média (200.000 a.C) justamente pelo compartilhamento de alimentos.

Hoje, o desafio contemporâneo é dar continuidade a esse elo, também com o apoio da alimentação e não a transformar em uma vilã que só traz maldizer e mal-estar.

E isso só dependerá, mais uma vez, da nossa escolha, da nossa sensibilidade e sobretudo, responsabilidade para com os outros.

Tempos & Movimentos

É muito mais que um canudinho!

Por que a onda da sustentabilidade em eventos perdeu força?

Recentemente, a sociedade brasileira foi chacoalhada por um movimento de sensibilização para combater o uso do canudinho de plástico.

A vida útil de um canudinho é de, em média, apenas quatro minutos. Só que no meio ambiente ele vive por centenas de anos, porque o plástico não é biodegradável. E por isso mesmo, um manifesto mundial tem chamado a atenção em prol da causa. Mas na verdade esse é só um elemento...

Quando um propósito não está na essência de um comportamento e crença... não adianta... ele não se sustenta por muito tempo e acaba minguando... até que possa desaparecer.

A sensação que temos é que todo o papo e ações vinculadas a Sustentabilidade em Eventos não passaram de um comportamento *greenwashing*.

Por *greenwashing* entende-se como um termo que descreve as empresas que exploram produtos e serviços ambientalmente responsáveis, quando na verdade se tratam somente de estratégias para aumentar os lucros ou reduzir custos. Começou a ser usado pelo ambientalista Jay Westerveld, em 1986, como resposta a algumas práticas da indústria hoteleira que colocava Cards nos quartos incitando à reutilização de toalhas para "salvar o meio-ambiente", quando em muitas situações não se notava nenhum esforço sincero dos hotéis em contribuir para essa máxima.

Hoje podemos, então, dizer que o mercado de eventos também tornou-se um *greenwashing*, já que as iniciativas relacionadas às tratativas de sustentabilidade rareiam e em muitas situações tornam-se esquecidas completamente.

Porém, cresce a cada dia instituições, que começam a ter essa preocupação no desenvolvimento de seus eventos, buscando minimizar os impactos que os mesmos podem gerar ao meio-ambiente e nesse caso, como meio ambiente, entende-se um completo ecossistema, no qual o homem é integrante protagonista e não um coadjuvante do processo.

A preocupação com meio ambiente vigente na atualidade torna-se mais frequente e fortalece-se em função de uma maior atenção social no que diz respeito à necessidade de mudanças para fazer do planeta um lugar mais saudável e igualitário e que tais atitudes demandam o comprometimento de todos, independentemente do tamanho de suas ações, projetos e políticas.

É importante uma real compreensão do significado da sustentabilidade, já que a palavra se tornou popular, mas ainda incorporada de forma não eficiente, até em função de sua superficialidade codificada.

Ambientalmente correto, socialmente justo, economicamente viável. O tripé do almejado Desenvolvimento Sustentável tem sido massificado nos últimos anos, porém, ainda com pouca adesão do meio corporativo como um todo.

Quando abordamos a questão da sustentabilidade sugere-se que as escolhas sejam conscientes e fundamentadas em valores e crenças como preservação, inclusão social, compartilhamento, zelo, ética, solidariedade e desenvolvimento, sem agressão e comprometimento ao futuro. Sendo um conceito muito mais amplo que inicialmente possa ser concebido.

Ao mesmo tempo que um evento tem o poder de estabelecer relacionamentos, ampliar percepções de marca e seus atributos, se o mesmo não estiver comprometido com valores atualmente tão desejados pela humanidade, o retorno pode ser desastroso.

E como consequência de tal situação, irá presenciar uma reputação abalada e um descrédito generalizado, que afetará o desempenho de um negócio.

Não evocar o tema da sustentabilidade em projetos de eventos é no mínimo agir com irresponsabilidade, sendo ciente dos impactos que podem ser concebidos por esta atividade.

É preciso que o segmento de eventos na seja mais um cúmplice de atitudes ocas e levianas e posicione-se de forma mais proativa e consciente, buscando adotar medidas que minimizem e/ou em alguns momentos erradicam os impactos ambientais e sociais gerados por suas realizações. Não podemos compactuar como se esse tema fosse um simples modismo.

Não dá para que os outros façam o que cada um de nós pode fazer... e nesse caso os Organizadores de Eventos tem uma missão nobre: o de despertar maior conscientização de seu público-alvo e estimular empresas e marcas que adotem uma linha de real compromisso com o tema que é inerente a todos nós.

Tabela de Quantitativa de A&B para Organizar um Evento

Arroz	50 g por pessoa (arroz já cozido)
	Se preferir oferecer risoto, calcule 70 g por pessoa
Aves e carnes	de 180g a 200g por pessoa
	Se for churrasco, 300g por pessoa
Camarão	70 g por pessoa ou cerca de 7 camarões grandes
Entradas e pratos quentes	Se optar por esse formato, a conta é um para um
	dica: a melhor opção ainda é entrada + massa + carne
Peixes	de 200 g a 250 g por pessoa
Massas	Se for servida como acompanhamento de prato principal, calcule 150g por pessoa
	Se a massa for o prato principal, 200g por pessoa
	Se a massa for seca, 100g por pessoa
	Se a massa for recheada, 150g por pessoa
	dica: pode-se oferecer uma massa com duas opções de molho ou dois tipos de massa com um molho diferente cada um
Vegetais	de 120 g a 150 g de vegetais
Saladas	Salada verde: 30 g por pessoa
	Se houver dois tipos de saladas, calcule um pé de folha verde para cada 8 pessoas
Canapés Frios	Se houver Canapés quentes, de 4 a 5 unidades por pessoa
	Se não houver outros salgados, de 15 a 18 unidades por pessoa sem jantar.
	dica: dê preferência aos canapés de carpaccio e salmão frescos, assim como os de legumes (são mais leves e agradam à maioria das pessoas). Evite patês.
Canapés Quentes – Salgadinhos	Se houver jantar completo após o coquetel, de seis a oito salgadinhos (até 5 tipos de salgados)
	quando não houver jantar na sequência, entre 10 e 12 salgadinhos (até 12 tipos de salgados)
	Se servir um prato quente com o coquetel, estime de 12 a 15 salgadinhos por pessoa

Sobremesa	Se servir somente docinhos, calcule de 4 a 6 unidades por pessoa
	Se optar por bolo acompanhado de docinhos ou outras sobremesas, calcule cerca de 60g por pessoa
	Se o bolo for a única sobremesa, calcule de 100 g a 150 g por pessoa
	Se preferir sobremesa cremosa (mousses e pudins), calcule cerca de 120g por pessoa
	Se optar por sorvete, a previsão será de 150 g por pessoa
Docinhos	de 5 a 6 docinhos por pessoa
	Se for servir após a sobremesa, calcule 3 doces por pessoa Em geral, recomenda-se escolher de 4 (mínimo) a 8 (máximo) tipos de docinhos por evento
	Se houver mais de um tipo, calcular 2 docinhos de cada um por pessoa
	Uma boa opção: servir um bolo e bombons de sobremesa (de 4 a 8 tipos)
	Sucesso total: tenha ao menos um tipo de docinho com chocolate e outro com nozes
Bolo	quando houver docinhos e outra sobremesa, calcular 60g por pessoa
	quando o bolo for o único doce, calcular de 100 g a 150 g por pessoa
	Em média, 1 kg de bolo é suficiente para cada 8 pessoas
	dica: se a ideia for servir "bolo com champanhe", calcule 1 fatia de bolo por pessoa
Frutas	120 gramas por pessoa
Sanduíches	Minissanduíches: 8 unidades por pessoa
	Sanduíche padrão (meio pão de forma): 2 por pessoa
	Sanduíche de metro: 1 unidade para 6 pessoas
queijos/frios/ pães	Pães: 50 g por pessoa
	Queijos e Frios: 150 gramas por pessoa.

Vinho	Uma caixa com 12 garrafas serve 50 pessoas, se houver outras bebidas como água e refrigerantes
	vinho branco: 1 garrafa para 3 pessoas (se não tiver vinho tinto)
	Vinho tinto: 1 garrafa para 4 pessoas, se for servido durante um jantar. Calcule 1 garrafa de vinho para cada 2 pessoas quando ele for servido em um coquetel
Uísque	Em um coquetel, 1 garrafa serve até 20 doses e atende 10 pessoas, desde que também haja outras bebidas
Champanhe	14 garrafas servem 50 pessoas
	Em uma festa do tipo somente "bolo com champanhe", calcule 1 garrafa de champanhe para cada 2 pessoas, se ele for servido do começo ao fim da festa
	Se a champanhe for oferecida somente ao final, no momento do brinde, pode-se calcular uma média de 1 garrafa para cada 8 pessoas
Refrigerante	A média de consumo é de 400 ml se forem servidas outras bebidas e de 600 ml se houver apenas água e refrigerante
	variedade: se possível, de 3 a 4 tipos de refrigerante
água Mineral	200 ml por pessoa
	Se possível, ofereça também água com gás
Cerveja	Se não houver outras bebidas, calcule 600ml por pessoa
	Se for servida com outras bebidas, uma garrafa serve de 4 a 6 pessoas
	quando possível, ofereça uma opção sem álcool
Serviço de Garçom	Em jantar sentado: 1 garçom para cada 10 convidados
	Em coquetel volante: 1 garçom para cada 07 convidados

10. Detalhes, que não podem ser esquecidos

> "Rituais existem e é bom que sejam respeitados. Mas tudo tem hora e razão de ser. Exigir um comportamento formal sem motivo não faz nenhum sentido"
>
> Gloria Kalil

Apresentações

O Primeiro Encontro – A Primeira Impressão

Esteja preparado. Nunca se tem uma segunda chance de causar uma boa primeira impressão.

O julgamento que se faz de uma pessoa depende dos primeiros três a quatro minutos. É muito difícil apagar ou mudar, por até vinte anos, a imagem que se faz de alguém nesses poucos minutos.

A primeira vez que você cumprimenta alguém representa uma oportunidade que não mais se repetirá, que é a chance da boa primeira impressão.

Sua aparência e maneiras fazem parte dessa primeira impressão, assim como a sua habilidade em se apresentar ou fazer apresentações. O traquejo para fazer apresentações consiste na habilidade de não se prender às normas ditadas pela etiqueta como uma lição decorada. Deve-se fazer com que as pessoas que se encontram pela primeira vez se sintam à vontade. Assim, essas pessoas poderão iniciar uma comunicação interessante, situando-se em relação aos nomes e aos papéis de cada um e permitindo que a comunicação entre elas se desenvolvam sem barreiras.

Lee Iacocca, o homem da fala direta, que foi o pai do Mustang na Ford e o ressuscitador da Chrysler, enfocou de modo incisivo esse aspecto em sua autobiografia, que se tornou um *best seller*. A frase seguinte foi proferida por ele:

> "Aprendi a decifrar as pessoas bem rápido. Até hoje, consigo geralmente deduzir muita coisa sobre alguém durante um primeiro encontro".

A primeira impressão é muito importante; geralmente ela tende a ser irreversível. A impressão é muito importante; geralmente ela tende a ser irreversível. A impressão inicial pode ser revista mais tarde, mas a primeira percepção tende a ficar e é difícil alterá-la.

As apresentações fazem parte do primeiro encontro.

Saber fazer apresentação é uma atitude que revela o nível cultural e o traquejo social da pessoa.

Infelizmente, nos dias de hoje, a arte das apresentações está bastante perdida. Em decorrência disso, criou-se uma etiqueta sugerindo as apresentações recíprocas, quando ninguém se importa ou se lembra de apresentar as pessoas que se encontram no mesmo ambiente.

A parte mais importante de quem faz as apresentações é mostrar consideração pela pessoa que está sendo apresentada e manter um tom de voz agradável e cortês.

Regras Básicas de Apresentação (Speers, 1984)

1) Um homem é sempre apresentado a uma mulher. Diga o nome da pessoa a quem se apresenta primeiro.

    a) "Sra. Rafaella, quero lhe apresentar ao Dr. João Cardoso".

    b) "Sueli, este é meu colega de faculdade, João Pedro".

2) Quando se apresenta a mãe, a condição materna deve sempre prevalecer:

    - "Mamãe, quero lhe apresentar Sr. Jorge, nosso presidente. Sr, Jorge, esta é minha mãe, Angela Morais.".

3) Quando se apresentam duas pessoas do mesmo sexo, a pessoa mais jovem é sempre apresentada à mais velha. Diga o nome da pessoa a quem se apresenta:

    a) "Professor Carlos, gostaria que o Senhor conhecesse meu sobrinho, José Carvalho".

    b) "Tia Lourdes, esta é minha colega, Patrícia Seixas".

    c) "Meu pai, este é meu amigo Gustavo Freitas".

4) Uma pessoa menos importante é sempre apresentada a uma mais importante. Esta é a regra mais complicada quando, algumas vezes, é difícil decidir quem é o mais importante. No entanto, devemos estar atentos para algumas referências:

5) Exceto para os membros de sua família, nenhuma mulher é apresentada a um homem, exceto:

- a) se ele ocupa um relevante cargo de Chefe de Estado, como Presidente, Governador etc.
- b) se ele detém título nobiliárquico;
- c) se ele é dignitário da igreja;
- d) se ele é o homenageado (apresentam-se convidados ao homenageado).

6) Os membros da família, mesmo sendo pessoas importantes, são apresentados à outra como forma de cortesia.

- a) "Professor Marcelo Almeida, quero lhe apresentar minha tia-avó, Josefina Bittencourt".
- b) "Sr. Eduardo Guinle, minha mãe, Valentina Valente" (desta forma, simplesmente mencionado os dois nomes, é a mais simples e perfeitamente correta. No entanto, pode parecer muito formal ou demonstrar desinteresse. É uma apresentação simpática em circunstâncias de apresentações informais).
- c) "Gostaria que você conhecesse meu pai, Alexandre Gadelha".
- d) "Quero lhe apresentar minha sobrinha, Andreia Gregory".
- e) "Marcos, posso lhe apresentar Marlene Matos, minha cunhada?
- f) "Felippe Fernandes você conhece minha prima Laura Stoff? "

7) Dito com ênfase: "Este é ..." "Esta é ..." é a forma mais calorosa de se apresentar.

Quando um jovem apresenta sua professora de maior admiração dizendo:

- a) "Esta é a professora Cristiane, mamãe"

Ou quando um pai orgulhosamente diz a seu chefe:

"Dr. Feitosa, este é meu filho, Dimitrius" (O orgulho e a afeição se tornam evidentes).

A pessoa que faz as apresentações sempre se levanta para cumprir essa formalidade. Um homem sempre se levanta para cumprimentar o apresentado, a menos que tenha mais idade.

Uma mulher pode permanecer sentada durante a apresentação. Levanta-se para demonstrar deferência a alguém mais velho ou de importância especial.

A pessoa a quem se apresenta é que estende a mão primeiro. Espera-se que ela tome a iniciativa; do contrário, saúda-se com uma inclinação de cabeça.

Apresentações Desnecessárias (Regras de 1922 – Emily Post)

1) Não se deve apresentar as pessoas em lugares públicos, a não ser que esteja certo que a apresentação será agradável a ambos.

2) É impróprio apresentar a uma pessoa de posição social alguém por quem esta pessoa não tem interesse em conhecer, especialmente em viagens de navio, hotéis ou em pequenas comunidades onde as apresentações forçam a comunicação.

3) As pessoas socialmente bem colocadas raramente pedem para serem apresentadas, mas se existe uma boa razão para conhecer ou contatar com alguém, a própria pessoa se apresenta:

    a) "- Sra. D. Sebastiana, a senhora não é amiga da minha mãe? Eu sou filho de Alice Miranda".

"- Que alegria filho, por você ter se apresentado. Sua mãe e eu nos conhecemos desde crianças!"

    b) Em outra situação, uma senhora mais velha diz:

"- Você não é Francisco Gentil? Sua mãe e eu somos amigas desde crianças".

Em outras circunstâncias:

    c) "- A senhora não é D. Alzira Rosa?"

    "- Sim" (a pessoa responde por delicadeza e espera).

    "- Penso que minha mãe Ana Mariano é muito sua amiga".

    "- Oh! É verdade, gosto muito da Ana".Você deve ser ..."

    "- Eu sou Veranice Flores"

    "- Oh, naturalmente. Ana fala muito em você e você tem tido sucesso com suas aulas de confeitaria. Gostaria de conhecer seu negócio."

4) Não se apresentam pessoas no interior de elevadores.

5) Nas apresentações, os nomes devem ser pronunciados com clareza. As dúvidas ou trocas de nomes são imperdoáveis. Nunca se pergunta:

"Desculpe-me, como é mesmo o seu nome? "(presume-se que quem apresenta conheça bem as pessoas apresentadas). Pode-se perguntar: "como é seu nome todo? "ou "Creio que vocês já se conhecem".

6) Não se apresenta um recém-chegado a uma festa às pessoas que estão de saída.

7) Apresentação informal: "Vocês já se conhecem? Este é Alberto, esta é Marisa".

Haveria poucos problemas se todos nós gostássemos de conhecer pessoas novas; se todos pensassem como Jennie Grossing, escritora americana:

"Para mim, não há estranhos. Somente amigos que não encontrei antes".

1) Quem apresenta deve mencionar o nome do apresentado da forma como ele será usado pelo outro. Assim, mesmo que você chame seu padrasto de "Chico", sua colega não deve fazer o mesmo, assim você apresenta:

    a) "Meu padrasto, Francisco Canindé".

2) É sempre conveniente complementar a apresentação com frases que identificam o apresentado:

    a) "Meu novo vizinho, Eduardo Almeida".
    b) "Este é o Dr. Jorge Vasco, nosso médico de família".

Ou que identificam o parentesco:

    c) "Minha prima Simone".
    d) "Meu irmão, Carlos".

Todas essas informações ajudam a melhorar o relacionamento. Facilitam uma abertura para a conversação entre dois estranhos que, de outra forma, teriam que indagar: "Quem é você? O que faz? "

Apresentações Formais

1) Quando se apresenta: um superior, na empresa.

2) A um cliente, a não ser que ele peça que o apresente sem formalidades.

3) A uma pessoa de alta posição (um diplomata, um governador, um professor, etc.).

4) A um profissional, que não é amigo pessoal. Da mesma forma, esse profissional não deve mostrar intimidade para com quem o apresenta.

5) Pessoas mais velhas. Quando uma pessoa mais velha chama os mais novos pelo nome, os mais jovens não devem fazer o mesmo. Devem antepor o Sr., Dr., Sra., D., Professor, etc. Mas, conhecemos pessoas de meia idade ou mais velhas que gostam de ser chamadas sem o título porque querem se situar no mesmo nível, sem distâncias. Nestes casos, eles explicitam.

Atenção

- A um convidado de honra de uma recepção, devemos apresentar todos os demais convidados.
- Se alguém solicitar para comparecer a algum lugar acompanhado, deverá procurar imediatamente o anfitrião para apresentá-lo o seu acompanhante.
- Em um grande jantar, não há necessidade de que todos sejam apresentados a todos. O anfitrião cuidará, no entanto, de que pelo menos aqueles que se sentam lado a lado se conheçam, principalmente apresentando o cavalheiro à senhora que será seu par.
- Uma apresentação é todo um conjunto de comunicações semânticas e semióticas. Semanticamente diremos "Muito prazer em conhecê-lo" (forma já considerada ultrapassada e muitas vezes pode até ser inverídica), ou "Como tem passado?", ou ainda, simplesmente "Boa noite". Semioticamente, associamos a um sorriso, uma leve inclinação de cabeça e, finalmente, a mão poderá, ou não, ser estendida.

- Se os visitantes a serem apresentados constituírem um casal, será o marido a ser apresentado. A este é que caberá apresentar a cônjuge. A esta altura, cabe uma advertência. O marido, ao apresentar a esposa, ou a ela se referir, não deverá fazê-lo como "a minha senhora", ou "a minha esposa", e muito menos como "minha patroa". A forma correta será sempre "minha mulher".
- Aos outros é que ao se referir a esposa de alguém, dirão "sua senhora", ou "a senhora de". Naturalmente, tal maneira, quando a intimidade existe de forma relativa, poderá ser substituída por "Dona Fulana", ou quando a intimidade for maior, "Fulana". O uso do nome aliviará normalmente o formalismo.
- As despedidas, após uma apresentação, também envolvem a comunicação semântica e semiótica a que nos referimos, quanto ao momento da apresentação. Muda, entretanto, a parte semântica, onde se tornam válidas frases e expressões tais como:

"Foi um prazer"

"Até breve"

"Espero que nos vejamos breve"

CONDUTAS DIVERSAS (Speers, 1984).

Agradecimento

- Parece que é item que está "saindo dos dicionários" atuais. A qualquer gesto, a qualquer palavra que nos seja dirigida como cortesia, é indispensável um agradecimento. É tão simples dizer "grato", "obrigado", "muito amável", "muito gentil". Naturalmente tais palavras obrigam um "por nada", "com muito gosto", "você merece", etc.

Aliás, as palavrinhas mágicas – Obrigado, Por favor, Desculpe e Com Licença que aprendemos na infância devem fazer parte de nosso repertório para toda a vida.

Cadeiras

- Quando nos sentarmos em uma cadeira, à mesa, devemos com as duas mãos, uma de cada lado (isso se não houver ajuda) e, num único impulso, nos aproximarmos da mesa em questão. Não é de bom tom,

- e chega a ser cômico, aquele que faz essa aproximação com sucesso de troncos.
- O homem sempre se levanta ao cumprimentar uma mulher, ou alguém hierarquicamente superior.
- A mulher não precisa se levantar para cumprimentar a outra, salvo em quatro casos: a) Quando não diretamente convidada, para ser apresentada à anfitriã; b) Se convidada, no decorrer do evento se aproxima da anfitriã para saudá-la; c) A mulher mais nova ao ser apresentada a uma mulher de mais idade; d) Quando for uma pessoa de alta hierarquia, independente ser homem ou mulher;
- Ainda em uma cadeira, à mesa não devemos nos encostar inteiramente em seu encosto. Basta que mantenhamos uma posição ereta. Qualquer outra posição, menos convencional, será certamente interpretada como descaso.
- É admissível que cruzemos as pernas quando sentados, mas daí a manter o pé mais elevado, apontando para a lua, deixa a compostura bem longe. Quem cruza as pernas procura manter o pé que está suspenso o mais próximo do chão possível.

Ao chegar em um evento

Dirija-se em direção aos anfitriões.

Condutas no ato das despedidas em eventos

- Quem vai embora é quem se despede.
- Não vá embora no meio de uma refeição.
- É muito deselegante pessoas que, ao despedirem-se, junto à porta de um elevador de prédio de um espaço de eventos, ou junto à calçada, atrapalhando o fluxo das demais pessoas.
- As despedidas, assim como os cumprimentos, não nos obrigam a que estendamos as mãos a cada indivíduo. Isso poderá ser feito somente com os anfitriões e um aceno de cabeça aos demais.

Escadas

- é no momento um tema bem controverso, pela evolução da moda. No passado, quando a simples mostra de um tornozelo feminino era algo classificado como "sexy", um homem, acompanhando uma senhora

- numa escada, ao subir, ia à frente (naturalmente para não ser favorecido por espetáculos não acordados), e quando descia o fazia atrás, acompanhando a senhora.
- Manda a boa educação que, ao cruzarmos com alguém na escada, façamos um aceno de cabeça como cumprimento. Mais uma vez, o ambiente e as circunstâncias é que nos dirão quando esta regra deverá ser seguida. Ela é a mesma para corredores.

Fumo

- Hoje em dia, as campanhas antifumo são intensas e restringem-se os lugares onde se pode fumar. O contrariar essas disposições, além de em alguns casos acarretar penalidades, denota a falta de sociabilidade de quem as infringe.
- O acender um cigarro, sem que saibamos onde vamos depositar as cinzas, mostra de nossa parte uma displicência pouco recomendável.
- Ao abrirmos uma carteira de cigarros para atender aos seu prazer, é recomendado oferecer às demais pessoas presentes à roda. Quando, por qualquer razão, tivermos que usar um fósforo, não um isqueiro ou outra chama qualquer para acender o cigarro de alguém, ao riscarmos o mesmo esperamos se consumir a matéria química de que é feita a cabeça para então aproximá-lo do cigarro.
- Assim como o charuto, para fumarmos cachimbo, devemos nos assegurar de que não incomodamos ninguém.

Gorjetas

- Não são de responsabilidade do participante do evento, e sim da organização.

Gravatas

A moda é uma questão de gosto pessoal; nós fazemos a nossa moda, para nos sentirmos bem.

- Ao usar gravata, use também o sapato social, o terno e a camisa de manga comprida.
- Cuidado com as cores, principalmente, se o evento for formal.
- A ponta da gravata deve tocar ou no máximo cobrir a fivela do seu cinto.

- Não se enforque: em geral, a sensação de aperto no pescoço quando se usa gravata não é causada pelo nó da gravata, mas sim pelo colarinho mais apertado do que devia. Para evitar, escolha bem as suas camisas! Quem usa colarinho número 5 em geral consegue abotoar os colarinhos número 4, mas aí passa o evento inteiro sofrendo.
- A gravata vem por último. Coloque-a só depois de já ter vestido e ajustado todas as demais peças, incluindo as que são essenciais para a própria colocação da gravata (camisa, calça e cinto).
- Escolha boas gravatas. As mais formais são lisas (sem estampa ou padrão) e escuras. As de melhor qualidade costumam ser 100% seda. Para não errar, você pode usar sem medo também as de listras coloridas (geralmente diagonais), e as de padrões repetidos (bolinhas, texturas...) – mas neste caso, quanto menor o detalhe do padrão, melhor.

Aprenda como fazer o nó de gravata Four-in-hand, ou "nó triângulo"

O Four-in-hand é o coringa dos nós de gravata, e pode ser usado todos dias,

Seqüência de passos do nó Four-in-hand

Aprenda como fazer o nó de gravata Semi-Windsor

O Semi-Windsor é um nó de gravata mais cheio, adequado aos colarinhos mais abertos e exigindo uma gravata de tecido mais leve. Pode ser usado diariamente também, mas, não é tão fácil de fazer quanto o Four-in-hand. Consta que o Semi-Windsor é o nó mais usado no Brasil.

Seqüência de passos do nó Semi-Windsor

Imposição de saltos como Estilo de Cerimonialistas e Recepcionistas precisa ser Revista

Algo que os homens não conseguem sentir é ter que ficar 08, 10 ou 12 horas equilibrando-se em cima de saltos com mais de 7 cm, acompanhado de meias calças e saia ou vestido tubete, nem sempre tão confortáveis como deveriam ser.

No universo dos eventos esse figurino é considerado o padrão pelas equipes de Cerimonial e Receptivo, ainda em sua maioria ocupada por mulheres.

Por emanar algo clássico e requintado, esse tipo de vestimenta e acessórios são percebidos como um verdadeiro *dress code* pelo mercado.

Não há dúvidas da elegância que todo esse conjunto provoca, mas até que ponto isso vale ser priorizado em detrimento do conforto e até mesmo facilidade em aguentar horas e mais horas de muito trabalho?

Isso sem falar que caminhar com saltos altos não é algo que nasce naturalmente, é preciso hábito para não avisar a todos que está chegando ou parecer desengonçada tentando se equilibrar em cima deles.

Uma companhia aérea ucraniana, a SkyUp Airlines, decretou fim aos saltos finos e saias lápis depois de colher o feedback das comissárias de bordo sobre seu uniforme.

O novo uniforme da SkyUp para mulheres agora inclui tênis Nike brancos e um terno laranja solto, com calças e um lenço de seda, ambos fabricados por marcas ucranianas. As camisetas brancas substituirão as blusas.

Em época de retomada dos eventos presenciais seria bacana refletirmos sobre o assunto... porque não trocarmos os saltos agulhas por saltos quadrados ou saltos blocos: mais grossos e que geram mais estabilidade? Um salto Anabela também poderia ser cogitado.

O bem-estar e acolhimento dos que trabalham conosco jamais podem ser esquecidos ou trocados por estéticas pré estabelecidas como sendo o ideal.

Profissionais da saúde, em sua maioria, condenam o uso do salto alto, pois aumentam o risco de lesões devido a entorses (ou o famoso "torci o pé") e provocam alterações biomecânicas induzidas pelo salto que podem gerar dores crônicas.

Claro que por outro lado, podem proporcionar maior contração muscular, o que aumenta 30% a eficiência do bombeamento do sangue, sendo algo positivo para a circulação sanguínea e até mesmo podem corrigir certas problemáticas como o pé chato e *genu varum* (ou "joelho varo", deformação do membro inferior, caracterizada por um desvio para fora da perna, com saliência do joelho para dentro), se tiver acompanhamento médico e indicação de sapatos adequados.

É para pensar... é um detalhe... que pode sim comprometer um evento, pois a linha de frente é o principal cartão de visitas que acolhe os participantes... e sinceramente, é impossível receber bem, com os pés em estado de calamidade causado por determinação, muitas vezes sem empatia ou sem chance de ser discutida.

Ah... A empresa aérea ucraniana não esqueceu do conforto maior para os homens, e também pretende alterar o padrão conservador, oferecendo a eles um novo uniforme, um terno leve em vez de um colete, e uma camiseta no lugar de uma camisa, que será combinada com tênis Nike preto.

Postura em Coquetéis e Refeições

Não se deve estender a mão a alguém que está à mesa de refeições. Nesse caso, um aceno de boas-vindas com a cabeça ou um cumprimento é suficiente.

Ao servir-se de salgados pegue-os com a mão esquerda, conservando o guardanapo na direita, que não deve estar engordurada para cumprimentar alguém ou segurar uma taça.

Quando for tomar algo, lembre-se, antes de passar o guardanapo na boca.

O homem só deverá sentar-se após as mulheres; será muito elegante puxar a cadeira para que a mulher sente.

Ao sentar-se à mesa, antes de consumir o antepasto, colocar o guardanapo no colo, aberto ou dobrado ao meio. Ao se retirar deixá-lo, ligeiramente, dobrado sobre a mesa para demonstrar que está usado.

A mulher deverá prestar atenção quanto ao guardanapo de papel, que deverá ser usado antes do guardanapo de pano, para tirar o excesso de batom. Em alguns serviços, inclusive há à disposição um pequeno guardanapo na cor vermelha, para esse fim.

Se for oferecido algum prato que permita o uso das mãos, a lavanda, que é um composto de água fria ou morna e uma fatia de limão, deve ser utilizada para limpá-las.

Quando terminar, descanse os talheres paralelamente com os cabos voltados para a direita, ligeiramente inclinados para baixo. O garçom retira seu prato assim que fizer esse movimento com os talheres, pois ao contrário, ele aguardará para ter certeza que terminou. Se você deixar a mesa em sobreposição, o garçom entenderá que você repetirá o prato utilizando os mesmos talheres. Não empurre o prato depois que terminar. Muito deselegante.

Mãos

Indispensável dizer que as unhas das mãos de alguém denotam seu trato, seu nível, e a higiene a que qualquer um está obrigado.

Para um cavalheiro, ter as mãos no bolso sempre transmite uma atitude de displicência. Além disso, ao estar em uma convivência social, o gesto pode ser confundido como algo bastante depreciativo e até mesmo grosseiro.

Não se deve cumprimentar ninguém, nem mesmo acenando ao longe, com uma das mãos no bolso. Já o dissemos, denota displicência.

O fato de estarmos, por motivos de ordem nervosa, a toda hora movimentando nossas mãos, é também censurável. Há treinos e exercícios para pôr fim a esse mau hábito.

A mesa de refeição talvez seja, para as mãos, um dos maiores problemas, quanto a sua posição. Muito já se escreveu a respeito.

Hoje, você pode apoiá-las à borda da mesa. Quando não estiver comendo, até mesmo o cotovelo também pode-se apoiar. Vemos que tudo está mais fácil, mas lembremo-nos de que devemos fazê-lo com elegância.

Procurem imaginar um comensal apoiando todo o braço esquerdo em volta de seu prato de sopa e, com a direita, levando o líquido à boca, não mais que a uma altura de 5 centímetros. Sem comentários, não acham? Mas o fato é que já vimos esta cena dezenas de vezes, em restaurantes e hotéis 5 estrelas, em vários países do mundo.

Não se conversa tocando nas pessoas, apoiando-se no parceiro, para cochichar ou não. Mexendo em detalhes de sua indumentária. Se precisar adequar uma gravata, lenço ou outra peça, o mesmo deve ser indicado para que o usuário o faça, se mesmo assim, não ficar adequado, deveremos solicitar licença e com muita suavidade e rapidez alinhar o que deve estar alinhado.

Para situações como camisas e blusas dentro de calças e saias, o mesmo deverá ser realizado em local apropriado, reservado e pelo próprio indivíduo.

Já foi orientado que o superior é quem estende a mão ao inferior, mas nem a um nem a outro se lhe dá o direito de quebrar os ossos da mão alheia. E o que é pior, nem um e nem outro deve ser o aperto de mão tão flácido que encerre, sem qualquer dúvida, mensagens tais como "a mim você pouco importa", "sinceramente, prefiro não ter que cumprimentá-lo". Denota desinteresse.

Um lembrete deve ser feito aqui. Nem todos os países usam o aperto de mão com a frequência com que usamos no Brasil e em alguns sequer é usado.

O aperto de mão deve fazer sempre parte do cumprimento do anfitrião ao saudar seu hóspede ou dele se despedir. Entretanto, lembramos que é algo muito sujeito a regionalismos e culturas.

Curiosidade

Continência

Tudo começou na Idade Média quando os cavaleiros, antes de participarem de duelos ou irem para os confrontos trajando suas robustas armaduras, cumprimentavam o rei.

Como eles utilizavam o Elmo, uma espécie de capacete medieval, precisavam levantar a viseira para que a majestade olhasse seus rostos. Um sinal de respeito ao soberano.

Além disso, esse movimento deveria ser feito com a mão direita, já que era a mão que empunhava a espada. De certa maneira, um gesto simbólico de paz, uma vez que a mão desarmada dificilmente seria utilizada para uma ação hostil.

Com o tempo esse ato foi se tornando cada vez mais comum e não apenas praticado diante dos reis mas também entre os demais integrantes do exército.

Olhos

- Dizem que são as janelas da alma. Em sociedade, devemos ter muito cuidado com eles.
- Não devemos fixá-los nas pessoas, pois criaríamos constrangimentos. Não devemos acompanhar o olhar com sorrisos, se não tivermos uma boa explicação e oportunidade segura para fazê-lo.
- Em uma conversa, entretanto, temos obrigação de ter a cortesia de acompanhar com os olhos aquele que fala. Vagar nossa vista ao redor denota desinteresse.

- Nunca devemos deixar nosso interlocutor perceber que o examinamos. Olhá-lo dos pés à cabeça e vice-versa, numa atitude ostensiva como se o estivéssemos examinados, chega a ser até mesmo agressivo.
- Se, no entanto, seus olhos percebem um detalhe em seu interlocutor que mereça um comentário elogioso, ou mesmo uma advertência, teremos a habilidade de escolher um momento oportuno e adequado para falar a respeito. Não interromperemos um assunto para elogiar uma gravata e, muito menos, sem certa reserva advertir alguém que um dos botões desabotoado.
- Não se deve desviar o olhar, numa conversa com o interlocutor,

DECORAÇÃO DO AMBIENTE

FLORES – Segundo os pesquisadores, as flores estimulam o humor, reduzem a ansiedade e aumentam o sentimento de satisfação com a vida. Os elementos relacionados à natureza dão vida a qualquer ambiente e podem ser facilmente integrados aos outros itens da decoração. Além de alegrar as pessoas, as flores embelezam qualquer ambiente.

Não se deve usar flores que exalam um aroma forte, pois não é possível conhecer o quadro clínico de cada participante, podendo alguns deles serem alérgicos aos perfumes das flores. Recomenda-se usar flores nobres, tais como: rosas, lírios, copos de leite, gérberas. Se utilizar arranjos de flores numa mesa diretora, deve-se tomar cuidado com o tamanho, para não atrapalhar a visão dos integrantes da mesa. Este arranjo pode ser em forma de cascata, caindo na mesa abaixo ou fixo no próprio chão.

Já em mesas de refeições, os arranjos devem ser baixos para permitir a total visibilidade das pessoas. Quando colocados em mesas de buffet, estes devem ser bem altos para não atrapalhar o serviço.

Não se envia ou entrega a uma senhora um *"bouquet"* de flores com uma dúzia de flores. Manda-se, sim, sempre número ímpar.

Há culturas que consideram que não se manda rosas vermelhas a uma pessoa em ambientes corporativos e governamentais por simbolizar sentimentos passionais.

VELAS - As velas também são utilizadas na decoração. As brancas são apropriadas para jantares formais, acompanhadas de candelabros nobres, em cristal ou prata. As coloridas, apresentadas em castiçais de cobre ou madeira, são indicadas para ambientes rústicos. Lembrando que as velas são exclusivamente utilizadas em jantares. Pode-se ainda colocar um par de castiçais no centro ou nas laterais da mesa, ou um candelabro de 6 ou 8 velas. Outra ideia é colocar pequenos castiçais de cristal em cada um dos cantos. Hoje em dia, há velas à base de leds.

TOALHAS – são grandes aliadas para mascarar defeitos, pinturas descascadas, madeiras lascadas, e, além disso, enfeitam as mesas. As cores, formatos e modelos são inúmeros e de grande versatilidade. Para completar as mesas utilizamos cadeiras de diversos tipos de materiais, que embelezam o ambiente.

MATERIAL DE COPEIRO - os integrantes de uma mesa diretora devem contar com o serviço de copeiro para servir café e água no local onde estão sentados.

O material de copeiro é composto de xícaras para café, bandejas, copos de vidro ou cristal e jarras. Caso não haja um garçom para efetuar este serviço, ele poderá ser feito por uma recepcionista.

PRISMAS DE MESA - São peças que irão identificar os integrantes da mesa diretora. Podem ser feitos em papel ou em peça de acrílico, que permite alterar apenas o papel interno. Devem conter o nome do participante/cargo – se todos os participantes pertencerem à mesma corporação – o nome da empresa. O prisma deve ser preenchido em frente e verso, o que auxilia, também, momento da montagem da mesa, caso algum integrante fique desorientado, mesmo com o acompanhamento de uma recepcionista. Pode-se utilizar prismas em mesas de refeições com lugares marcados e definidos pelo anfitrião.

FITA DE INAUGURAÇÃO – é utilizada no ato simbólico de abertura. Deverá estar à frente do que será inaugurado, podendo ser feito o desenlace ou o corte. Para ser cortada deverá ser utilizada uma tesoura virgem, de boa qualidade, oferecida em uma bandeja de prata. O laço é mais prático e geralmente utilizado em espaços ao ar livre. O laço deverá ser feito no centro, com tantas pontas quantos forem os convidados para o desenlace.

GALERIA DOS PRESIDENTES - é um espaço formado por todos que foram eleitos para exercer a presidência ou direção de algum órgão e/ou instituição, em posição cronológica. Além da foto e nome, a galeria pode exibir data de nascimento e informações dos períodos de mandatos de cada liderança. As fotos de busto geralmente são em Preto & Branco, e apenas do atual mandatário em cores. Mas, também é usual sua versão em Sépia. Pode também ser reproduzida digitalmente em alguma plataforma comunicacional.

PLACA PARA INAUGURAÇÃO – confeccionada em bronze, acrílico, aço escovado, dependendo do tipo de evento e de orçamento. Deverá conter: o nome do que se inaugura, nome da diretoria da empresa ou autoridades governamentais, local, dia, mês e ano da inauguração. Geralmente utiliza-se o pano inaugural que irá cobrir a placa, podendo ser confeccionado em tecidos como veludo, cetim ou seda, de qualquer cor ou formato.

Para o ato de descerramento de placas, deverá ser convidada a pessoa de maior hierarquia ou ligada ao tema central do evento ou à família homenageada.

Quando for uma placa de inauguração, esta deverá conter, além do nome do espaço que será inaugurado, a data, em algarismos arábicos, e o nome dos órgãos envolvidos. A fixação deverá ser feita em local visível e próximo à área inaugurada, quando for o caso. Sugere-se que o pano de cobertura tenha as cores da Instituição, ou se a conotação for cívica, a opção será pelas cores da Bandeira Nacional.

Destaca-se que não se pode cobrir a placa com a Bandeira Nacional. Conforme Lei 6.454/77, não é permitido atribuir nomes de pessoas vivas a logradouros, obras ou monumentos.

CORDÃO DE ISOLAMENTO – ferramenta para facilitar o trabalho dos organizadores, permitindo o fluxo de pessoas ou veículos em um determinado local. Em ambientes internos, este material deverá ser em seda com cavaletes envernizados, cromados ou em acrílico. Já na área externa, deverá ser mais grosso para suportar diferentes condições climáticas.

PASSADEIRAS – É uma alternativa para viabilizar e enobrecer um piso, sinônimo de status, prestígio. Utiliza-se para o percurso dos participantes ilustres. A cor preferida é vermelha.

O tapete vermelho é um conceito de honraria ao receber uma autoridade ou um convidado ou os seus convidados para uma comemoração ou visita especial. Muito utilizada para acesso a aeronaves, teatros, auditórios, palco, igrejas, dentre outros.

GUARDANAPOS - Sugere-se que os mesmos sejam manipulados o mínimo possível pois eles terão o contato com a boca. Por isso não é mais recomendado as dobraduras que formam verdadeiras esculturas, que tiveram seu ápice nas décadas de 70 e 80.

Existem diferentes tipos de tecidos para guardanapos. O mais comum é o tecido Oxford, mas é possível utilizar outros materiais de acordo com a decoração, como festas com detalhes em renda ou linho. A dica é optar por tecidos macios, que não mancham, e que são fáceis para lavagem. O melhor tamanho para guardanapo de tecido é nas medidas 45cmx45cm. Porta guardanapos sempre oferecem um requinte e organização. O uso de guardanapos de papéis na atualidade denota praticidade e há excelentes qualidades, estampas e texturas.

CINZEIROS – para áreas com liberação para o fumo, caso contrário o ambiente ficará todo comprometido com as guimbas de cigarro dispostas no chão.

MÚSICA AMBIENTE - Ainda como parte da ambientação, o recurso de música ambiente pode auxiliar na composição do cenário. A música adequada pode ajudar a criar um clima agradável, antes de iniciar o evento e mesmo após o encerramento.

A dica é selecionar uma lista com música instrumental, nacional, em baixo volume e que esteja de acordo com a proposta do evento. Dependendo da natureza da iniciativa, é possível, ainda, projetar vídeos com temas relacionados à solenidade, preferencialmente com imagens e som de alta qualidade.

Cuidado com a criatividade!

O ser humano é magicamente criativo, e isso não seria diferente na ótica dos eventos.

Mas acreditamos que a criatividade nessa área tenha que ter limites sim, já que pelo entusiasmo efusivo de impactar e gerar surpresas, muitos profissionais estão aderindo a uma vertente, considerada esdrúxula e que usa e abusa de tudo que é possível e impossível.

Não é possível salientar que tudo pode ser utilizado, sem medir consequências e muito menos valores focados na ética e respeito, por outras pessoas e pelo próprio meio ambiente. Afinal, se estamos atravessando um momento difícil no que diz respeito a condições climáticas e gestão ambiental, sabemos bem que foi culpado.

A revolta da vez é a revoada de borboletas em eventos sociais.

Quem trouxe à tona o absurdo foi a jornalista Claudia Matarazzo que levantou a informação que essa prática de soltar borboletas congeladas em determinado momento de uma cerimônia de bodas, que começou nos Estados Unidos, está bombando em terras brasileiras.

Na hora da "revoada", normalmente durante o beijo ou a saída do casal, a equipe do cerimonial precisa bater nas caixas ou sacudi-las para que as bichinhas se mexam, já que boa parte delas está morta ou muito fraca. Assim que soltos, já estressadas, algumas voam um pouco, se batem e caem no chão, sendo posteriormente pisoteadas pelos convidados, de forma não intencional, é claro, mas o fazem.

Essa ideia estapafúrdia, criminosa e insensível tem seu alicerce nos borboletários, sobretudo oriundos do Nordeste, que utilizam o método da diapausa, uma espécie de hibernação dos insetos. As borboletas são embaladas e congeladas. A técnica diminui o metabolismo dos animais, deixando-os "desacordados".

A diapausa é um processo natural que ocorre no meio ambiente quando há baixas bruscas na temperatura.

Os borboletários assassinos oferecem a dúzia por menos de R$200,00. Elas são despachadas por avião dentro de caixinhas. Para a capital paulista, por exemplo, são mais de duas horas de voo. As noivas precisam retirar a encomenda no aeroporto. As empresas especializadas recomendam a aquisição de no mínimo cinquenta borboletas para conquistar o "efeito" desejado na revoada.

Órgãos, sobretudo do Primeiro Setor, que devem atuar na preservação das espécies, se quer se pronunciaram... mas imagina... a inércia é total... é só lembrar da morosidade da expressão de consternação pelo acidente de Mariana...imagina no caso das borboletas... talvez quando sua extinção for totalmente declarada... eles irão se manifestar.

Por favor, colegas, criatividade tem que ter limites... Sejamos nós os benfeitores dessa causa... Revolte-se, denuncie ao IBAMA, faça a sua parte e durma com a sua consciência tranquila.

Não ofereça esse serviço e nem atenda nenhum desejo desse tipo de seu cliente... você é profissional e saberá conduzir a situação com uma postura digna e sensata.

Não seja mais um a cometer atrocidades!

Cenografia em Eventos: A Fantasia que gera Resultados

Uma das técnicas mais eficientes e eficazes utilizadas em eventos é o uso da linguagem de cenário para fomentar uma conexão emocional com o público-alvo.

Trabalhar com cenografia em eventos é destacar-se no mercado, tendo um grande diferencial que impacta, estimula a comunicação e envolve os participantes.

O uso de cenografia em eventos visa "enganar o outro". No sentido bom... é claro!

Já que visa remeter as pessoas a um ambiente planejado, que ao mesmo tempo vislumbra-se como algo real e irreal, unindo pólos a princípio tão distintos, mas alinhados com a proposta única de sua aplicação.

Segundo o professor Celso Costa, um dos poucos profissionais que tem em seu portfólio um dos raros cursos sobre o assunto com foco em eventos no Brasil, a cenografia é a arte de construir peças para cenários que visualmente representem a verdade com materiais alternativos, mais leves, com menor custo e que sejam mais operacionais na utilização em cena.

É possível aplicar a cenografia em todo o universo de tipologias de eventos e cada vez mais os clientes primários reconhecem o poder da utilização de uma visão cenográfica e estão dispostos a liberar verbas cada vez mais significativas para esse investimento.

É possível salientar que a cenografia planejada cria o clima que se almeja em um evento. Razão pela qual muitos profissionais nacionais não abrem mão de tê-la em seus projetos, pois reconhecem o valor de sua aplicação e inserem a mesma nos seus eventos.

Um dos pontos cruciais da linguagem cênica está relacionado com os procedimentos de segurança. Como deveria ser em todo e qualquer tipo de evento, a segurança precisa ser considerada como item prioritário já que sem a mesma há total comprometimento de toda a ação.

Em função da tradição da dramaturgia televisiva e teatral do Brasil, o mercado cenográfico nacional tem excelentes referências e reúne um *casting* variado com experiências plenas. Entre esses atores encontram-se os produtores e cenotécnicos.

Pode-se considerar a cenografia como um integrante da Economia Criativa, o que estimula ainda mais seu processo e resultados.

Outra especificidade do uso de cenografia em eventos é um glossário próprio que remete ao profissional um estudo criterioso para reter esse conhecimento.

Tapadeiras, verga, trainel, perna de 3", adereços são apenas alguns exemplos desse vocabulário, no qual a equipe também deve dominar.

Sensorialmente, a cenografia trabalha, sobretudo, com o visual e seu esmero, detalhismo e conceito irão agregar uma maior percepção dos participantes orientando um pleno envolvimento, impacto e satisfação do público, que se deixará encantar e torna-se ainda mais receptivo à mensagem do evento.

Por isso, em seu próximo evento, não esqueça dela!!!

Eventos & Fake News

Circulou nas redes a informação de uma festa que teria acontecido na região Sul do país, reunindo um grupo de senhoras, que acabou em confusão.

Segundo a história relatada, as senhoras decidiram organizar uma tarde festiva, só para elas, informando aos respectivos companheiros que iriam realizar atividades religiosas.

Para esse encontro decidiram contratar um DJ, seis GoGo Boys – dançarinos com físicos musculosos, geralmente em trajes sumários – e até um cachorro (???). Tudo estava indo bem, até que uma senhora não resistiu a emoção e calor do momento e começou a passar mal.

Rapidamente foi atendida pelos contratados e removida aos cuidados hospitalares por ambulância acionada no momento.

Porém, averiguando a veracidade da notícia que está circulando, a mesma demonstrou fragilidades e acabou sendo revelada como uma grande farsa.

Para começar,, o fato não aconteceu no Brasil e sim na Colômbia, em Cartagena e o episódio teve lugar em uma casa de repouso de idosos, não só com uma plateia de senhoras, mas também senhores, contando com a participação também de stripper feminina. A tematização de puro erotismo também estava em adereços distribuídos e até nos bolos e doces servidos.

A princípio todos acreditaram que era verdade o vídeo que circulou, com a idosa sendo atendida de imediato pelas atrações da festa, até a chegada da ambulância. Porém, logo, a mentira foi descoberta: foi tudo armação de uma influenciadora local que forjou a situação, tendo como objetivo "chamar a atenção da prefeitura da região que não oferece políticas públicas para esse público."

Como os comentários foram bem negativos e muitos irônicos, a influenciadora decidiu revelar sua estratégia, até porque envolveu até mesmo a saúde de pessoas.

Em tempo de uma hegemonia assustadora de *fake news,* por mais nobre que seja a causa, esse tipo de invencionice não deve ser incentivado, pois gera total descrédito e rompe com qualquer confiança que se tenha sobre a fonte e/ou tema.

Contudo, pegando onda nessa lorota, vamos aproveitar para abordar dois pontos cruciais nesse estudo hipotético.

- Os eventos por reunirem pessoas, acabam concentrando grandes riscos de que mal súbitos ocorram e todo e qualquer evento tem de estar guarnecido com planos de atendimento de emergência, que incluem serviços de atendimento médico ou técnico de enfermagem no local, colaboração de brigadistas com cursos de suporte básico à vida, plano de assistência de remoção de vítimas, mapeamento de hospitais de pronto atendimento, entre outras táticas.

Não elaborar esse plano previamente, poderá ser condicionante para que não haja tempo hábil no socorro a quem precisa. E na maioria dos casos, é imprescindível agir rápido para que haja condições de salvaguardar a vida da vítima.

- A idade do público presente ao evento, também, precisa ser considerada, no que diz respeito à estrutura do evento. Já que há a lógica de que pessoas mais velhas tenham mais probabilidades de serem acometidas por mal-estar.

No que diz respeito à contratação das atrações do evento, não há nenhum puritanismo que prevaleça, já que os eventos, sobretudo os sociais e festivos, tem como foco a diversão e a ludicidade acaba sempre presente.

As senhoras em questão, independente das encenações, só estavam buscando momentos de alegria e entretenimento, quebrando a rotina de suas vidas, o que é uma realidade e não tem nada de factoide nisso.

Criatividade é sempre bem-vinda, mas com ponderações, sobretudo no *storytelling* sem eira e nem beira. Na versão tupiniquim, chegou-se a incluir no casting um cachorro... pois é ... um cachorro... só faltou descreverem o mesmo... seria um caramelo?

Eita, a pós verdade... é algo que tem tanta sedução em sua construção, que até eu já comecei a imaginar como sendo algo real...

Tecnologia em Eventos

Por drones, termo em inglês que significa zangão, compreende-se um Veículo Aéreo Não Tripulado (VANT) ou Veículo Aéreo Remotamente Pilotado (VARP), também chamado UAV (do inglês *Unmanned Aerial Vehicle*, é todo e qualquer tipo de aeronave que não necessita de pilotos embarcados para ser guiada. Esses aviões são controlados a distância por meios eletrônicos e computacionais, sob a supervisão e governo humanos, ou sem a sua intervenção, por meio de Controladores Lógicos Programáveis (CLP).

Instrumentos controladores de fluxo de participantes, apoio em segurança por meio de fotos aéreas, essas são algumas das possibilidades do uso de drones em eventos. Os drones tem sido muito adotados por fotógrafos e cinegrafistas como suporte para câmeras com o objetivo de fazer imagens aéreas de casamentos, atividades esportivas e outras festividades.

No Brasil, é possível comprar alguns modelos em lojas específicas por valores que partem dos R$2 mil. Muito leves, esses aparelhos costumam ter baterias bem pequenas, o que reduz sua autonomia de voo.

Há outros usos em estudo, alguns até inusitados, como o que foi desenvolvido pela a Infinium Robotics que anunciou planos para usar drones como equipe de garçons em restaurantes e em eventos, além de serem usados como meios para entrega de produtos e serviços.

Outra possibilidade é em eventos com grandes públicos, seu uso para aumentar a interação com o público, sendo o mesmo utilizado como uma espécie de microfone para a realização de perguntas, sem ter que disponibilizar de uma equipe por todo o espaço do evento ou solicitar aos que tenham perguntas se dirijam a determinados locais.

A questão desafiadora é justamente seu controle e a responsabilidade de tal uso.

Há um número expressivo de drones que estão em operação no Brasil sem que exista fiscalização para seu uso.

Em 2017, a ANAC aplicou classificações para cada tipo de aeronave, que foram separadas entre as que pesam de 150kg em diante (classe I), de 25kg a 150kg (classe II) e de 0 kg a 25 kg (classe III). A categoria que tem regras mais flexíveis é a III, que prevê a liberação do voo à altura máxima de 120 metros. Qualquer um com treinamento do fabricante poderá operar um drone desses, contanto que as pessoas sob o local do voo sejam avisadas.

Quando a operação ocorrer em ambiente aberto, deve haver sinalização para avisar os presentes de que, estando ali, concordam com os riscos. Os voos precisam ocorrer a pelo menos 5 km dos aeroportos e, para operar um drone longe do alcance de visão, será necessário obter licença e habilitação da Anac, informando uma série de dados como características da aeronave, trajeto do voo, capacidade de comunicação etc). Mas como estamos no Brasil... sabemos que mesmo com leis.... sem fiscalização... nada é 100% garantido.

Quem não se lembra anteriormente dessa orientação do caso do G.R.E.S Portela e seus mini drones pela Sapucaí?

As autoridades temem ainda o risco de colisão com aviões e obstáculos aéreos, assim como o risco de que o equipamento caia sobre áreas habitadas, colocando em risco a vida de pessoas em solo, provocando ferimentos e até mesmo mortes.

Enquanto isso, mundo afora, já são inúmeros os casos de acidentes com os drones. um dos mais emblemáticos atingiu o cantor espanhol Enrique Iglesias, que sofreu ferimentos na mão causados por um drone durante um show no último sábado, 30 de maio, na cidade mexicana de Tijuana.

Enrique tentou pegar o drone que costuma sobrevoar o local para oferecer ao público imagens diferenciadas do palco. Mas o cantor não segurou bem o aparelho, que acabou causando ferimentos nos dedos de sua mão direita.

Ele foi atendido imediatamente para que a hemorragia fosse contida, e retornou ao palco para concluir o show, que fez parte da turnê *"Sex and Love"*. Fãs de Iglesias publicaram nas redes sociais centenas de fotos do acidente. O cantor foi transferido, após o show para Los Angeles para um melhor atendimento ao caso.

Faltam ainda muitas informações precisas para ambos os lados: para quem contrata, para quem os controla e também para o público envolvido.

A discussão é importante e não dá mais para esperar já que os drones invadiram com maior propriedade nossos eventos e precisamos estar prontos para eles, visando extrair o melhor deles, com total segurança.

Gamification: O universo dos Games Ganha Espaço nos Eventos Contemporâneos

Entre tantas novidades que assolaram a área de eventos nos últimos tempos, há uma que vem dividindo as atenções do público, já há algum tempo, no melhor estilo, uns amam, outros não suportam... trata-se do conceito de gamificação.

Aplicado na área de eventos, a gamificação, um termo que foi criado pelo uso da tecnologia e elementos dos videogames além da área de entretenimento, vem ganhando junto com os aplicativos dirigidos, uma aposta para reforçar conteúdo e até mesmo gerar maior interação entre os participantes.

O conceito maior de gamificação não é criar um game para um evento, como ocorre com frequência, mas sim usar os recursos dos games. O processo de pontuação, prêmios, missões, desafios, ranking, criação de avatares, entre outros, são exemplos de como o participante de um evento pode se envolver com o assunto/mensagem central do acontecimento, tornando assim sua transmissão mais eficiente e mais leve.

As técnicas de gamification podem e devem ser usadas em qualquer tipo de evento de forma a atrair e reter cada vez mais a atenção e interesse das pessoas. Podem ser utilizadas como mecanismo de comunicação pré-evento, no decorrer do mesmo e até para intensificar as respostas do opinário pós evento.

Sem dúvida alguma ao usar as ferramentas de gamification, o OPC estará apto a provocar maior engajamento, socialização, ensinamentos e até mesmo fidelizar o cliente secundário. E todos sabemos, que ao conquistar o cliente secundário, por tabela o cliente primário (contratante) também estará seduzido.

Eventos tão High Tech... mas tão Pouco High Touch!
Por eventos com mais sorrisos... e menos atos mecanicistas!

Uma das principais características dos eventos é justamente seu potencial de agregar, socializar e integrar pessoas.

Em plena era contemporânea, os eventos tem usado de todo o poder extraordinário da tecnologia, no intuito de gerar mais atratividade, impacto e conexões.

São novos tempos, novas exigências, novas possibilidades, novas ofertas... mas há uma que jamais deveria ter sido deixada de lado ou até perdida: A arte de Receber em Eventos

Todo organizador profissional de eventos sabe o quanto é vital ter sua linha de receptivo afiada, treinada e acima de tudo disponível para o atendimento dos participantes e/ou convidados.

Porém cada vez mais percebemos que a preocupação na montagem dessa *staff* prioriza habilidades e conceitos como estética e/ou jovialidade, que atendam a um orçamento enxuto, em detrimento ao valor de maior necessidade e exigência para tal função, que é ser acolhedor prestativo e proativo.

Há muito a área de serviço no Brasil tem deixado a desejar... apesar de contrariamente essa situação chocar-se com a essência hospitaleira, nata da nação. Em algum momento a desatenção, o desleixo e a forma mecanicista de receber tornou-se um padrão, visto do Oiapoque ao Chuí.

E para a surpresa geral, esse comportamento também chegou na área de eventos, fragilizando o escopo do desenvolvimento de um cenário de bem estar, que até pode ser emoldurado por mil e uma projeções tecnológicas, uma cenografia de impacto, mas fica faltando algo... fica faltando calor humano.

Essa onda parte daquele que recebe, porém, quando percebemos essa postura até contaminou o público, que começa a evitar contatos, sorrisos, encontros, deixando de lado um dos maiores benefícios da atividade que é justamente o contato face-to-face.

Será que agora receptivo com sorriso deve ter valor extra para ser entregue em um evento?

Será que é possível escolher e estimular pessoas que realmente estejam a fim de servir ao outro, se comprometendo realmente com seus interesses e pleitos?

Será que é possível compreendermos que acima de tudo somos humanos e queremos ser atendidos, sempre que possível, por nossos pares que olham em nossos olhos e realmente sejam representantes de nossos anfitriões?

Se continuarmos a não compreender essas necessidades é melhor darmos a vez por completo para os eventos virtuais, pois os avatares já fazem parte do contexto.

Sustentabilidade ganha maior projeção com a pauta

ESG em todo o Mundo

Também conhecidos como **eco eventos** ou ainda **eventos verdes**, esses acontecimentos especiais são aqueles que possuem em sua plataforma de desenvolvimento a inclusão dos conceitos de sustentabilidade. Essa caracterização tornou-se uma prática estratégica para toda a empresa que esteja antenada com o comportamento social deste século. Não sendo, portanto, considerada mais, como um diferencial, mas sim uma exigência do próprio mercado.

As instituições, a cada dia, começam a ter essa preocupação no desenvolvimento de seus eventos, buscando minimizar os impactos que os mesmos podem gerar ao meio-ambiente e nesse caso, como meio ambiente, entende-se um completo ecossistema, no qual o homem é integrante protagonista e não um coadjuvante do processo.

Dados de FONTES *et al* (2008) confirmam que a preocupação com meio ambiente vigente na atualidade torna-se mais frequente e fortalece-se em função de uma maior atenção social no que diz respeito à necessidade de mudanças para fazer do planeta um lugar mais saudável e igualitário e que tais atitudes demandam o comprometimento de todos, independentemente do tamanho de suas ações, projetos e políticas.

É importante uma real compreensão do significado da sustentabilidade, já que a palavra se tornou popular, mas ainda incorporada de forma não eficiente, até em função de sua superficialidade codificada.

Ambientalmente correto, socialmente justo, economicamente viável. O tripé do almejado Desenvolvimento Sustentável tem sido massificado nos últimos anos, porém, ainda com pouca adesão do meio corporativo como um todo.

Quando abordamos a questão da sustentabilidade sugere-se que as escolhas sejam conscientes e fundamentadas em valores e crenças como preservação, inclusão social, compartilhamento, zelo, ética, solidariedade e desenvolvimento, sem agressão e comprometimento ao futuro. Sendo um conceito muito mais amplo que inicialmente possa ser concebido.

Abaixo, encontram-se algumas orientações compiladas com as boas práticas do mercado e experiências dos profissionais que já adotam fragmentos de sustentabilidade no escopo de seus eventos podem tornar-se uma referência que podem colaborar para uma maior adesão aos eventos sustentáveis.

- Associação com profissionais que já desenvolvem projetos de eventos sustentáveis em seu portfólio;
- Uma forte tendência entre os eventos que buscam sustentabilidade é a neutralização das suas emissões de carbono, por meio do plantio de árvores. A ideia é utilizar a capacidade das árvores de captar CO^2 e armazená-lo em forma de biomassa (nos galhos, folhas, frutos etc.), para retirar da atmosfera uma quantidade equivalente à dos gases de efeito estufa emitidos pelo evento. Em média, uma árvore da mata atlântica, por exemplo, absorve 180 quilos de CO^2, em 37 anos de crescimento, segundo dados da ONG Iniciativa Verde. Assim, após fazer

o cálculo de quanto gás carbônico é liberado nas atividades de um evento, é possível calcular quantas árvores terão que ser plantadas para compensar as emissões totais de gases emitidos e o tempo que será necessário para tal acumulação. É uma ação paliativa e a longo prazo, já que as árvores levam décadas para absorver os gases que o evento libera em horas ou dias, também há o risco de as árvores não sobreviverem o tempo necessário para completar o ciclo. O ideal é no momento do planejamento avaliar a possível redução de CO^2, considerando as seguintes variáveis:

→ Dias e horários dos eventos;
→ Quantidade de visitantes prevista;
→ Uso de energia (da rede ou de geradores);
→ Produção de resíduos;
→ Deslocamentos (transporte de congressistas e da organização).

A partir desses dados preliminares, obtém-se uma estimativa da quantidade equivalente de CO2 gerada pelo evento e que será convertida em um número de árvores a serem plantadas, na proporção de 150 quilos de CO^2 por árvore.

Durante e após o evento podem ser realizados novos cálculos de ajuste da estimativa, baseados então nos números efetivos do evento (quantidade real de pessoas, gasto de energia, produção de resíduos, etc.).

As ferramentas utilizadas para o cálculo são baseadas em dados fornecidos pelo IPCC (Painel Intergovernamental de Mudanças Climáticas da ONU) e estão em constante atualização.

- No momento da escolha do local sede do evento, dar preferência aos que foram construídos com materiais ecoeficientes, considerando elementos como iluminação e ventilação natural, reuso de água, proximidade de transportes públicos, investimento em programas de reciclagem de lixo e outros resíduos para compostagem, acessibilidade para pessoas com necessidades especiais de locomoção são alguns bons exemplos de diretrizes a serem verificadas junto ao local.
- A utilização de geradores consome combustíveis fósseis e, portanto, colaboram na emissão de CO^2, um dos principais gases causadores do efeito estufa, portanto devem ser evitados ao máximo.
- Contratar fornecedores locais diminui o transporte dos materiais, gerando menos gases também.

- Avaliar produtos utilizados numa perspectiva de ciclo de vida, com ênfase na Reciclagem e Reutilização. O sistema de recolha de resíduos deve ser facilmente reconhecido e de fácil utilização por parte dos participantes do evento. Os materiais entregues aos participantes do evento deverão ser confeccionados em fonte reciclável ou reciclado, com baixo impacto ambiental em toda sua cadeia produtiva, sendo vital que a mesma esteja inserida no *Trade Fair* – comércio justo.
- Veículos pesados, sempre que possível, devem ser trocados por veículos leves, com utilização de combustíveis renováveis – como o etanol e GNV.
- Maior apelo na utilização de mídias digitais, diminuindo impressões. Quando não for possível adotar a prática de mídia digital, utilizar papéis reciclados ou *free carbon*, conforme as opções já existentes e acessíveis no mercado.
- Na ambientação deve-se privilegiar a utilização de plantas e flores características da região onde o evento é realizado, diminuindo resíduos de transportes, e os mesmos devem ser plantados em terra, já que haverá uma sobrevida das espécies maior que o próprio evento.
- Copos e louças de uma forma geral devem ser reutilizáveis. Evitando ao máximo o uso de materiais descartáveis.
- O gerenciamento de resíduos deve ser inserido no planejamento do evento, gerando redução na geração e destinação final.
- Se a escolha de um simples brinde não for inteligente, o mesmo irá parar nos aterros sanitários aumentando a problemática já existente em boa parte dos países. Os brindes deverão ser desenvolvidos em função de sua funcionalidade e praticidade. Oferecer um brinde simplesmente porque é o mais econômico irá gerar um prejuízo social grande.
- Uma alimentação mais saudável também é premissa dos eventos sustentáveis, principalmente quando se apresenta sugestões de buffets orgânicos – livre de agrotóxicos.
- A parceria com empresas que tenham o mesmo pensamento preservacionista e sustentável é condição *sine qua non* para o pleno processo dos eventos sustentáveis.
- Investimentos em ações de educação ambiental no próprio evento para que os participantes sejam ainda mais informados e possam tornar-se multiplicadores do mesmo raciocínio devem ser constantemente estimuladas.

Com uma maior conscientização do mercado, o consumo por materiais sustentáveis vem crescendo gradativamente, aumentando, assim, o leque de fornecedores sustentáveis, o que já acarreta preços mais competitivos e mais negociáveis, principalmente no mercado de eventos.

Torna-se evidente que os eventos sustentáveis não podem ser considerados como luxo ou um mais um diferencial. Eles geralmente apresentam um orçamento entre 40% e 45% superior a um evento convencional, conforme medições de propostas recebidas, porém essa atitude de ecoeficiência não pode ser mantida em relatórios financeiros como um custo adicional. É uma despesa que terá um **ROI** diretamente relacionado a sua aplicação e colabora para que a humanidade atual e futura mantenha sua dignidade de sobrevivência no palco do planeta Terra.

Eventos & Brindes: Um dupla dinâmica desejada, quase inseparável

Dificilmente um evento ocorre sem ter em seu escopo a entrega de algum brinde. Quando não o há, gera até uma sensação que falta algo, como se o resultado estivesse incompleto e, em muitos casos, acaba até decepcionando o público-alvo.

É ledo engano acreditar que um brinde de impacto necessita de elevado orçamento. O que realmente terá peso é a criatividade, funcionalidade e vínculo com o conceito do evento.

É vital um pleno conhecimento do perfil do público para melhor adequar a escolha do brinde e dessa forma fomentar uma boa aceitação, plataforma impulsionadora para aprofundar relacionamentos, metas dos eventos.

Em determinados tipos de acontecimentos especiais deve-se ter uma preocupação extra no momento de sua distribuição.

Geralmente entrega-se ao término do evento, para dessa forma evitar o desconforto de ter que carregar o objeto durante toda a programação.

No caso específico das feiras e salões a distribuição será contínua, porém há a necessidade de um planejamento meticuloso para que o chamariz do brinde não ocasione tumultos e acabe trazendo problemas de atendimento e acomodação no espaço delimitado.

Uma solução muito usual na atualidade é o uso de *gamification, como vimos anteriormente,* como instrumento de premiação, racionalizando a distribuição e qualificando mais os participantes com tempo hábil para cadastro e comunicação.

Nesse caso é interessante investir em brindes simples para uma entrega de massa, como uma recordação de participação e em outras categorias para preencher a dinâmica da premiação.

Com todas essas ponderações fica cristalino a importância estratégia do investimento em brindes nos eventos, e o quanto estes devem ser cuidadosamente estudados e elaborados para que sejam bem aceitos e estimulem a aproximação com seu público.

Independente da classe social, da faixa etária, do gênero, da nacionalidade, ser surpreendido com um brinde em um evento ganha pontos na escala de memorabilidade e satisfação, fatos que irão colaborar para que o relacionamento criado fique fortalecido e amplie-se no futuro.

Presentes Institucionais: Escolhas Assertivas para Relacionamentos Frutíferos

As manchetes do noticiário, na atualidade, apesar de toda a sua pluralidade, estão com os holofotes em cima de um grande escândalo envolvendo troca de presentes entre nações e seu destino desvirtuado, de forma imoral e sem ética alguma.

O tema remete a reflexões profundas de todas as partes envolvidas, não só nas esferas governamentais, de todos os poderes, mas também nas ambiências corporativas com relação a esse rito, tão antigo quanto a própria humanidade, de presentear o outro, em função de estratégias de reforçar laços construídos ou em construção.

A palavra presente deriva do termo em latim *praesentia*, que significa alguma coisa que está perto, ao alcance de alguém. O ato de presentear, historicamente ativo em diversas culturas, ganha maior significância pelo fato de ser gesto que traduz a intencionalidade de estar próximo, mesmo à distância, de uma forma amigável, respeitosa e cordial.

Além disso, vai muito além de uma convenção social já instaurada, pois um presente também traduz apreço, fortalecendo vínculos e seu valor não pode ser vinculado a uma mera questão monetária e de status de privilégio, que pode soar até como algo pretensioso e arrogante.

Toda essa contextualização nos gera a identificação de que a ação de presentear torna-se uma verdadeira arte e que deve ser conduzida de forma muito estrategista e responsável.

No universo corporativo, essa questão, não pode ficar isolada e ser tratada sem a aderência às diretrizes de compliance. A célula de comunicação, relações públicas e/ou cerimonial, por sua ordem de competências, deve ser o departamento que responde pelas escolhas e gerencie - de forma muito pragmática - os investimentos aplicados nessa prática, tão comum e impulsionadora de relações mais harmoniosas e gentis, que por si só caracterizam o estabelecimento de alianças mais saudáveis e exitosas.

William Shakespeare já nos ensinou que "A excelência de um presente está muito mais em sua adequação e pertinência que em seu valor."

É ledo engano acreditar que um presente de impacto necessita de elevado orçamento. O que realmente terá peso é a criatividade, funcionalidade e vínculo com o conceito e representatividade de quem oferece.

Na atualidade, o compliance torna-se uma referência em todos os espaços corporativos e no ato de presentear nesse contexto não seria diferente. Se há legislações e recomendações empresariais, as escolhas devem mapear os comportamentos, respeitando os limites éticos, sem gerar desconforto ou sensação de suborno.

Vale ressaltar que a propina normalmente está vinculada a gerar benefícios indevidos, de caráter particular

A primeira ação então seria colocar realmente em prática esse código e se, por acaso, a corporação não tiver, urgentemente, a área de Comunicação, deverá fomentar sua formatação.

O Código de Ética permite que sejam dados brindes e presentes e custeados os gastos com a hospitalidade de autoridades, desde que respeitada a lei, tanto da própria organização quanto da do qual o presenteado faz parte.

E essa é a máxima da atividade de RP, conhecer muito bem o seu interlocutor nos moldes de pessoa jurídica.

O desafio é realizar tudo isso sem violar as normas internas e a legislação externa, nacional ou estrangeira.

É muito viável, mas precisa realmente ter alicerces éticos, precisos e tangíveis.

Qualquer outra conduta, que distancie desses parâmetros citados, sem dúvida, poderá levar a empresa a ser uma das coprotagonistas de uma crise de imagem e reputação, com resultados imensuráveis que irão prejudicar toda a sua trajetória, com penalidades hercúleas.

Portanto, toda a atenção a esse item será ainda pouca, para que não deixemos algo tão interessante, afetuoso tornar-se vil e irresponsável.

Limites são necessários

Há muitas ofertas de cursos para desenvolver a criatividade, mas no escopo desses conteúdos, não encontramos orientações e recomendações de que a mesma precisa ser dosada sim, afinal, todo extremismo pode ser devastador.

E recentemente pudemos acompanhar mais um "causo" para integrar a série "Criatividade em Eventos tem que ter limites sim!!!

O cenário foi o aprazível município de Tangará da Serra, no MT, em uma propriedade particular com passagem de um trecho do rio Queima-Pé, que se apresenta de forma exuberante em uma bela cachoeira. Tal beleza foi considerada ideal para receber um evento de cunho social: um chá revelação

Esse tipo de evento é organizado para que um casal descubra o sexo do bebê que aguarda. Nos últimos tempos temos acompanhado uma verdadeira disputa de espetacularização desse momento, em uma espécie de disputa não oficial, para ver quem consegue realizar a cerimônia de forma mais inusitada e surpreendente, na busca acirrada por likes, por vaidade exacerbada de se tornarem alvos de comentários.

O casal do MT foi, então, responsável por protagonizar mais uma cena dantesca de total desrespeito com a natureza, as leis e o coletivo, pois decidiram tingir na cor azul – indicação que seu rebento seria um menino – as águas da cachoeira.

Vídeos do momento em que coloração azul desce pela corredeira teriam sido publicados por pessoas presentes no local e deletados em seguida, mas passaram a circular na internet. Imagina, sempre tem alguém mais rápido que consegue fazer um download e o compartilhamento ganha força.

As imagens do evento repercutiram nas redes sociais e levantaram suspeitas sobre a possibilidade de contaminação e prejuízos à fauna e à flora locais. O secretário municipal do Meio Ambiente de Tangará da Serra, Vinicius Lançone, disse que o caso foi denunciado à prefeitura por diversos canais, afinal este tipo de atitude é considerado como crime ambiental, se enquadrando na Lei de n° 9.605, de fevereiro de 1998, que diz que "lançamentos de resíduos sólidos, líquidos, gasosos ou oleosos em corpos d'água, é caracterizado crime, podendo o causador pegar de um a cinco anos de reclusão".

O caso gerou muita repercussão no país todo e de forma – surpreendentemente - ágil, já demonstra resultados práticos.

O responsável por tingir de azul a água da cachoeira foi multado pela Secretaria de Estado de Meio Ambiente em R$10.000. A pessoa multada teria dito a representantes da secretaria que a substância aplicada é utilizada como corante para tingimento de cascatas e piscinas e é denominada como "Lago Azul".

Amostras da água foram analisadas depois de agentes da secretaria estadual visitarem o local juntamente com representantes da prefeitura, logo após o fim de semana da revelação. De acordo com a pasta, não foi constatada, durante a visita, a alteração visual nos parâmetros físicos da água, como cor e odor, e não houve mortandade de animais. A análise laboratorial da água não apontou alteração de qualidade.

Um final menos dramático, mas que possa servir de lição. Que esse caso grotesco seja o primeiro e único e que algum estímulo à sensatez possa continuamente ser revelado.

Se os pais continuarem com esses comportamentos, seus filhos certamente não irão usufruir das belezas que a Natureza nos proporciona... Difícil entender isso?

Segurança em Eventos não é uma Opção, é uma Obrigação!
Será que um dia o Mercado irá Aprender?

Um menino de nove anos morreu em 15 de novembro de 2021, após ficar ferido durante o festival de música Astroworld, de Travis Scott. A informação foi confirmada pelo advogado da família, Ben Crump. Com a morte da criança, que estava em coma induzido, o número de vítimas fatais do evento chegou a 10, todos em decorrência de terem sido pisoteados durante o acontecimento liderado pelo rapper norte-americano. Além disso foi constatado mais de 300 pessoas machucadas durante sua apresentação.

O Festival Astroworld realizado em Houston, no Texas, em 5 de novembro, reuniu cerca de 50.000 mil pessoas e um tumulto iniciou-se quando a multidão tentou se aproximar do palco no show do artista transformando, então, sua apresentação em uma grande tragédia.

O advogado do músico afirma que ele "não sabia o que estava acontecendo". Porém conforme relatos da imprensa e dos participantes, o rapper parou a performance diversas vezes para pedir ajuda aos seguranças, mas não cancelou o show e apresentou o *setlist* até o final, que durou cerca de 70 minutos, irresponsabilidade que ajudou ainda mais a agravar o caos, já que não foi cancelada ou paralisada devido aos feridos.

Ainda de acordo com depoimentos do público presente, não havia um número de socorristas suficientes para atender a quantidade de vítimas da multidão.

A organização do evento, também liderada pelo rapper, anunciou que reembolsará todos os espectadores do festival Astroworld, de acordo com a Variety.

Até agora, pelo menos 52 processos foram abertos contra o rapper e os organizadores. Um dos processos também inclui Drake, que apareceu de surpresa no festival. A família de um dos feridos busca uma compensação de US$ 1 milhão – equivalente a R$5,54 milhões.

Conforme a emissora americana CNN, alguns processos questionam o fato de o evento não ter sido imediatamente cancelado após o início da confusão que causou as mortes.

Além do mais todos os envolvidos – artistas, produção, patrocinadores, todos, sem exceção, naquele local, são corresponsáveis por um real alinhamento com a segurança.

E nesse momento, é preciso ter autonomia e visão humanista. Decisões rápidas devem ser tomadas e a vida das pessoas jamais deve estar acima de qualquer contrato, programação ou vaidade artística.

Se as luzes tivessem sido acesas, se o promotor ou o artista pedissem isso, teriam, minimamente, acalmado a multidão.

Na atualidade com as novas variáveis de segurança, relacionadas as questões sanitaristas e orçamentos que demandam maior gestão para dar conta de todos os protocolos contra o Covid-19 e com a própria excitação natural do público, represado em sua participação presencial em grandes eventos, a segurança realmente atingiu o cume de item de maior relevância na organização de um acontecimento especial.

As marcas que estão envolvidas em apoios e patrocínios em eventos já estão cientes que não podem pensar só na questão de sua exposição. Que seus investimentos visam relacionamentos, e que esses passam por toda a jornada de uma experiência prazerosa e totalmente segura.

É preciso estar em sinergia que a questão da segurança é essencial e não pode ser colocada em segundo plano, jamais!

Será que um dia aprenderemos? Já foram tantas as fatalidades que ocorreram que já teríamos *know how* suficiente para não mais termos notícias como essa.

A gestão de uma crise já em andamento é um outro componente que não pode ser esquecido em um evento e que merece planejamento. Porém não vemos essa articulação tão presente nos projetos dos eventos. E na atualidade, isso urge ser realidade e não mera utopia.

Segurança Preventiva em Eventos Ganham Mais Adeptos

A cada dia mais os profissionais da área de eventos e clientes primários e secundários conscientizam-se da necessidade crucial do investimento na segurança para que os acontecimentos especiais transcorram de forma plena, muito mais produtivos, eficientes e catalisadores de bem-estar.

Lógico, que a cultura reativa ainda é predominantemente mais comum, mas já há expressivos indícios que a cultura preventiva se torna a configurar no meio como algo estrategicamente vital para a obtenção de bons resultados.

A própria condição do país reconhecido como um dos principais destinos para realização de megaeventos no mundo, também colabora para que o setor esteja em elevado aquecimento e alvo de investimentos em capacitações do seu fluxo profissional, de melhorias em obras viárias e estruturais e da renovação e inauguração de espaços para receberem diversos tipos de eventos. Na verdade, esses investimentos estão em passos vagarosos demais, entrando em choque com o crescimento do mercado, mas... como somos conhecidos por nosso jogo de cintura e criatividade, vamos em frente!

Questões até então pouco disseminadas como atos terroristas, violência urbana, uso descontrolado de entorpecentes, entre outros, atualmente são variáveis de segurança que se tornaram zelosas em uma logística responsável que prega a gestão preventiva como recurso profissional que deve anteceder os planos reativos, que devem sempre coexistir.

Com a realização dos megaeventos, na década passada, alguns poucos legados se estabeleceram no universo dos eventos.

As CICs – Centro Integrado de Controle – foram um exemplo da importância de ter todos os órgãos relacionados ao acompanhamento do evento estarem dispostos estrategicamente em um único espaço, realizando trocas e informações em tempo real, na busca de soluções e/ou realinhamento da organização do mesmo, estruturado com todo o apoio técnico e tático de monitoramento por meios de canais de imagens e/ou outros meios de informação. Essa iniciativa é um fomento da gestão pública e que não é utilizada somente para eventos, mas sim para toda a administração de um território, município ou região.

Quando esse conceito insere-se em eventos temos o ECC – Event Control Center, termo em inglês e que no Brasil recebeu o nome de CICE – Centro Integrado de Comando de Evento.

O CICE pode ser considerado o coração do evento, pois ele irá gerenciar por meio de representantes de todos os domínios presentes para a execução do planejamento previsto de todo o acontecimento especial, tendo a comunicação estabelecida diretamente entre esses diversos agentes, que propiciam agilidade na tomada de decisões e repasse de orientações diretamente das áreas envolvidas, que reunidas em um único espaço, integram-se e tornam-se uma única célula colaborativa, afinal, um evento se faz com os esforços de todos.

Como plataforma centralizadora e facilitadora do fluxo de não conformidades, o CICE tem como objetivo agilizar as soluções necessárias para que a política de riscos seja implantada de forma adequada e eficiente, garantindo um ambiente seguro e de bem estar, por meio de medidas proativas e reativas.

O CICE integra a gestão do evento possibilitando, de forma operacional, o monitoramento e controle de situações que possam gerar incidentes e acidentes que comprometam o pleno sucesso do mesmo.

Há um grande equívoco em acreditar que o CICE só poderá ser montado em grandes eventos. Seu modelo é adaptável a qualquer categoria, área de interesse, tipologia e dimensão do público.

O mais importante desse cenário é justamente a preocupação relacionada à segurança e fazer tudo que pode ser feito será sempre muito pouco, perante as diversas variáveis e da logística do mesmo.

Em segurança, o mais será sempre menos, por essas e outras: Seja muito bem-vindo CICE!

Não dá para Tapar o Sol com a Peneira
Epidemias, Pandemias e Endemias:
Uma Variável de Segurança que Veio para Ficar

Pode soar como algo estranho, mas verificar a carteira de vacinação já está sendo encarada como um novo procedimento de segurança, sobretudo em grandes eventos.

Antes mesmo da pandemia que assolou o mundo em 2019/2020/2021, para efeito prático, uma casa de espetáculos onde ocorreria a apresentação da banda Capital Inicial, o Clube Jundiaiense, no interior de São Paulo, exigiu para acessar a sua sede de campo a obrigatoriedade da comprovação de vacinação contra a febre amarela.

O público não foi pego de surpresa, pois há pelo menos 10 dias desse evento, existia forte comunicação por parte dos organizadores, em diversos meios, alardeando a condição para ingressar no local, já que a região onde o espaço está localizado foi notificada pela Unidade de Zoonoses, como área de risco para a disseminação da doença.

Mesmo assim, todas as pessoas que se dirigiram até lá deveriam não apenas apresentar o ingresso como também a carteira de vacinação em dia, e aparentemente isso não aconteceu com uma parcela do público que foi até o show e por essa razão, por não atender ao protocolo de segurança, acabou ficando do lado de fora.

Mesmo atendendo às premissas legais e fomentando comunicações específicas sobre a situação, a empresa responsável pela produção e locatária do espaço do Clube Jundiaiense, a Oceania, afirmou que o dinheiro iria ser reembolsado pra quem não conseguiu entrar, justamente por tratar-se de uma pontual política e o público ainda não estar tão atento a essa nova ordem.

A questão da vacinação é complexa, pessoal e controversa, sobretudo em ambientes polarizados e negacionistas, mas como os eventos são atividades de ordem coletiva é preciso pensar de forma mais ampla e abrangente visando a segurança de todos. E nesse caso a exigência de um certificado vacinal para os eventos presenciais correspondem ser uma medida preventiva e muito assertiva para a situação pandêmica.

E essa preocupação deve entrar no rol de análises de todos os outros tipos de eventos já que as doenças infectocontagiosas estão em crescente escala mundial, sobretudo após o mundo presenciar a primeira grande pandemia mundial, em proporções gigantescas.

Quem não lembra dos horrores e repulsas oriundas da Dengue, Zika, Chikungunya, Vaca Louca, H1N1, Ebola e outras doenças mais recentes?

A análise com profundidade do local a sediar um evento e toda a sua infraestrutura relacionada ao zelo com relação a focos e possíveis proliferações das doenças tornaram-se variáveis preocupantes no que diz respeito à segurança de um acontecimento especial.

Vale ressaltar que um evento pode acabar por si só atuando como um agente multiplicador e algo que era epidêmico pode tornar-se uma pandemia, espalhando-se por diversas regiões do planeta.

Razão para multiplicar a responsabilidade dos organizadores de eventos na ponderação da escolha de um destino e local para realizar seu evento, afinal, o que se deve levar na bagagem ao regressar é um conjunto de boas memórias e não ser classificado como um agente patogênico.

Não é hora de Mimi... e sim de ação! Segurança em Eventos para Todos, dos mais próximos aos mais distantes.

Em eventos, a segurança deveria sempre ser posicionada como item crucial, sem estar atrelada a *sainhas* e/ou táticas reducionistas. A máxima de que "tudo que puder ser feito, sempre será pouco", mediante as diversas variáveis que orbitam o tema, impulsiona o setor a colocar de vez no lugar mais soberano de um planejamento de evento, a segurança e suas diversas variáveis, entre elas a de introdução de protocolos sanitaristas responsáveis, conscientes e até mesmo educativos.

Glossário com os principais termos técnicos nos meios turísticos, de A&B, de Marketing e instrumentos utilizados em Eventos, Cerimonial e Protocolo.

4 Ps:
- O composto do marketing, visto sob a ótica do vendedor, a saber, a definição do Produto, do seu Preço, Promoção e da Praça.

5W + 2H:
- Ferramenta utilizada para planejamento. Consiste na resposta de 7 questões, cujas palavras em inglês, começam com W e H: O QUE: (WHAT), QUANDO: (WHEN), POR QUE: (WHY), ONDE: (WHERE), COMO: (HOW), QUEM: (WHO) e QUANTO: (HOW MUCH)

A capella:
- música vocal que não possui acompanhamento de nenhum instrumento.

Acústica:
- A qualidade da sala de espetáculos no que diz respeito a transmissão do som. Problemas acústicos geralmente são complexos em sua natureza e muito dinheiro e horas de trabalho podem ser economizados com a consulta de um engenheiro ou arquiteto especializado desde o início do processo de projeto de um teatro.

Adriças:
- Corda de fina espessura da cor branca utilizada no hasteamento das bandeiras

AIDA:
- Essa sigla significa Atenção, Interesse, Desejo e Ação — que são as etapas do modelo de conversão. Tem como base o comportamento das pessoas na tomada de decisões e, por isso, é uma ferramenta eficaz para direcionar as ações de marketing de resultado.

A-la-carte:
- Menu completo, com preço diferenciado por prato. O cliente escolhe as opções que deseja.

All Inclusive:
- Bebidas, refeições (café da manhã, almoço, jantar e refeições intermediárias) e entretenimento, inclusos na diária.

All Suites:
- Hotel que só tem suítes (ou seja, quartos em que há sempre uma sala anexa).

Alfabeto Fonético Internacional:
- É um sistema de notação fonética que padroniza sons falados a fim de evitar confusões, principalmente ao soletrar palavras, baseado no alfabeto latino. Importantíssimo, por exemplo, no preenchimento de passagem aérea, hoje muito usado em telefonemas e conversas em rádios comunicadores.

Alta temporada
- Período do ano no qual existe grande fluxo de visitantes ou turistas, normalmente provocando superlotação na infra-estrutura turística local. Demanda aquecida que induz valores mais elevados.

Alvará de funcionamento ou alvará eventual:
- Documento que garante a licença para abrir um estabelecimento ou realizar um evento. É concedido mediante uma taxa e está de acordo com a legislação vigente da região ou município

Amenities, ou amenidades:
- São itens ou atos cujo principal propósito é trazer prazer aos outros, mas que tenham utilidade. Por exemplo, uma cesta com sabonetes, shampoo, sais de banho, colônia, etc. no banheiro dos hóspedes pode trazer uma satisfação adicional.

Amplificador:
- Aparelho eletrônico que tem como função aumentar a altitude do sinal analógico, tornando o som mais alto nos alto-falantes, sem tirar a qualidade do som.

Anais:
- Registro das publicações ou documentos de um congresso ou similar

Anfitrião:
- É o "dono da casa", que convida, que recebe e acompanha os seus convidados, que faz "as honras da casa", que despede e que agradece. O anfitrião pode, em determinadas circunstâncias, ceder a presidência do evento.

Arara:
- Uma estrutura feita em madeira ou metal, onde se colocam os cabides com os figurinos do espetáculo. Normalmente ficam nos camarins ou nas coxias do palco. Geralmente é feita com dois pés laterais ligados no alto por um cano ou madeira arredondada.

Arquibancada:
- Estrutura onde são fixados assentos simples ou bancos para o público. Geralmente utilizadas em espaços alternativos e salas multi-uso.

Arquibancada retrátil:
- Estrutura telescópica com assentos e encostos dobráveis, que pode ser recolhida até atingir a profundidade de uma fileira. Utilizada para organizar as tipologias cênicas de uma sala multi-uso ou teatro black-box.

Audiovisual:
- Combinação de recursos de áudio e vídeo para comunicação em qualquer escala (de pequenas reuniões a transmissões de grandes shows).

Autoridade:
— Aquele que tem o poder de se fazer obedecer; quem detém o domínio, o poder. Nas organizações, a autoridade se encontra nas chefias intermediárias dos diversos níveis de hierarquia e na direção superior.

Avant-première:
- termo francês que se refere à primeira apresentação de um evento cultural, costumeiramente cinema ou musical.
De suma importância, pois chama a atenção de um grande número de pessoas e da mídia, ajudando na divulgação.
Raramente possui ingressos para venda, restringindo-se aos convidados VIPs ou imprensa.

B2B:
- Business-to-business significa serviço ou comércio entre empresas. Nesse caso, o alvo não é o consumidor final.

B2C:
- Business-to-consumer significa serviço ou comércio entre uma empresa e o consumidor — de empresa para o cliente.

Backbus:
- Publicidade em toda a parte traseira do ônibus

Backlight:
- Peça retroiluminada apresentando texto e/ou imagem.

Backdrop:
- Corresponde ao painel com as logomarcas dos patrocinadores do evento, geralmente posicionado na entrada do evento, na parte de trás dos que falam nas comitivas de imprensa ou ainda em pódios de premiação.

Balcão de Degustação:
- Stand que tem como objetivo divulgar de forma personalizada um produto apresentado por um promotor ou demonstrador.

Ball Room:
- Salão de baile, festas, eventos, congressos.

Banner:
- É o formato pelo qual as propagandas aparecem na Internet. Geralmente, são linkáveis aos sites dos anunciantes. Segundo a Jupiter Research, uma das principais empresas de pesquisa na Internet, esse formato de propaganda tende a ser substituído por outros mais eficazes. O primeiro banner que surgiu foi em novembro/94 no site da Hot Wired.

Bandeirola:
- "Material de ponto de vendas". Tipo de pequena bandeira utilizada para enfeitar as lojas, nela se escreve o nome do produto a promover. Também conhecida como banner, é utilizada em pontos de vendas, conteúdo e mensagem promocional. Pode ser confeccionada em pano, plástico ou papel.

Bar Mitzvah:
- Cerimônia na Sinagoga - Realizada por um Rabino - Celebração da iniciação da vida adulta para meninos. judeus. Simboliza os 13 anos de vida.

Bat Mitzvah:
- Cerimônia na Sinagoga - Realizada por um Rabino - Celebração da iniciação da vida adulta para meninas. judias. Simboliza os 12 anos de vida.

Barman / Barwoman:
- Profissional responsável pelo bar, seja em um estabelecimento ou evento. Ele fica no balcão ou no quiosque de bebidas preparando drinques e coquetéis para os fregueses ou convidados. As mulheres também já chegaram a esse lado do balcão, estabelecendo a profissão de Barwoman.

Bartender:
- Profissional de coquetelaria que apresenta visual repaginado e trabalho de barman mais performático. É presença constante em festas e eventos de público mais jovem e descolado, realizando verdadeiros shows, com direito a dança, pirofagia (manobras com fogo), acrobacias e mágicas.

Barquete:
- Pequeno leito de massa em forma de canoa, sobre a qual se colocam recheios variados.

Beca:
- Capa preta de tecido e modelos diversos utilizada em eventos acadêmicos (em especial às formaturas). O mais comum é com mangas longas e duplas, pala larga, grandes costais, com sobrepeliz e franzido na cintura. Possui botões internos para abotoar, torçal com borla pendente, tarja na pala e costas, estas na cor da área do conhecimento do professor.

Bell Boy:
- Mensageiro de hotel.

Benchmark:
- Líder reconhecido mundialmente, no País, na região e/ou no setor, utilizado para efeito de comparação de desempenho. O termo também pode ser utilizado para designar uma prática ou um resultado que seja considerado o melhor da classe.

Benchmarking:
- Atividade de comparar produtos, serviços, estratégias, processos, operações e procedimentos com líderes reconhecidos para a identificação de oportunidades de melhoria da gestão. O termo indica os "melhores resultados do mundo" dentre as organizações do setor, em determinados itens de controle. Observa-se atualmente a tendência de se ir além da análise do setor e procurar apresentar um desempenho ainda melhor como referencial. O objetivo do benchmarking é conhecer e, se possível, incorporar o que os outros estão fazendo de melhor. 1. Comparação do desempenho de produtos e processos com o daqueles de empresas líderes. 2.

Arte de descobrir como e por que algumas empresas podem desempenhar muito mais tarefas do que outras. O propósito de uma empresa fazer benchmarking é imitar ou melhorar os melhores desempenhos de outras empresas.

Beurre Blanc:
- Molho à base de manteiga, muito usado na culinária francesa.

Bilheteria:
- Lugar do teatro onde se vendem, trocam ou reservam ingressos para os espectadores – convidados

Blind test:
- (teste-cego) - Estudo de mercado sobre um produto do qual o consumidor não conhece a marca.

Blimp:
- Inflável hermético de grande dimensão colocado em ambientes amplos e externos contendo mensagens. Normalmente são alimentados por gás Hélio.

Blini:
- Panquequinha russa originalmente usada para acompanhar caviar e salmão.

Blister
- Apresentação de um produto embalado em um suporte de cartão e uma estrutura de plástico transparente, permitindo visualização.

Block Off:
- Bloqueio de determinado número de assentos, em voos regulares, para uso exclusivo.

Blog de negócios:
- Tem todos os atributos dos blogs pessoais, porém, é usado de forma estratégica, ajudando a direcionar tráfego de leads, estabelecer autoridade sobre um assunto específico e converter.

Bloqueio/Allotment:
- Número de assentos, em Cia Aérea, ou apartamentos, em hotéis, reservados para utilização por parte da operadora, desde que reportados dentro de um prazo determinado antecipadamente, de comum acordo entre estas empresas.

Borla:
- Enfeite na cor branca, normalmente de seda, com fios pendentes, que recobre o capelo do reitor

Bounce Rate:
- É a taxa de pessoas que entram em uma página da internet e saem rapidamente, sem interagir e navegar. A taxa de Bounce Rate elevada é indicativo de que o seu conteúdo não é atrativo e precisa ser melhorado.

Branding:
- É o conjunto de ações relativas à administração de marcas. São tarefas voltadas para os processos de desenvolvimento, criação, lançamento, fortalecimento, reciclagem e expansão da marca. Estas tarefas visam criar e explicitar valores tangíveis e intangíveis, construir uma identidade sólida, gerar confiabilidade e, por fim, dar à marca uma boa imagem que reflita um caráter responsável e assegure que a marca ocupe um lugar privilegiado no mercado e na mente dos consumidores. Em poucas palavras, branding pode ser definido como "conjunto das tarefas de marketing — incluindo suas ferramentas de comunicação — destinadas a otimizar a gestão de marcas" Rafael Sampaio (2002, p. 27)

Break-even point:
- Ponto de equilíbrio e ponto de nivelamento. Definição de um preço para cobrir os custos de um produto ou serviço para atingir um lucro desejado. Ponto onde a oferta é igual à demanda, volume de venda em que se igualam custo e receita e no qual a empresa não apresenta lucro ou prejuízo. Ponto de nivelamento: Volume de vendas quando a receita total é igual aos custos totais. Método de fixação de preços por forma a obter uma taxa de rentabilidade é baseada na relação custos/vendas.

Briefing
- Conjunto de informações coletadas em reunião para o desenvolvimento de um trabalho. A partir dessas informações são mapeadas as expectativas, limitações e sugestões dos requerentes/solicitantes a fim de verificar a viabilidade de cada uma das possibilidades traçadas. O briefing é elemento primordial para o planejamento de todas as etapas dos eventos.

Brifar:
- Ato de passar o briefing para outra parte envolvida.

Brinde:
- Instrumento ofertado gratuitamente, utilizado para reforço de relacionamento e fixação de marca

Bruschetta:
- Torradas à moda italiana.

Body-Type:
- Texto fictício, usado nos layouts para simular a existência de palavras em determinado local.

Boneca/boneco:
- Objeto demonstrativo de trabalho gráfico com mais de duas páginas destinado a ser impresso. Confeccionado no mesmo formato em que se pretende imprimir o trabalho em questão, o(a) boneco(a) funciona como um lay out e orienta o paginador ou o arte-finalista, com o desenho das páginas a serem montadas e com a disposição de cada página em relação a outra. Seu principal objetivo é demonstrar como deverá ser a peça final depois de impressa e montada.

Borderô:
- Planilha que contém discriminados toda a receita e gastos de um evento. É feito no final do evento e é uma ferramenta essencial para se obter uma visão estratégica dos rendimentos e tirar boas conclusões através dos números apresentados.

Bottom:
- Mais conhecido como Pin, peça promocional em forma de broche, que pode ser produzida em diversos formatos

Box Truss:
- Estrutura modular de fácil manuseio e montagem, fabricada em alumínio ou aço carbono de alta resistência. Possui quatro modelos comuns que se diferenciam pela sua capacidade de carga: Q15, Q20, Q25 e Q30. O box truss Q15 é o mais simples, leve e prático. Não precisa de mão de obra especializada para sua instalação e é utilizado geralmente como suporte para iluminação, telas de projeção, banners, etc. O box truss Q30, por sua parte, foi projetado para suportar cargas mais pesadas e se emprega geralmente como estrutura para shows, palcos e eventos de grande porte.

Budget:
- Orçamento em inglês. Geralmente utilizado para definir a verba disponível para um projeto ou período de tempo. 1. Cálculo da receita ou da despesa. 2. Estimativa das entradas e despesas correspondentes a determinado período de tempo. 3. Cálculo de custo futuro. 4. Instrumento de programação das atividades da empresa e de controles dos resultados, a fim de avaliar eventuais desvios do programa.

BusDoor:
- Publicidade em toda a parte da lateral do ônibus

Business Center:
- Área ou dependência do hotel correspondente a uma extensão de um escritório, com serviços de secretaria e equipamentos. Pode também ser inserido em uma planta de evento corporativo.

Buzz marketing:
- Trata-se de uma estratégia para gerar discussão positiva sobre um produto ou marca, semelhante ao marketing viral. Geralmente, envolve parcerias com influenciadores digitais de um determinado segmento. Novo termo para boca-a-boca.

By Night:
- É o passeio noturno, que geralmente inclui ingresso a casas de shows ou visita a pontos turísticos.

Cachê:
- Pagamento efetuado a profissionais ou amadores para desempenharem determinadas funções por tempo determinado

Candy buffet:
- Quem sabe inglês já traduziu logo. E é isto mesmo: uma mesa com guloseimas que lembram a infância. São doces como balas coloridas e de sabores sortidos, chicletes, marshmallows, pirulitos, confetes, jujubas e suspiros para crianças e adultos se deliciarem.

Calígrafo:
- Profissional especializado em escrever à mão, com letras especiais, os nomes dos noivos e outras informações do casamento, nos convites e envelopes, de forma personalizada. Os primeiros calígrafos de convites foram monges da Idade Média, que eram contratados por famílias ricas.

Canopla:
- Nome da peça que envolve o microfone e mostra a logomarca da emissora.

Carômetro
- Repositório de informações de pessoas com fotos associadas para facilitar o reconhecimento.

Capelo:
– Chapéu utilizado nas cerimônias de colação de grau, na cor branca exclusivamente para o reitor, e preta para os demais componentes da mesa e formandos.

Caprese:
- Salada tipicamente italiana à base de tomate, mussarela e manjericão.

Cartaz Aéreo:
- Cartaz produzido em qualquer material destinado a ser suspenso no alto dentro de um determinado espaço.

Cartazete:
- Pequeno cartaz usado em determinado espaço para comunicar algo.

Carry On:
- Bagagem de mão permitida a bordo de aviões, com peso máximo de cinco quilos por passageiro. A soma do comprimento, altura e largura têm limite de 115 centímetros.

Cartão de mesa:
- Utilizado para marcar o lugar do convidado à mesa. Pode ficar acima do guardanapo, sobre o prato ou logo acima dos talheres de sobremesa, encaixados em porta-cartões (placement).

Cash:
- Pagamento em dinheiro.

Cash Flow:
- Fluxo de Caixa. Previsão de necessidades financeiras.

Cast:
- Profissionais selecionados para trabalhar em um evento. O responsável pelo serviço de casting deve ficar atento às necessidades do cliente, avaliando as

características do evento para que possa selecionar os melhores profissionais para trabalhar nele.

Catálogo:
- Material destinado a ilustrar os produtos / serviços que a empresa disponibiliza aos clientes.

Catering:
- Pode ter duas abordagens: fornecimento de A&B, comida preparada e alguns serviços correlatos (copos, louça, toalhas, etc.) para festas, banquetes, restaurantes, companhias de aviação, na maioria das vezes locais mais remotos, sem muita infraestrutura ou muita gente. Serviço de refeições coletivas.

Cenário:
- Conjunto dos diversos materiais e efeitos cênicos (telões, bastidores, móveis, adereços, efeitos luminosos, projeções etc.)
que serve para criar a realidade visual ou a atmosfera dos espaços onde decorre a ação dramática; cena, dispositivo cênico.

Cenografia:
- Arte e técnica de criar, projetar e dirigir a execução de cenários para eventos, espetáculos de teatro, de cinema, de televisão, de shows etc.

Central de intérprete:
-Unidade que permite que o intérprete simultâneo escute e fale ao mesmo tempo, sendo realizada a transmissão de forma clara e nítida por meio de microfones do tipo headset.

CEO:
- Chief Executive Officer

Certificado:
- Documento que comprova que o indivíduo fez um curso, participou em evento ou esteve presente em algum lugar, porém não possui o valor de mercado de um diploma. Geralmente é confeccionado em papel tamanho A4, com gramatura entre 150g e 250g. Pode ser impresso em gráfica ou diretamente em impressora comum (jato de tinta ou laser). Contém informações básicas sobre o evento (nome, data, local, realizadores, patrocinadores, etc.) e o nome do participante, podendo indicar o tipo de participação (palestrante, organização, participante, etc.).

Ciclo de Vida do Produto:
- Desenvolvimento das vendas de um produto, em cinco fases: introdução, aceitação, turbulência, maturidade e declínio. Alguns autores não consideram a fase de turbulência

City Tour/Sightseeing:
- Passeio turístico por uma cidade, geralmente a bordo de ônibus/microônibus, com guia local.

Check-in:
- Registro do cliente para utilização do serviço reservado (voo, hotel).

Check-out:
- Encerramento da hospedagem (pagamento da conta, devolução da chave, etc.).

Checklist:
- Documento que orienta o planejamento e a organização de um evento ou projeto. Contém o descritivo de todas as tarefas a serem executadas com a indicação de cada passo, setor ou pessoa responsável, além do prazo final para a execução

Chou:
- Bombinhas de massa arredondadas.

Clipping:
- Produto gerado a partir do acompanhamento, da leitura e da seleção das notícias veiculadas sobre a instituição, em meio físico, eletrônico ou digital, nos diversos meios de comunicação.

Cloche:
- Utensílio para manter a temperatura da comida bem como para proteger a mesma. Deve ser retirado com cuidado uma vez que retêm o calor do alimento. Encantava o bailado dos garçons que traziam os cloches para a mesa, olhavam uns para os outros retirando os tampos ao mesmo tempo. Cada vez menos é, ainda, muito comum na Ásia e Oriente Médio.

Code-Sharing:
- É o voo compartilhado, entre duas ou mais companhias aéreas. Pelo acordo, passageiros que adquiriram passagem aérea de uma determinada empresa, podem embarcar no voo de outra. Uma Companhia cede assentos para a outra conveniada acomodar seus passageiros.

Concorrência pública:
- Competição de preços para procura de melhor oferta na realização de negócio ou execução de obra

Conceito criativo:
- Linha expressiva ou ideia norteadora da peça publicitária ou produto editorial definida após análise dos objetivos de comunicação, do público-alvo, entre outros.

Código de desconto:
- código distribuído a uma ou mais pessoas para que tenham desconto na compra de algum produto ou serviço

Collect Call:
- Ligações telefônicas a cobrar no local de destino. Existe um serviço da Embratel chamado Brasil Direto, com atendimento em português.

Comim:
- Ajudante ou aprendiz de garçom, também conhecido como commin ou commis. Atua limpando as mesas vazias, trocando toalhas, juntando mesas para grupos maiores de pessoas, recolhendo objetos caídos, transportando a comida da cozinha até o guéridon.

Commodity:
- Produtos sem diferenciação --> Feijão, milho etc.

Comunicação eletrônica:
- O correio eletrônico, internet, fax e telefones móveis são elementos que traduzem evolução tecnológica nessa forma de comunicação. Em eventos, independentemente do porte, os rádios são absolutamente essenciais para comunicação interna.

Copatrocínio:
- Divisão de cotas entre empresas que patrocinam um mesmo programa ou evento. Exemplo: Copa do Mundo.

Conciergerie:
- No hotel, a conciergerie, normalmente está localizada ao lado da recepção e presta serviços de informações sobre assuntos diversos (passeios, gastronomia, transporte, etc), que não se refiram à hospedagem.

Condecoração:
- Reconhecimento de um ato de coragem, bravura ou solidariedade de um militar ou civil. A pessoa condecorada recebe uma medalha para simbolizar a homenagem.

Copyright:
- Direito legal exclusivo de reproduzir, publicar e vender uma obra literária, musical ou artística

Core Business:
- Trata-se da essência de um determinado negócio. O núcleo central do negócio da empresa.

Cortesia:
- Bonificação de desfrutar de algum serviço ou evento gratuitamente.

Crachá:
- Utilizado para identificação das pessoas em determinado local ou evento, contendo o nome da pessoa e a sua função. Geralmente afixado na roupa na altura do peito ou pendurado no pescoço.

Credencial:
- Documento que comprova determinada posição ou função de uma pessoa lhe garantindo direitos ou vantagens.

Creme Azedo:
- Creme de leite bem batido com limão. Ideal para acompanhar frutos do mar.

Croqui:
- Arte ou mapa de localização ou que representa a ideia (layout)

Cronograma:
- Disposição em uma tabela do período para se realizar um trabalho, discriminando as atividades a serem realizadas e o tempo gasto em cada uma delas. Utilizado para o gerenciamento do trabalho, permitindo uma visualização fácil do que deve ser feito. No caso de eventos, além das atividades, também é utilizado para mostrar a programação, com data e hora de cada atração, por exemplo.

Croque Monsieur:
- Misto quente coberto com molho branco.

Crostini:
- Torrada tipo bruschetta, em tamanho menor.

Cupom:
- Peça distribuída aos consumidores, oferecendo vantagens na aquisição de determinado produto.

Curador:
- Profissional responsável pela concepção, montagem e supervisão de uma exposição ou mostra de arte. Geralmente escolhe as obras a serem exibidas organizando-as de modo que façam sentido no contexto da exposição ou mostra. Atualmente também foi desenvolvido o termo Curador de Conteúdo, sobretudo no que diz respeito à parte temática de um evento.

Cyber space:
- Local montado dentro do ambiente de um evento que permite aos participantes acesso à internet. Pode ser montado de forma simples, com mesas e cadeiras ou banquetas, ou criando-se ambientes mais acolhedores, utilizando-se formatos de estandes de tipo básico ou especial. Os cyber spaces passaram a formar parte importante de eventos corporativos, técnicos e científicos, tendo em vista a necessidade que os profissionais enfrentam atualmente de manter acesso frequente à rede mundial de computadores.

Data Porta:
- Instalação oferecida nos apartamentos dos hotéis com entrada para laptop.

Datashow:
- Projetor multimídia que permite a projeção da tela de um computador em grandes telas ou superfícies planas claras (ex. paredes lisas).

Day Use:
- Utilização parcial de uma diária hoteleira. É muito utilizado em hotéis próximos a aeroportos para passageiros em trânsito (aguardando conexões entre voos).

Deadline/Prazo Final:
- Prazo para confirmação e/ou pagamento de serviços contratados.

Decoração:
- Técnica que consiste em organizar e ornamentar visualmente um ambiente interno, estabelecendo relações estéticas e funcionais a partir da combinação de

elementos do ambiente. É muito importante para eventos, uma vez que uma decoração temática e bem produzida pode engrandecer a festa e tornar tudo mais convidativo e divertido.

Dimmers:
- Equipamento chave do sistema de iluminação cênica que possibilita o controle da intensidade de funcionamento dos refletores e seu acender e apagar, através da ligação de uma mesa de comando de iluminação cênica.

Dj:
- Abreviação de disc jockey e corresponde ao profissional responsável por tocar as músicas de um evento, previamente escolhidas e inseridas em uma playlist.

Dress Code:
- Indicação de traje ou estilo para ser utilizado na ocasião do evento, costumeiramente indicado no convite. Em muitos eventos oficiais e luxuosos é proibitivo a entrada de pessoas que não sigam essa indicação. Este item também é utilizado como indicação de uniforme para o staff.

Diplomacia:
- Ramo da administração pública encarregado das relações de um governo perante Estados e governos estrangeiros. Significa, também, habilidade no trato de questões delicadas e polidez.

Display:
- Qualquer elemento destinado a promover, apresentar, expor, demonstrar e ajudar a vender qualquer produto ou serviço, podendo ser colocado diretamente no solo, vitrine, balcão e gôndola.

DMC:
- Destination management company — empresas de gerenciamento de destinos, que são mais do que uma simples agência de turismo, mas tenham um conhecimento muito específico de destinos, fornecedores para apoiar em viagens corporativas e de incentivo e eventos, no processo de logística e que apoiem o briefing.

Dumping:
- Utilização do preço para domínio de mercado (venda abaixo do custo).

ECAD (Escritório Central de Arrecadação e Distribuição):
- Órgão responsável por recolher e distribuir o imposto referente aos direitos autorais dos artistas.

E-Commerce:
- Comércio realizado em um ambiente digital.

Early Check-in:
- Entrada de hóspede ao hotel em horário anterior ao regular, 12h (é o de praxe, mas existem exceções). É uma tolerância que pode ou não ser concedida, quando há disponibilidade, sem cobrança de ônus ao hóspede.

Edital:
- Documento divulgado para o público ou interessados, no qual são colocadas as informações e orientações relevantes sobre determinado acontecimento, como concursos ou licitações. É a forma de divulgação oficial dos atos administrativos.

Enófilo:
- Palavra grega que significa "amigo do vinho". Apreciador e conhecedor de vinho.

Estande:
- Espaço reservado a cada participante de uma feira para que exponham seus produtos.

Estande Ilha ou Island Booth:
- É o estande que tem corredores nos 4 lados. Costumeiramente grande, m2 caro, mas eficiente para grandes marcas, quando temos muitos elementos a serem destacados numa feira.

Faca:
- Dispositivo de madeira com lâminas de aço que cortam e traçam para moldar

Faixa de Rua:
- Mensagem impressa pintada em tecido ou plástico colocado nas ruas ou fachadas de prédios.

Fam Tour:
- Também conhecido como Fam Trip, é um programa desenhado especialmente para receber potenciais compradores ou divulgadores de um local/serviços focado em Turismo e espaços de eventos.

Geralmente são grupos que visitam, com tudo ou parcialmente tudo pago. Convidados comunemente são operadores de turismo, coordenadores de eventos e mídias especializado do setor

Fap/Pensão Completa/Full-Board:
- Diária de hotel que inclui três refeições (café da manhã, almoço e jantar - normalmente sem bebidas).

Fee:
- Valor fixo mensal que a empresa desembolsa para pagamento à agência por um determinado pacote de serviço. O escopo do trabalho e os valores são acordados previamente entre as partes.

Fingerprint tree:
- Traduzindo ao pé da letra: árvore de impressões digitais. É aquela árvore singela que se coloca normalmente na entrada da festa para que seus convidados assinem. Depois, ela fica de recordação do evento.

Finger food:
- É um tipo de buffet com pequenas refeições em porções únicas, servidas diretamente na colher, no palito ou até para comer com a mão, sem talheres. A apresentação do prato é mais elaborada. Canapés e petiscos são um tipo de finger food.

Fitness Center/Health Club:
- Na hotelaria, é um complexo que pode agrupar vários serviços: sala de ginástica, sauna, massagem, piscina, salão de beleza.

Flâmula:
- Bandeirola fixada em haste vertical. Tipo um Estandarte pequeno, triangular, para ser fixado em parede.

Flexografia:
- Processo de impressão que utiliza clichês flexíveis e tintas líquidas. Sistema de impressão rotativa, em relevo, bastante utilizada em embalagens, papel-cartão, etc.

Fluxograma:
- Representação gráfica de uma sequência de operações. No planejamento, pode ser encontrado em todas as etapas.

Flyer:
- Material impresso utilizado para a divulgação de um evento, produto ou serviço. Tem tamanho reduzido, costumeiramente impresso apenas em um lado, sendo utilizado para a alta distribuição e para promover o evento, atuando como teaser. Hoje em dia é possível ajustar o material que foi impresso para que ele tenha uma versão virtual.

Focus group:
- Pesquisa qualitativa de caráter exploratório de um segmento do mercado, com vistas à obtenção de dados sobre sua opinião, comportamento, percepções etc sobre um assunto, produto ou serviço

Fogos de Artifícios:
- Os fogos de artifício são explosivos dotados de um pavio para iniciar a combustão. A combustão inicial provoca a rápida ascensão do foguete, que a certa altura explode violentamente. Eles são usados em festas populares ou celebrações para criar um efeito ruidoso ao acontecimento, e como meio de aviso de que algum acontecimento está iniciando ou terminando.

Folder:
- Folheto impresso em uma única lâmina, geralmente encartado em pastas.

Folheto promocional:
- Material impresso destinado a promoção de produtos ou serviços. Fotolito - Lâminas obtidas a partir de seleção fotográfica sobre película sensível à luz para ser utilizado na produção da matriz na impressão.

Forfait:
- É o serviço que chamamos em nosso site de "viagem sob medida", um roteiro de viagem feito para atender a necessidade específica do passageiro. O sinônimo é "taylor made" ou feito sob medida.

Formulário:
- Documento em formato de questionário que visa captar dos participantes os dados e informações relevantes para determinado evento ou prestação de serviço.

Fornecedor:
- Profissional terceirizado que vende ou aluga o seu produto e/ou serviço para a organização de um evento ou para uma empresa. No caso dos eventos podemos citar os fornecedores de bebida, de aparelhos eletrônicos, de brindes, etc..

Foto e Filmagem:
- Profissionais especializados em registrar os bastidores (making-off), a cerimônia, a chegada dos convidados especiais através de fotografias e filmagem (vídeo). Após os registros, fotógrafos e cinegrafistas providenciam álbuns de fotos, edição e gravação de fotos e vídeos em mídias eletrônicas (CD, DVD, Blue Ray, etc.).

Fretamento/Charter:
- Voo realizado em uma aeronave fretada, com tarifas mais econômicas que as praticadas no mercado e com regras pré-estabelecidas quanto à duração, data de saída/regresso e destino, entre outras.

Front Light:
- Painel com iluminação frontal.

Full Fare:
- Tarifa publicada, sem descontos. Na hotelaria, é a "balcão" (aquela afixada na recepção). Na Cia. Aérea, é a tarifa "cheia".

Galette:
- Bolo folhado.

Galhardete:
- Faixa na vertical, impressa ou pintada; estruturada por peças de madeira ou plástico, utilizada para chamar a atenção, normalmente em eventos.

Gap:
- Intervalo

Gramatura:
- Unidade que exprime o peso de papel em gramas por metro quadrado. Quanto maior a gramatura, mais grosso o papel.

Grissini:
- Biscoito salgado de origem italiana em forma de palito.

Guéridon:
- mesinha ou carrinho colocado junto ao cliente para facilitar o serviço, principalmente ao servir os pratos

Guilhotina:
- Máquina de corte de papel, papelão...

Gym:
- Ginásio, ou workout room, que é a sala de malhação.

Hackathon:
- Originalmente Hackathon significa maratona de programação, uma combinação das palavras inglesas "hack" (programar de forma excepcional) e "marathon" (maratona). Era focado em soluções tecnológicas e de programação. Com o tempo tem sido utilizada no setor de empreendedorismo, economia criativa, inovação e até comunicação. Pode durar 1 dia ou uma semana, onde grupos se formam aleatoriamente (na maioria das vezes) para "resolver ou propor" uma solução interessante para um briefing. Neste período de "fermentação" de ideias os grupos tem tutorias de experts para apoiá-los no desenvolvimento. Com os projetos prontos, acontece a apresentação e estes podem ser votados ou julgados e posteriormente premiados e implementados. Tem empresas hoje em dia se valendo desse formato de evento, para criar espécies de concorrências express, inclusive para montagem de eventos.

Hand-sell:
- É a repetição, pelo menos 6 vezes, do nome do produto em um comercial, spot, jingle ou speech MC

Hashtags:
- As hashtags são uma maneira de interagir nas redes sociais sobre um determinado conteúdo. Elas interligam conversas públicas no Twitter, Facebook e Instagram em um único fluxo. Para fazer um post com hashtag, basta colocar o sinal de jogo da velha (#) junto de uma palavra ou frase sem espaços, criando assim um link automaticamente. Se você segui-lo, verá todos os posts com a mesma hashtag em um feed especial.

Heavy user:
- Consumidor de alta frequência/volume de determinado produto.

Heráldica:
— Ciência que estuda os escudos das armas reconhecidas a pessoas e famílias.

Headset:
- É um equipamento formado por um fone de ouvido e um microfone acoplado que é fixado na cabeça do usuário.
É interessante quando o palestrante circula pela plenária ou faz anotações num quadro trazendo mais liberdade ao falante.
Ele costuma ser mais caro para locação e mais sensível a ruídos. Certifique-se de acoplá-lo e testá-lo no keynote speaker com antecedência.

Hierarquia das Necessidades de Maslow:
- As necessidades básicas que as pessoas são motivadas a satisfazer são: Fisiológicas, segurança, ego e autorrealização (nesta ordem).

Hipertexto:
- Texto em formato eletrônico que leva a outro ponto ou arquivo relacionado.

Honras:
- Deferências e reconhecimentos perante uma determinada personalidade.

Homem/Mulher Sanduíche:
- Pessoa que anda por um roteiro estipulado ou fica parado em um certo ponto com dois cartazes pendurados no seu corpo, fazendo propaganda de um produto ou serviço. Também conhecido como Mandoor.

Hors d'oeuvre:
- Palavra francesa cuja tradução é "fora do trabalho". Seriam os pratos servidos à parte da refeição, antes ou no horário em que não há refeição. Desta forma seriam adequados em um coquetel, open house, casamento (dependendo de espera de noivos), etc.

Hosted Buyer:
- São potenciais compradores de um setor que são convidados a irem a um evento do nicho (com parte da viagem custeada pelo programa) e reúnem-se com os fornecedores.

Hostess:
- Recepcionista de um evento ou local, responsável por recepcionar os convidados tomando providências como colocação de pulseiras especiais e entrega de cortesias.

Ilha de Buffet:
- Espaço onde são colocadas mesas grandes ou balcões com guarnições, saladas, carnes, frutas, etc, oferecendo aos convidados a comodidade do Buffet Americano, em que eles podem se servir à vontade.

Inbound Marketing:
- Inclui qualquer estratégia de Marketing Digital que visa chamar a atenção das pessoas, sem imposições e agressividade. Por meio da criação e compartilhamento de conteúdo relevante para o seu público, a estratégia de Inbound Marketing faz com o que as pessoas venham até você (e não o contrário) e lhe dêem autorização para o envio de mensagens.

Indoor:
- Eventos ou atividades indoor são aqueles que acontecem em um ambiente interno.

Inflável:
- Peça promocional feita de material plástico, flexível e hermético que se pode encher de ar e imprimir ou pintar mensagens.

Inflável Gigante:
- Objeto de grandes proporções feito de material emborrachado ou nylon com alimentação contínua de ar ou através de um motor.

Informe Publicitário:
- Matéria paga, normalmente com as mesmas características de diagramação do veículo em que está sendo publicada. Pode-se considerá-la uma "propaganda" da empresa, porém de maneira que o consumidor a aceite como uma matéria do próprio veículo.

Input list:
- Tabela onde são colocados os canais de entrada necessários para a instalação dos instrumentos de um show , e contém informações como efeitos de cada canal e outros.

Inscrição:
- Processo pelo qual uma pessoa deve passar para ter o seu nome na lista de participantes e poder participar do evento. Pode ser paga ou gratuita.

Interpretação consecutiva:
- Modalidade de interpretação na qual se divide a fala em segmentos que são traduzidas consecutivamente. Enquanto o orador fala o intérprete escuta, e após determinado intervalo de tempo, o orador realiza uma pausa e o intérprete então comunica na outra língua a o que foi dito pelo orador. Tendo em vista que orador e intérprete não falam de forma simultânea, esta modalidade de interpretação ocupa aproximadamente o dobro do tempo da interpretação simultânea, diminuindo ainda a fluência natural da fala do orador.

Interpretação simultânea:
- Nessa modalidade, os intérpretes formam duplas para cada língua e ficam sentados em cabines à prova de som e recebem pelos fones de ouvido o que é dito em um idioma e, por meio de microfones ligados aos receptores dos participantes, transmitem simultaneamente, em outro idioma, as palavras do orador. A interpretação simultânea é mais utilizada em congressos e reuniões de grande quantidade de pessoas, e possibilita que o orador faça a sua apresentação sem interrupções.

Itinerante:
- Que se desloca constantemente. Um evento itinerante é aquele realizado em diferentes cidades durante um certo período de tempo.

Jet-Lag:
- Desajuste do relógio biológico ocasionado pela troca de fuso horário.

Jingle:
- Mensagem cantada. Comercial musicado para TV ou rádio.

Job:
- Tarefa com começo, meio e fim, realizada por alguém sem vínculo empregatício, podendo ser constante ou eventual (freelance). Essa palavra é utilizada, também, para designar um trabalho virtual.

Job description:
- Exame das ações desempenhadas pelos profissionais de uma determinada área.

Joint Venture:
- Associação de empresas que desejam entrar em mercados novos e/ou compartilhar habilidades, com o fim de executar projetos.

Just in time:
- Estratégia de produção desenvolvida originalmente pela fábrica japonesa de automóveis Toyota. Em cada fase do processo produtivo, a linha de montagem recebe a peça correspondente no tempo exigido e na quantidade exata. O sistema just in time proporciona o chamado estoque zero. Seus objetivos são prever a aquisição por pedidos de vendas, eliminar os estoques iniciais, e os intermediários finais de produção e programar a produção pool, de modo fabricar com regularidade e constância em cada ponto do círculo produtivo. Essa técnica permite às indústrias adequar-se à demanda efetiva de mercado. As vantagens são grandes, sobretudo na redução dos custos de armazenagem.

Key account:
- Conta chave, conta importante para uma empresa.

King Size Bed:
- Cama de casal do tamanho de três camas de solteiro. O padrão americano é de 2m por 2m.

Kit toillet:
- É um mimo para os convidados, mostrando que a organização está preocupada com o bem-estar deles. No toilette é uma caixinha com utilidades para atender emergências: linha e agulha para pregar um botão que caiu, curativo para machucados ou pés com bolhas depois de tanto dançar no salto alto, grampinhos de cabelo e produtos de higiene como absorventes para as moças.

Kosher ou Kasher:
- Em hebraico significa apropriado, adequado —, pois o povo judaico acredita que o alimento nutre não apenas o corpo, mas a alma. É a comida preparada de acordo com as leis e restrições da comunidade judaica, eventos para a comunidade judaica optam por seguirem estes princípios e buffets que realizem essa forma de A&B. Já existem alimentos industrializados que possuem um selo Kasher que indica que os mesmos foram processados considerando os princípios previstos. A comida kasher é classificada em três categorias: carne, leite e parvo (vegetais, frutas e verduras).
Carnes: apenas as de animais ruminantes e de casco fendido, como a vaca, o carneiro e o cervo. Portanto, estão fora do cardápio o porco e o coelho, por exemplo.
Mar: apenas os peixes com barbatanas e escamas, naturalmente estão excluídos todos os crustáceos e moluscos.
Aves: não são permitidas as de rapina, que se alimentam de outros animais, mas sim frango, peru, ganso, faisão e pato.

A forma de abate dos animais também deve seguir algumas regras, assim como a dieta halal: eles não podem sofrer e, depois do abate, o sangue deve ser completamente drenado.
Panelas utilizadas com alimentos não kasher e leite misturado com leite também são inconcebíveis.
Costumeiramente um rabino pode acompanhar estes preparos para certificar que a regra kosher está sendo seguida

Lâmpada Dicróica:
- Uma lâmpada dicróica é uma lâmpada halógena que possui um refletor usualmente feito de vidro coberto por um revestimento de material dicróico, esse revestimento dicróico, reflete toda a luz visível mas permite a passagem dos raios infravermelhos e ultravioleta. Isso significa que mais de 60% desses raios são irradiados para trás e para os lados da lâmpada, em vez de seguirem diretamente para frente junto aos raios de luz visível.

Late Check-out:
- Saída do hóspede do apartamento após o horário padrão, 12h (é o de praxe, mas existem exceções). É uma tolerância que pode ou não ser concedida, quando há disponibilidade, sem cobrança de ônus ao hóspede.

Layout:
- 1. Esboço artístico mostrando a posição relativa das ilustrações, títulos e texto de uma peça promocional ou de resposta direta. 2. Projeto de anúncio, rascunho bem acabado que permite uma visão exata do que vai ser o anúncio. Divisão do espaço dentro do evento, com respectivas montagens e sub-áreas.

Licenciamento:
- Método utilizado para entrar em um mercado já com uma marca consolidada utilizando, assim, um processo de fabricação, marca registrada, patente etc., em troca de uma taxa de royalty. Venda de direitos para comercialização de produtos com marca registrada ou para utilização de processos patenteados.

Lift:
- Teleférico, meio de elevação. As chairlifts são cadeirinhas individuais que levam esquiadores ao topo das montanhas.

Link dedicado:
- O link dedicado é um serviço especialmente desenvolvido para o setor corporativo, onde as empresas têm acesso a um link exclusivo para a transmissão de

dados, sem a necessidade de compartilhamento deste link. Garante acessibilidade, estabilidade e altas taxas de transferência. Através do link dedicado, a empresa é conectada diretamente a uma porta roteadora, eliminando congestionamento de redes e obtendo mais desempenho em todo o sistema.

Linóleo:
- Tapete de borracha especial colocado como forração do piso do palco, com função de proteção e/ou acabamento; também utilizado para amortecer o impacto dos movimentos, sendo muito utilizado em espetáculos de dança.

Lista de espera/Wait List:
- Diz-se daquela solicitação de serviço (reserva de viagem, bilhete aéreo, etc.) pendente de confirmação.

Livro de Honra:
- Livro onde é inscrito o registo (dedicatória, assinatura, data) de uma personalidade relevante num determinado evento.

Live Marketing:
- Inicialmente defendido pela AMPRO, desde 2013, é utilizado em substituição ao termo Marketing Promocional, ampliando seu escopo indicando todas as ações "ao vivo" que seriam: eventos, ativações, degustação, sampling, promoção de vendas, premiações por concurso, sorteio, vale-brinde, programas de incentivo, abordagens, monitoramento em PDV´s)

Locação [contrato]:
- Contrato bilateral com tempo determinado ou não, em que o locador cede algo para o locatário mediante remuneração também pré-estabelecida. São muito importantes para que o organizador do evento tenha mais segurança de que o evento correrá como planejado.

Lodging House, Youth Hostel:
- Albergue.

Logomarca:
- Símbolo Gráfico identificador de uma empresa ou marca, quando composta do símbolo em si mais o logotipo.

Logotipo:
- Letras utilizadas para compor o nome de marca ou empresa.

Lote:
- Remessa de várias unidades de um mesmo produto. No setor de eventos, refere-se às remessas de ingressos de um certo valor. A cada lote, o valor dos ingressos aumenta.
Usado como chamariz para otimizar a pré-venda, nos primeiros lotes é um preço mais acessível e serve de "termômetro" para verificar a demanda pela procura.
É muito importante deixar a informação no site do evento e no site de compra de ingressos em qual lote está: primeiro, segundo, , demonstrando o quão o evento está concorrendo, bem como demonstrar que os ingressos não estão caros, mas que houveram lotes mais em conta no início da temporada de venda.

Lounge:
- No exterior, é o que chamamos de sala vip nos aeroportos brasileiros. Nos hotéis, pode ser sala de estar e bar.

Lucro bruto:
- Resultado que resulta em uma transação comercial entre o valor investido na compra e/ou realização e por quanto foi vendido. Neste cálculo de subtração não entram as despesas que ocorrem entre estas duas operações.

Lucro líquido:
- Resultado que resta em uma transação comercial entre o valor que foi pago na compra, mais todas as despesas que ele teve até a efetiva venda do produto e/ou serviço.

Mailing list:
- Lista com dados para contato com os públicos de interesse: nome, telefone, instituição onde trabalha, cargo, e-mail, blog, endereços, Twitter etc..

Maitre:
- É uma palavra de origem francesa que originalmente significa "chefe". Em português é o nome dado ao responsável por agendar os clientes em restaurantes, coordenar quem vai servir qual mesa — garantindo máxima eficiência no atendimento — e lidar com as reclamações dos clientes.

Mala direta:
- É a remessa, via correio, de folhetos, folders, circulares a um público em potencial

Making off (por trás das câmeras):
- Recurso utilizado para registro visual da situação dos bastidores com comentários e observações das cenas e dos acontecimentos.

Mango Chutney:
- Condimento em forma de geleia à base de manga e especiarias, de origem indiana, muito apreciado pelos ingleses.

Map/Meia-Pensão/Half-Board:
- Diária de hotel que inclui duas refeições (café da manhã e almoço ou jantar - normalmente sem bebidas).

Mapa de mesa:
- Recurso que identifica em uma planta baixa a disposição das mesas com o nome dos convidados. O Plano de Mesas é uma espécie de mapa ou planilha que informa os tipos, tamanhos e formatos das mesas da recepção, suas posições no salão e quais convidados se sentaram em cada uma delas. Ideal para eventos grandes e formais, o Plano de Mesas no Brasil tem como prerrogativa comum reservar apenas as mesas dos principais convidados.

Mapa de palco:
- Mostra as dimensões do palco e a localização correta de cada elemento dentro dele, como instrumentos, microfones e tomadas. Utilizado para planejar e comportar corretamente quem irá se apresentar.

Máquina de Fumaça:
- A máquina de Fumaça (Smoke Machine) ou Máquina de Neblina (fog machine) como também é conhecida, são máquinas que disparam um vapor aquecido de um fluído especial com base em glicerina, que faz um efeito similar a neblina ou mesmo a fumaça, totalmente atóxicos.
As máquinas de fumaça, basicamente consistem em um reservatório, uma bomba e um aquecedor, onde passa o fluído e se vaporiza, alguns modelos mais modernos possuem controle do fluxo de fluído e recursos como acionamento remoto ou indicadores de temperatura e estado.

Mark-up:
- Método elementar de fixação de preços que consiste em definir um preço a partir de uma taxa standard aplicada sobre o custo total.

Marketing de Conteúdo:
- São as estratégias para atrair clientes por meio de conteúdo relevante. Podem ser usadas por qualquer tipo de empresa, B2C ou B2B, de variados portes, seja ela pequena, média ou grande. E entenda por conteúdo relevante toda informação que você disponibiliza para um público específico, com o objetivo informá-lo e/ou educá-lo, e não de fechar uma venda imediata.

Merchandising:
- Ferramenta de comunicação de marketing utilizada no ponto de venda e em espaços editoriais para reforçar mensagens publicitárias ou em substituição à propaganda.

MERCOSUL:
- Tratado de Assunção assinado em 1991, colocou efetivamente em andamento o projeto de integração entre: Brasil, Argentina, Uruguai e Paraguai, através da criação do rendimento comum do Cone Sul (Mercosul).

MICE:
- Do acrônimo Meeting, Incentive, Conference, Exhibition indica os tipos de eventos corporativos mais comuns: Reuniões/ Incentivo/ Congressos/ Feiras.
Termo fortemente utilizado no segmento de eventos e turismo para identificar os eventos corporativos divulgada pela ICCA (International Congress & Convention Association)

Microfone de lapela:
- É um tipo de microfone de tamanho reduzido que pode ser instalado na roupa do usuário (preferencialmente na lapela), de modo que, as mãos de quem o utiliza fiquem livres.

Microfone sem fio:
– Microfone alimentado a bateria, dispensando cabos para funcionamento.

Mídia Training:
- Trata-se de termo para designar um programa de treinamento direcionado para indivíduos que necessitem estar habilitados a se relacionar adequadamente com a imprensa, capacitando os interessados a atender as demandas da mídia em geral, seja no modo de falar, na composição dos trajes e na construção de um discurso objetivo e claro. "Atualmente, o termo designa cursos encomendados pelas assessorias de comunicação, com o objetivo de otimizar o contato das fontes da empresa com a mídia. Contempla 'sabatinas', laboratórios diversos e palestras

conceituais, que municiam as fontes com dicas e conhecimentos básicos para o relacionamento com a mídia." (DUARTE: 2003, 408). O treinamento permite que o atendimento à imprensa seja parte integrante de uma política de portas abertas, que favorece a abertura de canais de comunicação com as mídias e a divulgação da versão oficial dos fatos, especialmente em momentos de crise institucional.

Mídia Desk (Slide Desk):
- Local destinado a recebimento e teste e adequação das apresentações dos palestrantes.

Minimalismo:
- O minimalismo é um movimento artístico e cultural surgido no século XX, que busca se expressar fazendo uso de um número mínimo e fundamental de elementos. A ideia de que "menos é mais" influenciou as artes, literatura, arquitetura, design e a moda. Nos eventos, o minimalismo é representado pela preocupação com o essencial, reduzindo elementos da decoração e da composição dos trajes fazendo uso de poucas cores ou monocromia, formas geométricas básicas e visual clean. O design minimalista dispensa os excessos de cores, texturas carregadas e arabescos, criando um clima moderno, elegante e discreto.

Miolo:
- Páginas internas de uma publicação.

Mise-en-place:
- Termo em francês que significa "posta no lugar, pôr em ordem". Relacionado às ações da cozinha e mesa.

Mixagem:
- Processo pós gravação da música que nivela o volume de todos os instrumentos, a fim de que o ouvinte ouça o cantor e cada instrumento na mesma altura e de maneira clara.

Mock-up:
- Simulação / boneco de um produto ou embalagem geralmente em escala maior, utilizado para produção fotográfica.

Naked cake:
- É um tipo de bolo que está super em alta! Ele não leva aquela cobertura decorada com pasta americana. O bolo fica "pelado", decorado apenas com seu recheio,

flores, frutas e uma fina camada de açúcar de confeiteiro. Combina com uma temática um pouco mais rústica e menos tradicional.

No Show:
- É o não comparecimento do passageiro, no dia e horário marcado, para utilização de um serviço adquirido (mais usado para embarque em Cias Aéreas e hospedagem).

Nominata:
- Relação das autoridades presentes à cerimônia. Pode ser feita em forma de lista ou de cartões individuais com nome, cargo/entidade e, ainda, os dados do representante, quando houver. A autoridade que iniciar os trabalhos será responsável pela leitura das nominatas, devendo, nesse procedimento, receber orientações para respeitar a ordem hierárquica decrescente.

Octanorm:
- Sistema modular em alumínio utilizado em montagem de estandes. Baseia-se em tubos de alumínio com oito lados (daí o nome "octanorm"), vários comprimentos e ranhuras onde se encaixam diversos tipos de travessas (retas, curvas, estreitas, largas).

Off-Set:
- Sistema de impressão

Open bar:
- Significa bar aberto. Um evento open bar, sendo a entrada paga ou não, oferece o consumo liberado de qualquer tipo de bebida pelos convidados, não impondo limite de dose por pessoa.

Oratória:
- Arte de falar ao público

Outlet:
- Ponta de fábrica. Lojas que vendem a "preço de fábrica". Também são chamadas de factory outlet e outlet mall.

Outbound Marketing:
- É uma estratégia direcionada e até mesmo invasiva de anunciar o que a empresa tem para oferecer para seus clientes. Para isso, usam anúncios na TV, outdoors,

jornais, revistas e até mesmo o telemarketing, entre outros canais. Ou seja, é a empresa que vai até o cliente.

Outdoor:
- Cartaz de rua que é colado em painéis de grande envergadura.

Outorga de grau:
- Ato no qual o (a) Reitor (a) (ou seu representante) concede aos concluintes de cursos superiores o grau de Tecnólogo, Bacharel ou Licenciado.

Overbooking:
– Situação em que o número de reservas efetuadas excede a capacidade do local.

PA ou P.A.:
- É o nome dado ao som para público, é um tipo de montagem de caixas de som, onde o sistema geralmente é montado com caixas de som de 3 vias e via de graves separadas ou em alguns alinhamentos, montadas com caixas para cada via em separado. Possui como característica uma alta pressão sonora, e é mais indicada em ginásios, teatros, e sonorização em ambientes fechados. O SISTEMA PA ou Public Address System, foi criado tendo em mente a utilização de grandes pressões sonoras, principalmente em ambientes fechados, para a realização de bailes e eventos, sendo seu uso estendido a eventos abertos e shows ao vivo, com algumas modificações.

Pantone:
- Utilizado em artes gráficas como referência para impressão, é um padrão de cores

Parajet:
- Utiliza-se de um parapente motorizado, que levará atrás uma faixa contendo o nome do evento, sua data, enfim, um mínimo de informações em função do tamanho. É utilizado para atingir pessoas próximas à orla marítima;

PAX:
- Abreviatura usada para designar "passageiros".

Pensão Completa/FAP/Full-Board:
- Diária de hotel que inclui três refeições (café da manhã, almoço e jantar - normalmente sem bebidas).

Palmier:
- Biscoito de massa folhada em formato de coração.

Pallet:
- Plataforma de madeira (ou plástico) usado para transportar ou apoiar mercadorias.

Panegírico:
- Discurso público em louvor a alguém ou a um ser abstrato. Elogio solene.

Pano de serviço:
- Usado debaixo da travessa para proteger as mãos contra queimaduras. Quando não estiver em uso, não se deve ficar com o pano amassado nas mãos, debaixo do braço ou dobrado sobre o antebraço esquerdo. Deve ser dobrado na hora em que o garçom for atender o cliente para que não caia pelos lados e toque o prato. Também é usado para auxiliar no serviço de vinho, espumantes, champagne e similares.

Panóplia para Bandeiras:
- Estrutura para ordenamento de bandeiras.

Paraninfo(a):
- É aquele que apadrinha. É a homenagem mais importante que um docente pode receber na ocasião da outorga ou da solenidade de conclusão de curso. Personalidade de referência para o período em que os alunos estiveram na instituição. É aquela pessoa que representa a turma na solenidade.

Patrono(a):
- Personalidade de destaque na vida da turma (podendo ser uma pessoa da área do curso ou de fora da instituição).

Partes interessadas:
- Indivíduo ou grupo de indivíduos com interesse no desempenho da organização e no ambiente em que ela opera. A maioria das organizações possui os seguintes interessados: 1) clientes/usuários; 2) força de trabalho; 3) acionistas e proprietários; 4) fornecedores e parceiros; 5) comunidade e sociedade.

Patrocínio:
— É um instrumento de comunicação segundo o qual o patrocinador comunica e se promove, associando-se a determinada imagem (de marca, de serviço, de um projeto ou evento) em troca de contrapartidas financeiras

Pax:
- Abreviação para passageiros, mas no meio de eventos identifica o número de pessoas envolvidas.

PDCA:
- Ferramenta da qualidade cuja abreviatura corresponde à sequência de palavras em inglês (plan, do, check, act), que representam a metodologia estruturada para formular e implementar ações de qualquer tipo. Em português, tem sido traduzido para PFVA (planejar, fazer verificar, atuar); também é conhecido como ciclo de Shewhart ou ciclo Deming.

PDV:
- Ponto de venda

Placa inaugural:
- Placa geralmente em bronze, utilizada no registro de datas de inauguração de obras, salas, monumentos etc.

Placement:
- Porta-cartão, escrito com letra caprichada o nome de cada convidado.

Pelerine:
- Tipo de capa (manto) comprida, geralmente godê e com aberturas para os braços; pequeno manto que cobre apenas a parte superior do corpo.

Pergunta aberta:
- Aquela que normalmente evita uma resposta apenas "sim" ou "não", exigindo que o interlocutor formule a resposta com suas próprias palavras. Em pesquisa, é um tipo de pergunta em que o entrevistado responde livremente o que pensa sobre o assunto.

Pergunta fechada/objetiva:
- Pergunta que já tem alternativas de resposta. É a do tipo "quando", "onde", "quantos", "quais" etc. Geralmente, as perguntas desse tipo vêm acompanhadas das alternativas que são assinaladas pelo entrevistador de acordo com a resposta dada pelo entrevistador. Tem objetivo meramente quantitativo.

Pergunta semi-aberta:
- Em pesquisa, é a representação ao entrevistado de uma pergunta com alternativa prevista de resposta, mas que depois complementa, justificando sua resposta.

Person to person:
- A ligação telefônica só é efetuada se atender a pessoa solicitada.

Pesto:
- Molho italiano à base de manjericão, alho e nozes.

Pitch:
- O espaço entre as poltronas de um avião.

Plano de Mesa -Placement
- Formatação de posicionamento estratégico dos convidados em um evento, facilitando a confraternização entre eles, já que serão unidos por afinidades e interesses convergentes.

Plus:
- Vantagem adicional, o algo mais

Pódio ou Podium:
- Estrutura com 3 posições utilizada em competições na hora de premiação, para que o 1°, 2° e 3° recebam as medalhas.
As dimensões do mesmo devem ser conferidas se tem indicações pela Federação da modalidade esportiva do evento ou referente a modalidade individual/coletiva/dupla; pois todos devem poder subir. Importante que estes sejam leves para facilitar a montagem rápida das cerimônias de premiação, bem como devem ter design que acompanhe a comunicação visual do evento.

Porta folheto (take one):
- Display oferecendo folhetos.

Portfólio:
- Conjunto de produtos, serviços oferecidos por uma empresa a um mercado ou a segmentos deste.

Praça:
- Área do salão onde cada garçom é responsável em servir. Os espaços são divididos por praça e cada garçom tem as suas mesas de atendimento.

Praticável:
- Estrutura, usualmente em madeira, com tampo firme, usada nas composições dos níveis dos cenários. É construído em diversas dimensões e formatos e é

normalmente modulado para facilitar as composições, de forma que todos possam ser vistos pela plateia.

Press kit:
- Kit que reúne textos, imagens e materiais de apoio para subsidiar os jornalistas e comunicadores com informações mais detalhadas e dinâmicas sobre um evento, um programa, um projeto ou quaisquer ações institucionais. Pode ser enviado em meio físico, eletrônico ou digital.

Press Release:
- Texto claro e objetivo com as principais informações sobre um evento, um programa, um projeto ou quaisquer ações institucionais. Ferramenta bastante utilizada pela assessoria de imprensa para informar os comunicadores sobre assuntos de interesse da instituição. Pode ser enviado em meio físico, eletrônico ou digital.

Projetor multimídia:
- Os projetores de vídeo, também conhecidos como data-show, utilizam um canhão luminoso para exibir as imagens procedentes de um computador (ou de outro dispositivo que gere imagens) em um telão ou na parede. A avaliação da luminosidade do projetor é feita por meio de uma medida denominada ANSI lumens. Quanto maior for essa taxa maior será a luminosidade do projetor. Mas assim como nos monitores de vídeo, a resolução de um projetor também pode influenciar na qualidade da imagem. Quanto maior seja a resolução, melhor será a definição da imagem exibida.

Promoter:
- Promotor. Profissional que tem a responsabilidade de promover um produto ou serviço.

Pronunciamento:
- Exposição de ideias proferida em público. Para evitar dispersão do tema ou repetições inconclusivas, deve ser redigido antecipadamente.

Prospect:
- 1. Cliente que a agência tem em perspectiva. 2. Pessoa ou empresa que demonstra interesse em comprar um produto.

Quarteirização:
- Caminho natural para as empresas que terceirizam seus serviços, ou seja, empresas contratam empresas que administram os serviços de terceirização.

QR Code:
- Um tipo de código de barras que pode ser lido por um smartphone, apontando-se a câmera do celular para ele. A imagem codificada é, então, convertida em uma informação específica, como um texto ou uma foto.

Queen Size Bed:
- Cama de casal pequena (de viúvo). O padrão americano é 2m por 1,20m.

Queijo:
- Denominação dada a um praticável de forma circular.

Receptivo:
- É a agência credenciada pela empresa operadora da viagem, para receber os passageiros nos destinos e realizar os passeios incluídos na programação.

Receptores para interpretação simultânea:
- Equipamento eletrônico portátil, com vários canais individuais, que permite ao ouvinte escutar vários idiomas transmitidos simultaneamente. Utilizado na modalidade de interpretação simultânea, popularmente conhecido como "tradução simultânea", existe nas opções de transmissão VHF e Infravermelho.

Réchaud:
- É uma espécie de fogareiro de metal, em prata ou inox, usado para manter a comida quente num buffet, para flambar sobremesas ou até preparar pratos ligeiros, como um fondue.

Reuniões de feedback:
- Encontros dos coordenadores e equipes de apoio para troca de experiências, para conhecer os retornos sobre as atividades, as dificuldades enfrentadas e os resultados positivos alcançados. Tais encontros permitem o amadurecimento das equipes e geram subsídios importantes para ações futuras.

Rider técnico:
- Consiste em uma lista com todos os equipamentos de palco (sonorização e iluminação) necessários em um evento ou show. É realizado pela equipe dos artistas — no caso de shows, discriminando tudo que deve ser providenciado para que a apresentação seja feita com qualidade — e pelos produtores de eventos, no caso de eventos que não contratam artistas, mas precisam de sonorização e iluminação especiais.

RFP:
- Request for Proposal, ou em bom português Requisição de Proposta. Efetivamente é uma solicitação, muitas vezes feita através de um processo de licitação, por órgão ou empresa interessada na aquisição de um bem ou serviço aos seus potenciais fornecedores para que estes apresentem propostas de negócios.
Este formato de negociação é comum em grandes empresas multinacionais pois facilita a clareza para decisão pelo fornecedor.

Rough ou Rafe:
- Rascunho.

ROI – Return on Investment:
- Retorno sobre investimento – é uma métrica que expressa a relação entre o valor investido em um negócio e o valor obtido em retorno. É um jeito de saber se o dinheiro usado no marketing está gerando lucro.

Rooming List:
- Relação que inclui: nomes dos clientes, período da estada, forma de pagamento para hospedagem de grupos. Em caso de hospedagem de mais de uma pessoa por apartamento, o rooming list deve indicar as pessoas que dividirão o mesmo apartamento.

Roteiro:
- Para a área de Eventos: documento que serve como diretriz para as falas do mestre de cerimônias ou que detalha as principais etapas de um evento.

R.S.V.P.:
—Do francês Répondez S'il Vous Plait, significa "Responda, por favor". É uma forma de solicitar aos convidados que respondam o convite evento com antecedência, dizendo se comparecerão ou não. Ele aparece em forma de telefone ou e-mail no convite e fica por conta da empresa de cerimonial contratada para isso acompanhar as confirmações ou desistências.

RSVP Ativo:
- Funcionário faz a ligação para um convidado.

RSVP Passivo:
- Funcionário recebe ligação do convidado

Saia:
- Arremate, sempre em tecido, de algumas cortinas, carros ou praticáveis, de acordo com a estética adotada. Às vezes utiliza-se tecido grampeado, formando uma saia na altura do palco.

Sala vip:
- Local onde as autoridades, convidados especiais e palestrantes são recepcionados pela comissão organizadora do evento.

Samarra:
- Também conhecido como chimarra ou simarra, é a veste superior das autoridades universitárias. Trata-se de uma túnica, pendente dos ombros até a altura do cotovelo, somente usada pelos Reitores, Chanceleres e Doutores. Outras pessoas, mesmo representando o Reitor, não podem vesti-la. Os Reitores usam na cor branca, os doutores nas cores de sua área do conhecimento.

Sampling:
- Processo de distribuição de produtos com amostras grátis para que sejam avaliados pelo público-alvo. Os locais e as áreas geográficas são selecionados conforme as características desejadas (classe social, sexo, idade) para aquele tipo de produto.

Save the date:
- É tipo um pré-convite. Física ou virtualmente, os noivos enviam a solicitação para que os convidados saibam quando será o evento e reservem a data em suas agendas. Esse convite não elimina a necessidade do convite oficial, hein!.

Sauce Anglaise:
- Molho doce à base de gemas de ovos.

Schedule:
- Pauta, programação.

Shrink:
- Processo de empacotamento através de filme transparente com a finalidade de agrupamento ou proteção.

Segmentação:
- Segmentar significa separar a sua base de contatos ou perfis de acordo com um critério pré-definido. Por exemplo, segmentar uma lista por faixa etária.

Seleção aleatória:
- Seleção de elementos amostrais de tal forma que todos os elementos disponíveis para a seleção tenham a mesma chance de ser escolhidos.

Seo – Search Engine Optimization:
- Também chamado de Otimização para Motores de Busca, é uma série de técnicas que promovem um melhor posicionamento das páginas de um site em portais de buscas, como o Google. Ou seja, quanto melhor o seu SEO, mais visitantes sua página terá.

Set List:
- Relação de músicas que serão reproduzidas (por banda, DJ ou som ambiente). Também conhecido como Playlist

Share-of-market:
- Participação de Mercado. Percentual do mercado total ou de um segmento que uma Empresa ou marca detenha.

Share-of-mind:
- Participação na cabeça do consumidor, ou seja, a percepção de uma Empresa ou marca.

Shuttle:
- Um serviço de transporte, ônibus/van, contratada para transportar os participantes do evento entre instalações durante um determinado período de tempo. Serviço gratuito.
Este serviço tem sido uma ótima ferramenta para empresas patrocinadoras do evento fazerem ações de ativação, pois os carros podem ser adesivados e atuam como mídia móvel.

Site Inspection:
- Visita técnica

Ski-In/Out:
- Diz-se de hotel de montanha onde o hóspede pode sair/chegar esquiando. Trilha de esqui que liga o hotel diretamente às pistas regulares.

Slogan:
- Frase curta, geralmente incisiva

Soft open:
- Que atua com o funcionamento do local de maneira minimizada com intenção de testar e treinar a equipe, alinhando para a inauguração oficial. Serve como teste para a equipe interna e alinhamento para a abertura oficial.

Sousplat:
- Do francês, significando "debaixo ou sob o prato"; pronuncia-se "suplá"), pode ser de prata, cristal, madeira, entre outros materiais. É o suporte para os demais pratos. É um prato maior que os demais mas não se colocam alimentos nele. Se ele for usado, será colocado 2 dedos da borda da mesa. Não é obrigatório, mas contribui para melhor sofisticação.

Spot:
- Luz dirigida para obter efeitos especiais. Anúncio de curta duração

Staff:
- Equipe de apoio

Stakeholders:
- É qualquer indivíduo ou grupo que pode afetar ou ser afetado pelas ações, deliberações, políticas ou metas de uma organização. "Um stakeholder em uma organização é qualquer grupo ou indivíduo que pode afetar ou é afetado pela realização dos objetivos da organização." (Hunt e Grunning, 1990)

Stand By:
- Situação do passageiro que aguarda resposta sobre algum serviço solicitado (confirmação de passagem aérea, viagem, hotel, trem, etc.).

Standard:
- Define algo mais econômico ou mais simples. Pode ser UH de um meio de hospedagem ou até mesmo um projeto.

Streaming:
- Forma de transmissão de áudio e vídeo através de uma rede de computadores com internet, sem a necessidade de baixar conteúdo. Pode ser ao vivo ou pré gravada. As rádios online são um exemplo.

SWOT:
- Análise feita durante a fase de planejamento do plano de marketing visando encontrar as forças e fraquezas da empresa e as oportunidades e ameaças do

mercado atendido por essa mesma empresa, com a finalidade de traçar estratégias para reforçar as forças e oportunidades e eliminar ou diminuir as fraquezas e ameaças. Uma das partes componentes do Plano de Marketing.

Tablado:
- Espécie de palco improvisado a partir de uma estrutura de apoio, com tábuas criando o piso. Muitas vezes são utilizadas também chapas de madeira compensadas.

TAG:
- Etiqueta

Talar:
- A palavra talar vem do latim talus, calcanhar, daí a expressão veste talar, "aquela cujo comprimento vai até os calcanhares".

Tartar:
- Carne ou peixe crus, servidos só no tempero.

Taxa de rolha:
- Valor cobrado por hotel ou restaurante, de valor fixo, sobre as bebidas compradas pelo cliente em outro estabelecimento

Tradução simultânea:
- Serviço de comunicação realizado por profissionais especializados (tradutores intérpretes), no qual interpreta a fala do palestrante e traduz para os espectadores simultaneamente.

Trade turístico:
- Conjunto de pessoas físicas e/ou jurídicas que atuam no setor turístico.

Teaser:
- Chamadas anteriores ao lançamento de um produto ou serviço, criando expectativa, sem a imediata revelação do que se trata.

Terrine:
- Patê assado, de vegetais, carne ou peixe, em formato de bolo inglês.

Testeira:
- Estrutura colocada no alto de display/gôndola contendo elemento identificador do produto ou outra mensagem.

Totem:
- Peça sinalizadora vertical ou longilínea.

Torçal:
- Espécie de corda trançada, geralmente de seda, que reveste a pala e a gola da beca. É complementada pelas borlas pendentes.

Traquitana:
- Refere-se aos truques feitos e idealizados por cenógrafos e aderecistas.

Traslado/Transfer:
- É o transporte terrestre de um passageiro. Pode ser "in/out", quando se tratar do traslado de chegada/saída de um passageiro, em determinada cidade (transporte do Aeroporto até o hotel e vice-versa).

Tribuna:
- Móvel para a apresentação de um palestrante, para o orador, mestre de cerimônias ou convidado.

Troca de presentes por via diplomática:
- Compreende a troca de presentes entre a autoridade do país visitante e a do país visitado que é feita após o encontro oficial desses representantes. Um membro da equipe de cada uma das nações é designado para realizar a troca dos presentes, que, posteriormente, são encaminhados à autoridade destinatária. Esse procedimento simplifica o cerimonial dos eventos oficiais, tornando-o mais harmônico e célere.

Turnover:
- Substituição de pessoal (força de trabalho) por novos contratados. Rotatividade da força de trabalho.

Urna:
- Caixa para recolher os cupons de participação em operação promocional para sorteios.

Up-Grade:
- Serviço oferecido como "cortesia", por hotéis, navios, Cias. Aéreas, onde o passageiro usufrui um serviço superior ao que foi adquirido.

Vale Brinde:
- Promoção que induz o consumidor a guardar vales que acompanham produtos e podem ser trocados por brindes. Cupom que pode valer um brinde.

Valet:
- É o manobrista de carros, responsável por estacionar de forma segura o veículo do convidado sem que ele precise se deslocar para longe da entrada do evento. É um conforto, um mimo. Pode ser gratuito ou pago pelo convidado.

Valet Parking:
- Estacionamento com manobrista.

Venda antecipada (ou pré-venda):
- Venda de ingressos que acontece no período anterior à data oficial do evento. Pode acontecer online ou offline nos pontos de venda.

VERNIZ U.V.:
- Verniz secado por radiação ultravioleta é usado em impressão gráfica para melhorar o acabamento.

Vexilologia:
- É o estudo dos símbolos, das bandeiras, dos escudos e da respectiva forma de posicionar e ordenar as mesmas.

VIP:
- Significa uma pessoa muito importante, e vem do inglês "Very Important Person" Para marcar, seus clientes mais especiais, que utilizam mais seus serviços e merecem um atendimento especial. Por isso, às vezes estes têm facilidades para compra de produtos, ingressos, tem área especial e são convidados para eventos fechados.
Os VIP's também são identificados por pessoas importantes, celebridades do setor artístico/empresarial/político/esportivo que trazem glamour e destaque na mídia quando estes frequentam os eventos. A presença VIP pode ser assegurada por convites e até contratação — geralmente efetuado pelo Promoter

Videoconferência:
- Modelo de conferência que permite a participação de pessoas que não estejam presentes fisicamente no local da reunião/evento, através da comunicação por meio de câmeras, telas e microfones.

Vídeo wall:
- Equipamento constituído por um conjunto de monitores sobrepostos que formam juntos uma grande tela. Normalmente é utilizado em eventos para ampliar as imagens e facilitar a visão e o acompanhamento das solenidades.

Vol-Au-Vent:
- Tortinha de massa folhada para ser utilizada com recheio.

Voo Regular:
- Voos operados regularmente pelas Cias Aéreas, para voos comerciais, nos os quais dispomos de acordos comerciais.

Voucher:
- É o documento entregue ao passageiro com todas as especificações dos serviços turísticos adquiridos. Ele pressupõe a confirmação dos serviços discriminados.

Xilografia:
- Arte de esculpir e gravar em madeira.

Xilógrafo:
- Pessoa que domina a arte de gravar em madeira.

Walk-in:
- Check-in de hóspede sem reserva prévia. Reserva de grupos por adesão — São casos em que se efetua o bloqueio de um determinado número de apartamentos para determinado grupo, mas não é enviado rooming list. Cada hóspede pode efetuar sua reserva por conta própria.

Alfabeto Fonético

Letra	Código
A	alfa
B	bravo
C	charlie
D	delta
E	echo
F	foxtrot
G	golf
H	hotel
I	india
J	juliett
K	kilo
L	lima
M	mike
N	november
O	oscar
P	papa
Q	quebec
R	romeo
S	sierra
T	tango
U	uniform
V	victor
W	whiskey
X	x-ray
Y	yankee
Z	zulu

Mensagem Final – Andréa Nakane

De vez em quando, surgem modismos que logo passam a ser incorporados de forma uníssona em nosso dia-a-dia. E a área de eventos não é exceção!

Infelizmente as novidades chegam e assolam o mercado, sem que ao menos os profissionais a frente dos projetos de eventos analisem com propriedade se realmente aquela conduta irá ganhar produtividade e/ou resultados promissores.

Vale introduzir o conceito para que se estabeleça a conexão com a modernidade, tentando transparecer algo contemporâneo, vinculado a estar antenado com o cenário atual, afinal em um mundo de relações líquidas, consideradas passageiras, essas condutas, também demonstram suas fragilidades e por que não dizer suas efemeridades.

Basta um fazer... e quase todos vão atrás... não de forma sensata e lúcida, mas sim envolto em uma áurea de inovação, mesma que seja requentada e até mesmo sem aderência alguma.

Vamos a um exemplo? Hoje, muito se fala em disrupção e pior que abordam de forma equivocada.

Para começar: "disruption", em inglês, termo que vem sendo erroneamente traduzido por "disrupção" ou "disruptura", já que o verbo em português é "diruir" ou "derruir", que significa "desmoronar" já demonstra que ouvimos e passamos adiante, sem efetivamente termos noção clara de seu emprego.

Seu uso começou no berço da inventividade, o Vale do Silício, nos Estados Unidos, e sua associação é justamente com "ruptura", mas, em uma outra tradução mais assertiva seria "ruína" ou "derrubada", já que disrupção é uma ruptura feita à força. Traz noção de colapso, de descontinuidade, de desorganização e de deslocamento.

Já começamos a entender que seu uso na área de eventos é no mínimo encarado com cautela... tendo em vista que desorganização é tudo que não podemos abraçar majestosamente!

Há eventos que não estão atrelados a inovações... que o tradicional é que deve reinar, sem nenhuma neurose. São eventos clássicos, que seguem determinados padrões e são exitosos por isso! E porque teima-se em criar condições para a tão famosa disruptura se a mesma não encontra acolhimento no seio de determinados públicos-alvos e conceitos? É só para ficar na moda? Para manter-se em uma pseudo popularidade?

Não... em mercados onde o amadorismo não reina, isso não acontece!

Esse fato só demonstra o amadorismo que temos ainda predominante, onde o que um faz, rapidamente se torna alvo de cópias, na maioria das vezes, capengas e monstruosas ao extremo.

Não seja mais um "Maria vai com as Outras"... seja autêntico... seja coerente... seja profissional!

Não use algo só para estar na "vibe". Use com consciência de que é o melhor para seu projeto, pelos valores que irão ser agregados e não por algo que será mais um... sem nexo e sem liga, mas estará no meio de todos.

Usar as novidades demanda pensamento estratégico e sagacidade e não pode ser algo tratado de forma tão leviana e desproposital.

Por mais autenticidade e competência no mercado de eventos... esse deveria ser nosso mantra... e não só ... disruptura por disruptura!

Para refletir!

> "Aprendi que minhas delicadezas nem sempre são suficientes para despertar a suavidade alheia, mesmo assim insisto..."
>
> Caio F. Abreu

Mensagem Final – Cristiane Costa

Acreditar que fazemos um trabalho de excelência, é acreditar que o começo é através de uma formação profissional que alavanque conhecimentos e ideais. O exercício da profissão de cerimonialista vai além da pós-formação; é a busca constante por atualizações, leituras, interesses e o olhar observador nos eventos ao redor não só da sua cidade e país, como também do mundo.

Pensar que etiqueta, cerimonial e protocolo são distintos é um grande erro. Cada um tem sua definição, porém caminham juntos na construção de um evento de pompa, seja ele particular ou oficial.

As normas e regras foram criadas para serem seguidas e a quebra de protocolo deve ser avaliada na fase da concepção, para que não seja encarada como desleixo do cerimonialista e sua equipe. Quebrar um protocolo na fase do evento, sem ter previsto as possíveis críticas, pode levar o evento ao fracasso. Amadorismo, nunca! O mercado quer cada vez mais estar aliado a uma equipe íntegra, capaz, consolidada e referendada.

O cerimonialista tem nas suas mãos a responsabilidade de entregar um evento único, mesmo que não seja da classificação "único", ou seja, rico em detalhes, planejamento e que fique para sempre na memória.

Chega de erros em precedências, em convites, tipos de trajes, composições de mesa, em letras do hino, nomenclaturas e tipos de serviços. As regras de etiqueta são facilitadoras e conduzem ao caminho da hospitalidade e do acolhimento, nos eventos.

Seja competente, levando ao público-alvo dos eventos muito além do que eles pagaram ou foram convidados para. Na dúvida, estude, pesquise, leia. Não copie.

Busque o encantamento!

Mensagem Final – Autoras

Entre tanta Etiqueta e Rótulos, Falta Muita Ética

No mundo das impressões forjadas, dos filtros que desconfiguram o real, das rotulagens padronizadas, há um valor que jamais deveria ter sido desprezado e que demanda urgência para seu resgate: a ética

A ética, segundo Aristóteles, caracteriza-se como fio condutor das pessoas à felicidade, no sentido mais amplo da palavra. E dessa forma pode-se entender que a mesma pressupõe um verdadeiro bem-estar na convivência do coletivo, respeitando regras e normas de conduta que fazem valer nossa interação de forma que todos estejam alinhados com as premissas regulatórias estipuladas pelo próprio agrupamento.

O filósofo ainda acentua que sua prática demanda a razão e a boa conduta, unificadas pelo conhecimento de que a vida, mesmo pertencente a cada um, tem só sua plenitude no viver social.

A palavra "ética" vem do grego *ethos* e pode ser traduzida como caráter e na atualidade está sendo considerada como algo em profunda crise humana, já que a ética não pode ser restrita ao individualismo e à competitividade, evocando, mais do que nunca, uma orientação para com o social.

As discussões hoje estão com os holofotes para o avanço, considerado por muitos aterrorizante, da Inteligência Artificial. Porém, urge que as questões éticas sejam prioritariamente elegidas como essenciais para que possamos dar conta dos desafios futuros.

Por enquanto, temos um mercado que torna-se, a cada novo dia, menos honesto, no qual cada um rege seu comportamento pensando em seus próprios benefícios, sem considerar as práticas que os une como membros de uma sociedade.

Bonificações de valores em dobro, plágio de textos sem pudores, negações esdrúxulas de algo que lhe é de sua total responsabilidade, elaboração de narrativas que remetem a pós verdades... esse cenário pertinente ao mundo VUCA - Volátil, Incerto, Complexo e Ambíguo – exige, indubitavelmente o contínuo exercício da transparência e da consolidação de valores morais orquestrados pela honestidade e total veracidade.

Sei que não podemos esmorecer... mas tem momentos, que mesmo esbravejando, parece que esse lado nefasto de muitos está em domínio. É triste demais, mas, precisamos continuar sendo o que nos representa como essencial e que nos dignifica.

Aos demais que não compactuam, só podemos lamentar e aguardar, já que as máscaras caem, mais cedo ou mais tarde e a ética irá se renovar, igual a uma fênix, trazendo esperanças e horizontes mais auspiciosos. Queremos acreditar nisso e você?

— Anexos

Anexo 01 - Lei 70.274

Normas do Cerimonial Público e Ordem Geral de Precedência

A legislação em vigor no Brasil, desde 1972, que trata do Cerimonial Público é o Decreto nº 70.274, de 09 de março de 1972, que contém as normas do Cerimonial Público e da ordem de precedência no Poder Executivo, dividindo as solenidades em:
• Nas cerimônias de caráter federal, na Capital da República
• Nas cerimônias oficiais, nos Estados da União, com a presença de autoridades federais
• Nas cerimônias oficiais, de caráter estadual.

Atenção:
O Poder Legislativo e o Judiciário elaboraram atos e normas definindo os seus cerimoniais, observando e cumprindo as peculiaridades de cada um.
No Poder Legislativo é o Ato 152/ 2003, que regulamenta as normas do Cerimonial e a Ordem de Precedência da Câmara dos Deputados.
No Poder Judiciário é a Resolução nº 263, de 30/10/2003, alterada pela 283 de 6/2/2004, que regula o cerimonial no STF.

Presidência da República
Casa Civil
Subchefia para Assuntos Jurídicos

DECRETO Nº 70.274, DE 9 DE MARÇO DE 1972.

Aprova as normas do cerimonial público e a ordem geral de precedência
O PRESIDENTE DA REPÚBLICA, no uso da atribuição que lhe confere o artigo 81, item III, da Constituição,
DECRETA:
Art. 1º São aprovadas as normas do cerimonial público e a ordem geral de precedência, anexas ao presente Decreto, que se deverão observar nas solenidades oficiais realizadas na Capital da República, nos Estados, nos Territórios Federais e nas Missões diplomáticas do Brasil.

Art. 2º Este Decreto entrará em vigor na data de sua publicação, revogadas as disposições em contrário.

Brasília, 9 de março de 1972; 151º da Independência e 84º da República.

EMÍLIO G. MÉDICI
Alfredo Buzaid
Adalberto de Barros Nunes
Orlando Geisel
Mário Gibson Barboza
Antônio Delfim Netto
Mario David Andreazza
L. F. Cirne Lima
Jarbas G. Passarinho
Julio Barata
J. Araripe Macêdo
F. Rocha Macêdo
F. Rocha Lagôa
Marcus Vinícius Pratini de Moraes
Benjamim Mário Baptista
João Paulo dos Reis Velloso
José Costa Cavalcanti
Hiygino C. Corsetti

DAS NORMAS DO CERIMONIAL PÚBLICO

CAPÍTULO I

Da Precedência

Art. 1º O Presidente da República presidirá sempre a cerimônia a que comparecer.
Parágrafo único. Os antigos Chefes de Estado passarão logo após o Presidente do Supremo Tribunal Federal, desde que não exerçam qualquer função pública. Neste caso, a sua precedência será determinada pela função que estiverem exercendo.
Art. 2º Não comparecendo o Presidente da República, o Vice-Presidente da República, presidirá a cerimônia a que estiver presente.
Parágrafo único. Os antigos Vice-Presidentes da República passarão logo após os antigos Chefes de Estado, com a ressalva prevista no parágrafo único do artigo 1º.
Art. 3º Os Ministros de Estado presidirão as solenidades promovidas pelos respectivos Ministérios.
Art. 4º A precedência entre os Ministérios de Estado, ainda que interinos, é

determinada pelo critério histórico de criação do respectivo Ministério, na seguinte ordem: Justiça; Marinha; Exército; Relações Exteriores; Fazenda; Transportes; Agricultura; Educação e Cultura; Trabalho e Previdência Social; Aeronáutica; Saúde; Indústria e Comércio; Minas e Energia; Planejamento e Coordenação Geral; Interior e Comunicações.

§ 1º Quando estiverem presentes personalidades estrangeiras, o Ministério de Estado das Relações Exteriores terá precedência sobre seus colegas, observando-se critério análogo com relação ao Secretário-Geral de Política Exterior do Ministério das Relações Exteriores, que terá precedência sobre os Chefes dos Estados-Maiores da Armada e do Exército. O disposto no presente parágrafo não se aplica ao Ministério de Estado em cuja jurisdição ocorrer a cerimônia.

§ 2º Tem honras, prerrogativas e direitos de Ministro de Estado o Chefe do Gabinete Militar da Presidência da República, o Chefe do Gabinete Civil da Presidência da República, o Chefe do Serviço Nacional de Informações e o Chefe do Estado-Maior das Forças Armadas e, nessa ordem, passarão após os Ministros de Estado.

§ 3º O Consultor-Geral da República tem, para efeitos protocolares e de correspondência, o tratamento devido aos Ministros de Estado.

§ 4º Os antigos Ministros de Estado, Chefes do Gabinete Militar da Presidência da República, Chefes do Gabinete Civil da Presidência da República, Chefes do Serviço Nacional de Informações e Chefes do Estado-Maior das Forças Armadas, que hajam exercido as funções em caráter efetivo passarão logo após os titulares em exercício, desde que não exerçam qualquer função pública, sendo neste caso, a sua função que estiverem exercendo.

§ 5º A precedência entre os diferentes postos e cargos da mesma categoria corresponde à ordem de precedência histórica dos Ministérios.

Art. 5º Nas Missões diplomáticas, os Oficiais-Generais passarão logo depois do Ministro-Conselheiro que for o substituto do Chefe da Missão e os Capitães-de-Mar-e-Guerra, Coronéis e Coronéis-Aviadores, depois do Conselheiro ou do Primeiro Secretário que for o substituto do Chefe da Missão.

Parágrafo único. A precedência entre Adidos Militares será regulada pelo Cerimonial Militar.

Da Precedência nos Estados, Distrito Federal e Territórios.

Art. 6º Nos Estados, no Distrito Federal e nos Territórios, o Governador presidirá as solenidades a que comparecer, salvo as dos Poderes Legislativo e Judiciário e as de caráter exclusivamente militar, nas quais será observado o respectivo cerimonial.

Parágrafo único. Quando para as cerimônias militares for convidado o Governador ser-lhe-á dado o lugar de honra.

Art. 7º No respectivo Estado, o Governador, o Vice-Governador, o Presidente da

Assembléia Legislativa e o Presidente do Tribunal de Justiça terão, nessa ordem, precedência sobre as autoridades federais.
Parágrafo único. Tal determinação não se aplica aos Presidentes do Congresso Nacional, da Câmara dos Deputados e do Supremo Tribunal Federal, aos Ministros de Estado, ao Chefe do Gabinete Militar da Presidência da República, ao Chefe do Gabinete Civil da Presidência da República, ao Chefe do Serviço Nacional de Informações, ao Chefe do Estado-Maior das Forças Armadas e ao Consultor-Geral da República que passarão logo após o Governador.
Art. 8º A precedência entre os Governadores dos Estados, do Distrito Federal e dos Territórios é determinada pela ordem de constituição histórica dessas entidades, a saber: Bahia, Rio de Janeiro, Maranhão, Pará, Pernambuco, São Paulo, Minas Gerais, Goiás, Mato Grosso, Rio Grande do Sul, Ceará, Paraíba, Espírito Santo, Piauí, Rio Grande do Norte, Santa Catarina, Alagoas, Sergipe, Amazonas, Paraná, Acre, Mato Grosso do Sul Distrito Federal e Territórios: Amapá, Fernando de Noronha, Rondônia e Roraima. *(Estado de Mato Grosso do Sul incluído pelo Decreto nº 83.186, de 19/2/1979) (Estado da Guanabara suprimido pelo Decreto nº 83.186, de 19/2/1979)*
Art. 9º A precedência entre membros do Congresso Nacional e entre membros das Assembléias Legislativas é determinada pela ordem de pertençam e, dentro da mesma unidade, sucessivamente, pela data da diplomação ou pela idade.
Art. 10. Nos Municípios, o Prefeito presidirá as solenidades municipais.
Art. 11. Em igualdade de Categoria, a precedência, em cerimônia de caráter federal, será a seguinte:
1º Os estrangeiros;
2º As autoridades e os funcionários da União;
3º As autoridades e os funcionários estaduais e municipais.
Art. 12. Quando o funcionário da carreira de diplomata ou o militar da ativa exercer função administrativa civil ou militar, observar-se-á a precedência que o beneficia.
Art. 13. Os inativos passarão logo após os funcionários em serviço ativo de igual categoria, observado o disposto no § 4º do artigo 4º.

Da Precedência de Personalidades Nacionais e Estrangeiras

Art. 14. Os Cardeais da Igreja Católica, como possíveis sucessores do Papa, tem situação correspondente à dos Príncipes herdeiros.
Art.15. Para a colocação de personalidades nacionais e estrangeiras, sem função oficial, o Chefe do Cerimonial levará em consideração a sua posição social, idade, cargos ou funções que ocupem ou tenham desempenhado ou a sua posição na hierarquia eclesiástica.
Parágrafo único. O Chefe do Cerimonial poderá intercalar entre as altas autoridades da República o Corpo Diplomático e personalidades estrangeiras.

Casos Omissos

Art. 16. Nos casos omissos, o Chefe do Cerimonial, quando solicitado, prestará esclarecimento de natureza protocolar, bem como determinará a colocação de autoridades e personalidades que não constem da Ordem Geral de Precedência.

Da Representação

Art. 17. Em jantares e almoços, nenhum convidado poderá fazer-se representar.

Art. 18. Quando o Presidente da República se fizer representar em solenidades ou cerimônias, o lugar que compete a seu representante é à direita da autoridade que as preside.

§ 1º Do mesmo modo, os representantes dos Poderes Legislativo e Judiciário, quando membros dos referidos Poderes, terão a colocação, que compete aos respectivos Presidentes.

§ 2º Nenhum convidado poderá fazer-se representar nas cerimônias a que comparecer o Presidente da República.

Dos Desfiles

Art. 19. Por ocasião dos desfiles civis ou militares, o Presidente da República terá a seu lado os Ministros de Estado a que estiverem subordinados as corporações que desfilam.

Do Hino Nacional

Art. 20. A execução do Hino Nacional só terá início depois que o Presidente da República houver ocupado o lugar que lhe estiver reservado, salvo nas cerimônias sujeitas a regulamentos especiais.

Parágrafo único. Nas cerimônias em que se tenha de executar o Hino Nacional estrangeiro, este precederá, em virtude do princípio de cortesia, o Hino Nacional Brasileiro.

Do Pavilhão Presidencial

Art. 21. O Pavilhão Presidencial será hasteado, observado o disposto no art. 27, caput e § 1º: *("Caput" do artigo com redação dada pelo Decreto nº 7.419, de 31/12/2010)*

I - na sede do Governo e no local em que o Presidente da República residir, quando ele estiver no Distrito Federal; e *(Inciso acrescido pelo Decreto nº 7.419, de 31/12/2010)*

II - nos órgãos, autarquias e fundações federais, estaduais e municipais, sempre que o Presidente da República a eles comparecer. *(Inciso acrescido pelo Decreto nº 7.419, de 31/12/2010)*

Parágrafo único. Aplica-se o disposto neste artigo ao Pavilhão do Vice-Presidente da República. *(Parágrafo único com redação dada pelo Decreto nº 7.419, de 31/12/2010)*

Da Bandeira Nacional

Art. 22. A Bandeira Nacional pode ser usada em todas as manifestações do sentimento patriótico dos brasileiros, de caráter oficial ou particular.

Art. 23. A Bandeira Nacional pode ser apresentada:

I - Hasteada em mastro ou adriças, nos edifícios públicos ou particulares, templos, campos de esporte, escritórios, salas de aula, auditórios, embarcações, ruas e praças, em qualquer lugar em que lhe seja assegurado o devido respeito;

II - Distendida a e sem mastro, conduzida por aeronaves ou balões, aplicadas sobre parede ou presa a um cabo horizontal ligando edifícios, árvores, postes ou mastros;

III - Reproduzida sobre paredes, tetos, vidraças, veículos e aeronaves;

IV - Compondo com outras bandeiras, panóplias, escudos ou peças semelhantes;

V - Conduzida em formaturas, desfiles, ou mesmo individualmente;

VI - Distendida sobre ataúdes, até a ocasião do sepultamento.

Art. 24. A Bandeira Nacional estará permanentemente no topo de um mastro especial plantado na Praça dos Três Poderes de Brasília, no Distrito Federal, como símbolo perene da Pátria e sob a guarda do povo brasileiro.

§ 1º A substituição dessa Bandeira será feita com solenidades especiais no 1º domingo de cada mês, devendo o novo exemplar atingir o topo do mastro antes que o exemplar substituído comece a ser arriado.

§ 2º Na base do mastro especial estarão inscritos exclusivamente os seguintes dizeres:

Sob a guarda do povo brasileiro, nesta Praça dos Três Poderes, a Bandeira sempre no alto - visão permanente da Pátria.

Art. 25. Hasteia-se diariamente a Bandeira Nacional:

I - No Palácio da Presidência da República;

II - Nos edifícios-sede dos Ministérios;

III - Nas Casas do Congresso Nacional;

IV - No Supremo Tribunal Federal, nos Tribunais Superiores e nos Tribunais Federais de Recursos;

V - Nos edifícios-sede dos poderes executivo, legislativo e Judiciário dos Estados, Territórios e Distrito Federal;

VI - Nas Prefeituras e Câmaras Municipais;

VII - Nas repartições federais, estaduais e municipais situadas na faixa de fronteira;

VIII - Nas Missões Diplomáticas, Delegações junto a Organismos Internacionais e Repartições Consulares de carreira, respeitados os usos locais dos países em que tiverem sede;

IX - Nas unidades da Marinha Mercante, de acordo com as Leis e Regulamentos da navegação, polícia naval e praxes internacionais.

Art. 26. Hasteia-se, obrigatoriamente, a Bandeira Nacional, nos dias de festa ou de luto nacional, em todas as repartições públicas, nos estabelecimentos de ensino e sindicatos.

Parágrafo único. Nas escolas públicas ou particulares, é obrigatório o hasteamento solene da Bandeira Nacional, durante o ano letivo, pelo menos uma vez por semana.

Art. 27. A Bandeira Nacional pode ser hasteada e arriada a qualquer hora do dia ou da noite.

§ 1º Normalmente faz-se o hasteamento às 8 horas e o a arriamento às 18 horas.

§ 2º No dia 19 de novembro, Dia da Bandeira, o hasteamento é realizado às 12 horas, com solenidades especiais.

§ 3º Durante a noite a Bandeira deve estar devidamente iluminada.

Art. 28. Quando várias bandeiras são hasteadas ou arriadas simultaneamente, a Bandeira Nacional é a primeira a atingir o topo e a última a descer.

Art. 29. Quando em funeral, a Bandeira fica a meio-mastro ou a meia-adriça. Nesse caso, no hasteamento ou arriamento, deve ser levada inicialmente até o topo.

Parágrafo único. Quando conduzida em marcha, indica-se o luto por um laço de crepe atado junto à lança.

Art. 30. Hasteia-se a Bandeira Nacional em funeral nas seguintes situações:

I - Em todo País, quando o Presidente da República decretar luto oficial;

II - Nos edifícios-sede dos poderes legislativos, federais, estaduais ou municipais, quando determinado pelos respectivos presidentes, por motivo de falecimento de um dos seus membros;

III - No Supremo Tribunal Federal, nos Tribunais Superiores, nos Tribunais Federais de Recursos e nos Tribunais de Justiça estaduais, quando determinado pelos respectivos presidentes, pelo falecimento de um de seus ministros ou desembargadores;

IV - Nos edifícios-sede dos Governos dos Estados, Territórios, Distrito Federal e Municípios, por motivo do falecimento do Governador ou Prefeito, quando determinado luto oficial pela autoridade que o substituir;

V - Nas sedes de Missões Diplomáticas, segundo as normas e usos do país em que estão situadas.

Art. 31. A Bandeira Nacional, em todas as apresentações no território nacional, ocupa lugar de honra, compreendido como uma posição:

I - Central ou a mais próxima do centro e à direita deste, quando com outras bandeiras, pavilhões ou estandartes, em linha de mastros, panóplias, escudos ou peças semelhantes;

II - Destacada à frente de outras bandeiras, quando conduzida em formaturas ou desfiles;
III - À direita de tribunas, púlpitos, mesas de reuniões ou de trabalho.
Parágrafo único. Considera-se direita de um dispositivo de bandeiras a direita de uma pessoa colocada junto a ele e voltada para a rua, para a platéia ou, de modo geral, para o público que observa o dispositivo.

Art. 32. A Bandeira Nacional, quando não estiver em uso, deve ser guardada em local digno.
Art. 33. Nas repartições públicas e organizações militares, quando a Bandeira é hasteada em mastro colocado no solo, sua largura são deve ser maior que 1/5 (um quinto) nem menor que 1/7 (um sétimo) da altura do respectivo mastro.
Art. 34. Quando distendida e sem mastro, coloca-se a Bandeira de modo que o lado maior fique na horizontal e a estrela isolada em cima, não podendo ser ocultada, mesmo parcialmente, por pessoas sentadas em suas imediações.
Art. 35. A Bandeira Nacional nunca se abate em continência.

Das honras militares

Art. 36. Além das autoridades especificadas no cerimonial militar, serão prestadas honras militares aos Embaixadores e Ministros Plenipotenciários que vierem a falecer no exercício de suas funções no exterior.
Parágrafo único. O Governo pode determinar que honras militares sejam excepcionalmente prestadas a outras autoridades.

CAPÍTULO II

Da posse do Presidente da República

Art. 37. O Presidente da República eleito, tendo à sua esquerda o Vice-presidente e, na frente, o Chefe do Gabinete Militar e o Chefe do Gabinete Civil, dirigir-se-á em carro do Estado, ao Palácio do Congresso Nacional, a fim de prestar o compromisso constitucional.
Art. 38. Compete ao Congresso Nacional organizar e executar a cerimônia do compromisso constitucional. O Chefe do Cerimonial receberá do Presidente do Congresso esclarecimentos sobre a cerimônia, bem como sobre a participação na mesma das Missões Especiais e do Corpo Diplomático.
Art. 39. Prestado o compromisso, o Presidente da República, com os seus acompanhantes, deixará o Palácio do Congresso, dirigindo-se para o Palácio do Planalto.

Art. 40. O Presidente da República será recebido, à porta principal do Palácio do Planalto, pelo Presidente cujo mandato findou. Estarão presentes os integrantes do antigo Ministério, bem como os Chefes do Gabinete Militar, Civil, Serviço Nacional de Informações e Estado-Maior das Forças Armadas. Estarão, igualmente, presentes os componentes do futuro Ministério, bem como os novos Chefes do Serviço Nacional de Informações e do Estado-Maior das Forças Armadas.

Art. 41. Após os cumprimentos, ambos os Presidentes, acompanhados pelos Vice-Presidentes, Chefes do Gabinete Militar e Chefes do Gabinete Civil, se encaminharão para o Gabinete Presidencial, e dali para o local onde o Presidente da República receberá de seu antecessor a Faixa presidencial. Em seguida, o Presidente da República conduzirá o ex-Presidente até a porta principal do Palácio do Planalto.

Art. 42. Feitas as despedidas, o ex-Presidente será acompanhado até sua residência ou ponto de embarque pelo Chefe do Gabinete Militar e por um Ajudante-de-Ordens ou Oficial de Gabinete do Presidente da República empossado.

Art. 43. Caberá ao Chefe do Cerimonial planejar e executar as cerimônias da posse presidencial.

Da nomeação dos Ministros de Estado, Membros dos Gabinetes Civil e Militar da Presidência da República e Chefes do Serviço Nacional de Informações e Estado-Maior das Forças Armadas

Art. 44. Os decretos de nomeação dos novos Ministros de Estado, do chefe do Gabinete Militar da Presidência da República, do Chefe do Gabinete Civil da Presidência da República, do Chefe do Serviço Nacional de Informações e do Chefe do Estado-Maior das Forças Armadas serão assinados no Salão de Despachos.

§ 1.º O primeiro decreto a ser assinado será o de nomeação do Ministro de Estado da Justiça, a quem caberá referendar os decretos de nomeação dos demais Ministros de Estado, do Chefe do Gabinete Militar da Presidência da República, do Chefe do Gabinete Civil da Presidência da República, do Chefe do Serviço Nacional de Informações e do Chefe do Estado-Maior das Forças Armadas.

§ 2º Compete ao Chefe do Cerimonial da Presidência da República organizar a cerimônia acima referida.

Dos Cumprimentos

Art. 45. No mesmo dia, o Presidente da República receberá, em audiência solene, as Missões Especiais estrangeiras que tiverem sido designadas para sua posse.

Art. 46. Logo após, o Presidente receberá os cumprimentos das altas autoridades da República, que para esse fim se hajam previamente inscrito.

Da Recepção

Art. 47. À noite, o Presidente da República recepcionará, no Palácio do Itamaraty, as Missões Especiais estrangeiras e altas autoridades da República.

Da comunicação da posse do Presidente da República.

Art. 48. O Presidente da República enviará Cartas de Chancelaria aos Chefes de Estado dos países com os quais o Brasil mantém relações diplomáticas, comunicando-lhes sua posse.

§ 1º As referidas Cartas serão preparadas pelo Ministério das Relações Exteriores.

§ 2º O Ministério da justiça comunicará a posse do Presidente da República aos Governadores dos Estados da União, do Distrito Federal e dos Territórios e o das Relações Exteriores às Missões diplomáticas e Repartições consulares de carreira brasileiras no exterior, bem como às Missões brasileiras junto a Organismos Internacionais.

Do traje

Art. 49. O traje das cerimônias de posse será estabelecido pelo Chefe do Cerimonial, após consulta ao Presidente da República.

Da transmissão temporária do poder

Art. 50. A transmissão temporária do Poder, por motivo de impedimento do Presidente da República, se realizará no Palácio do Planalto, sem solenidade, perante seus substitutos eventuais, os Ministros de Estado, o Chefe do Gabinete Militar da Presidência da República, o Chefe do Gabinete Civil da Presidência da República, o Chefe do Serviço Nacional de Informações, o chefe do Estado-maior da Forças Armadas e os demais membros dos Gabinetes Militar e Civil da Presidência da República.

CAPÍTULO III

Das visitas do Presidente da República e seu comparecimento a solenidades oficiais

Art. 51. O Presidente da República não atribui pessoalmente visitas, exceto as de Chefe de Estado.

Art. 52. Quando o Presidente da República comparecer, em caráter oficial, a festas e solenidades ou fizer qualquer visita, o programa será submetido à sua aprovação, por intermédio do Chefe do Cerimonial da Presidência da República.

Das cerimônias da Presidência da República

Art. 53. Os convites para as cerimônias da Presidência da República serão feitos por intermédio do Cerimonial do Ministério das Relações Exteriores ou do

Cerimonial da Presidência da República, conforme o local onde as mesmas se realizarem.
Parágrafo único. Os cartões de convite do Presidente da República terão as Armas Nacionais gravadas a ouro, prerrogativa essa que se estende exclusivamente aos Embaixadores Extraordinários e Plenipotenciários do Brasil, no exterior.

Da Faixa Presidencial

Art. 54. Nas cerimônias oficiais para as quais se exijam casaca ou primeiro uniforme, o Presidente da República usará, sobre o colete da casaca ou sobre o uniforme, a Faixa Presidencial.
Parágrafo único. Na presença de Chefe de Estado, o Presidente da República poderá substituir a Faixa Presidencial por condecoração do referido Estado.

Das audiências

Art. 55. As audiências dos Chefes de Missão diplomática com o Presidente da República serão solicitadas por intermédio do Cerimonial do Ministério das Relações Exteriores.
Parágrafo único. O Cerimonial do Ministério das Relações Exteriores encaminhará também, em caráter excepcional, pedidos de audiências formulados por altas personalidades estrangeiras.

Livro de visitas

Art. 56. Haverá, permanentemente, no Palácio do Planalto, livro destinado a receber as assinaturas das pessoas que forem levar cumprimento ao Presidente da República e a Sua Senhora.

Das datas nacionais

Art. 57. No dia 7 de setembro, o Chefe do Cerimonial da Presidência, acompanhado de um dos Ajudantes-de-Ordens do Presidente da República, receberá os Chefes de Missão diplomática que desejarem deixar registrados, no livro para esse fim existente, seus cumprimentos ao chefe do Governo.
Parágrafo único. O cerimonial do Ministério das Relações Exteriores notificará, com antecedência, os Chefes de Missão diplomática do horário que houver sido fixado para esse ato.
Art. 58. Os cumprimentos do Presidente da República e do Ministro das Relações Exteriores pelo dia da Festa Nacional dos países com os quais o Brasil mantém relações diplomáticas serão enviados por intermédio do Cerimonial do Ministério das Relações Exteriores.

CAPÍTULO IV

Das Visitas Oficiais

Art. 59. Quando o Presidente da República visitar oficialmente Estado do território da Federação, competirá à Presidência da República, em entendimento com as autoridades locais, coordenar o planejamento e a execução da visita, observando-se o seguinte cerimonial:

§ 1º O Presidente da República, será recebido, no local da chegada, pelo Governador do Estado ou do Território e por um Oficial-General de cada Ministério Militar, de acordo com o cerimonial militar.

§ 2º Após as honras militares, o Governador apresentará ao Presidente da República as autoridades presentes.

§ 3º Havendo conveniências, as autoridades civis e eclesiásticas e as autoridades militares poderão formar separadamente.

§ 4º Deverão comparecer à chegada do Presidente da República, o Vice-Governador do Estado, o Presidente da Assembléia Legislativa, o Presidente do Tribunal de Justiça, Secretários de Governo e o Prefeito Municipal observada a ordem de precedência estabelecida neste Decreto.

§ 5º Ao Gabinete Militar da Presidência da República, ouvido o Cerimonial da Presidência da República, competirá organizar o cortejo de automóveis da comitiva presidencial, bem como o das autoridades militares, a que se refere o parágrafo 1º deste artigo.

§ 6º As autoridades estaduais encarregar-se-ão de organizar o cortejo de automóveis das demais autoridades presentes ao desembarque presidencial.

§ 7º O Presidente da República tomará o carro do Estado, tendo a sua esquerda o Chefe do Poder Executivo Estadual e, na frente, seu Ajudante-de-Ordens.

§ 8º Haverá, no Palácio do Governo, um livro onde se inscreverão as pessoas que forem visitar o Chefe de Estado.

Art. 60. Por ocasião da partida do Presidente da República, observar-se-á procedimento análogo ao da chegada.

Art. 61. Quando indicado por circunstâncias especiais da visita, a Presidência da República poderá dispensar ou reduzir as honras militares e a presença das autoridades prevista nos parágrafos 1º, 2º e 4º do artigo 59.

Art. 62. Caberá ao Cerimonial do Ministério das Relações Exteriores elaborar o projeto do programa das visitas oficiais do Presidente da República e do Ministro de Estado das Relações Exteriores ao estrangeiro.

Art. 63. Quando em visita oficial a um Estado ou a um Território, o Vice-Presidente da República, o Presidente do Congresso Nacional, o Presidente da Câmara dos Deputados e o Presidente do Supremo Tribunal Federal serão recebidos, à chegada, pelo Governador, conforme o caso, pelo Vice-Governador, pelo Presidente do

Poder Legislativo ou pelo Presidente do Poder Judiciário estaduais.
Art. 64. A comunicação de visitas oficiais de Chefes de Missão diplomática acreditados junto ao Governo brasileiro aos Estados da União e Territórios deverá ser feita aos respectivos Cerimoniais pelo Cerimonial do Ministério da Relações Exteriores, que também fornecerá os elementos do programa a ser elaborado.
Art. 65. O Governador do Estado ou Território far-se-á representar à chegada do Chefe de Missão diplomática estrangeira em visita oficial.
Art. 66. O Chefe de Missão diplomática estrangeira, quando em viagem oficial, visitará o Governador, o Vice-Governador, os Presidentes da Assembléia Legislativa e do Tribunal de Justiça e demais autoridades que desejar.

CAPÍTULO V

Das Visitas de Chefes de Estado Estrangeiros

Art. 67. As visitas de Chefes de Estado estrangeiros ao Brasil começarão, oficialmente, sempre que possível, na Capital Federal.
Art. 68. Na capital Federal, a visita oficial de Chefe de Estado estrangeiro ao Brasil iniciar-se-á com o recebimento do visitante pelo Presidente da República. Comparecerão ao desembarque as seguintes autoridades: Vice-Presidente da República, Decano do Corpo Diplomático, Chefe da Missão do país do visitante, Ministros de Estado, Chefe do Gabinete Militar da Presidência da República, Chefe do Gabinete Civil da Presidência da República, Chefe do Serviço Nacional de Informações, Chefe do Estado-Maior das Forças Armadas, Governador do Distrito Federal, Secretário-Geral de Política Exterior do Ministério das Relações Exteriores, Chefes dos Estados Maiores da Armada, do Exército e da Aeronáutica, Comandante Naval de Brasília, Comandante Militar do Planalto, Secretário-Geral Adjunto para Assuntos que incluem os do país do visitante, Comandante da VI Zona Aérea, Diretor-Geral do Departamento de Polícia Federal, Chefe da Divisão Política que trata de assuntos do país do visitante, além de todos os acompanhantes brasileiros do visitante, o Chefe do Cerimonial da Presidência da República, os membros da comitiva e os funcionários diplomáticos da Missão do país do visitante.
Parágrafo único. Vindo o Chefe de Estado acompanhado de Sua Senhoria, o Presidente da República e as autoridades acima indicadas far-se-ão acompanhar das respectivas Senhoras.
Art. 69. Nas visitas aos Estados e Territórios, será o Chefe de Estado estrangeiro recebido, no local de desembarque, pelo Governador, pelo Vice-Governador, pelos Presidentes da Assembléia legislativa e do Tribunal de Justiça, pelo Prefeito Municipal e pelas autoridades militares previstas no parágrafo 1º do artigo 59,

além do Decano do Corpo Consular, do Cônsul do país do visitante e das altas autoridades civis e militares especialmente convidadas.

CAPÍTULO VI

Da Chegada dos Chefes de Missão Diplomática e Entrega de Credenciais

Art. 70. Ao chegar ao Aeroporto da Capital Federal, o novo chefe de Missão será recebido pelo Introdutor Diplomático do Ministro de Estado das Relações Exteriores.

§ 1º O Encarregado de Negócios pedirá ao Cerimonial do Ministério das Relações Exteriores dia e hora para a primeira visita do novo Chefe de Missão ao Ministro de Estado das Relações Exteriores.

§ 2º Ao Visitar o Ministro de Estado das Relações Exteriores, o novo Chefe de Missão solicitará a audiência de estilo com o Presidente da República para a entrega de suas Credenciais e, se for o caso, da Revocatória de seu antecessor. Nesta visita, o novo Chefe de Missão deixará em mãos do Ministro de Estado a cópia figurada das Credenciais.

§ 3º Após a primeira audiência com o Ministro do Estado das Relações Exteriores, o novo Chefe de Missão visitará, em data marcada pelo Cerimonial do Ministro das Relações Exteriores, o Secretário-Geral de Política Exterior, o Secretário-Geral Adjunto da área do país que representa e outros Chefes de Departamento.

§ 4º Por intermédio do Cerimonial do Ministério das Relações Exteriores, o novo Chefe de Missão solicitará data para visitar o Vice-Presidente da República, o Presidente do Congresso Nacional, o Presidente da Câmara dos Deputados, o Presidente do Supremo Tribunal Federal, os Ministros de Estado e o Governador do Distrito Federal. Poderão igualmente ser marcadas audiências com outras altas autoridades federais.

Art. 71. No dia e hora marcados para a audiência solene com o Presidente da República, o Introdutor Diplomático conduzirá, em carro do Estado, o novo Chefe de Missão, de sua residência, até o Palácio do Planalto. Serão, igualmente, posto à disposição dos membros da Missão diplomática carros do Estado.

§ 1º Dirigindo-se ao Palácio Presidencial, os carros dos membros da Missão diplomática precederão o do Chefe de Missão.

§ 2º O Chefe de Missão subirá a rampa, tendo, à direita, o Introdutor Diplomático e, à esquerda, o membro mais antigo de sua Missão; os demais membros da Missão serão dispostos em grupos de três, atrás dos primeiros.

§ 3º À porta do Palácio Presidencial, o Chefe de Missão será recebido pelo Chefe do Cerimonial da Presidência e por um Ajudante-de-Ordens do Presidente da República, os quais o conduzirão ao Salão Nobre.

§ 4º Em seguida, o Chefe do Cerimonial da Presidência da República entrará, sozinho, no Salão de Credenciais, onde se encontra o Presidente da República, ladeado, à direita, pelo Chefe do Gabinete Militar da Presidência da República e, à esquerda, pelo Ministro de Estado das Relações Exteriores e pelo Chefe do Gabinete Civil da Presidência da República, e pedirá permissão para introduzir o novo Chefe de Missão.

§ 5º Quando o Chefe de Missão for Embaixador, os membros do Gabinetes Militar e Civil da Presidência da República estarão presentes e serão colocados respectivamente, por ordem de precedência, à direita e à esquerda do Salão de Credenciais.

§ 6º Quando o Chefe de Missão for Enviado Extraordinário e Ministro Plenipotenciário, estarão presentes somente as autoridades mencionadas no parágrafo 4º.

§ 7º Ladeado, à direita, pelo Chefe Cerimonial da Presidência e à esquerda, pelo Ajudante-de-Ordens do Presidente da República, o Chefe de Missão penetrará no recinto, seguido do Introdutor Diplomático e dos membros de Missão. À entrada do Salão de Credenciais, deter-se-á para saudar o Presidente da República com leve inclinação de cabeça.

§ 8º Aproximando-se do ponto em que se encontra o Presidente da República, o Chefe de Missão, ao deter-se, fará nova saudação, após o que o Chefe do Cerimonial da Presidência da República se adiantará e fará a necessária apresentação. Em seguida, o Chefe de Missão apresentará as Cartas Credenciais ao Presidente da República, que as passará às mãos do Ministro de Estado das Relações Exteriores. Não haverá discursos.

§ 9º O Presidente da República convidará o Chefe de Missão a sentar-se e com ele conversar.

§ 10. Terminada a palestra, por iniciativa do Presidente da República, o Chefe de Missão cumprimentará o Ministro de Estado das Relações Exteriores e será apresentado pelo Presidente da República ao Chefe do Gabinete Militar da Presidência da República e ao chefe do Gabinete Civil da Presidência da República.

§ 11. Em seguida, o Chefe de Missão apresentará o pessoal de sua comitiva; cada um dos membros da Missão se adiantará, será apresentado e voltará à posição anterior.

§ 12. Findas as apresentações, o Chefe de Missão se despedirá do Presidente da República e se retirará precedido pelos membros da Missão e pelo Introdutor Diplomático e acompanhado do Chefe do Cerimonial da Presidência e do Ajudante-de-Ordens do Presidente da República. Parando no fim do Salão, todos se voltarão, para cumprimentar o Presidente da República com novo aceno de cabeça.

§ 13. Quando chegar ao topo da rampa, ouvir-se-ão os dois Hinos Nacionais.

§ 14. O Chefe de Missão, o Chefe de Cerimonial da Presidência e o Ajudante-de-Ordens do Presidente da República descerão a rampa, dirigindo-se à testa da Guarda de Honra, onde se encontra o Comandante, que convidará o Chefe de Missão a passá-la em revista. O Chefe do Cerimonial da Presidência e o Ajudante-de-Ordens do Presidente da República passarão por trás da Guarda de Honra, enquanto os membros da Missão e o Introdutor Diplomático se encaminharão para o segundo automóvel.

§ 15. O Chefe de Missão, ao passar em revista a Guarda de Honra, cumprimentará de cabeça a Bandeira Nacional, conduzirá pela tropa, e despedir-se-á do Comandante, na cauda da Guarda de Honra, sem apertar-lhe a mão.

§ 16. Terminada a cerimônia, o Chefe de Missão se despedirá do Chefe do Cerimonial da Presidência e do Ajudante-de-Ordens do Presidente da República, entrando no primeiro automóvel, que o conduzirá, na frente do cortejo, a sua residência, onde cessam as funções do Introdutor Diplomático.

§ 17. O Chefe do Cerimonial da Presidência da República fixará o traje para a cerimônia de apresentação de Cartas Credenciais, após consulta ao Presidente da República.

§ 18. O Diário Oficial publicará a notícia da apresentação de Cartas Credenciais.

Art. 72. Os encarregados de Negócios serão recebidos pelo Ministro do Estado das Relações Exteriores em audiência, na qual farão entrega das Cartas de Gabinete, que as acreditam.

Art. 73. O novo Chefe de Missão solicitará, por intermédio do Cerimonial do Ministério das Relações Exteriores, que sejam marcados dia e hora para que a sua esposa visite a Senhora do Presidente da República, não estando essa visita sujeita a protocolo especial.

CAPÍTULO VII

Do Falecimento do Presidente da República.

Art. 74. Falecendo o Presidente da República, o seu substituto legal, logo que assumir o cargo, assinará decreto de luto oficial por oito dias.

Art. 75. O Ministério da Justiça fará as necessárias comunicações aos Governadores dos Estados de União, do Distrito Federal e dos Territórios, no sentido de ser executado o decreto de luto, encerrado o expediente nas repartições públicas e fechado o comércio no dia do funeral.

Art. 76. O Cerimonial do Ministério das Relações Exteriores fará devidas comunicações às Missões diplomáticas acreditadas junto ao Governo brasileiro, às Missões diplomáticas e Repartições consulares de carreira brasileiras no exterior e às Missões brasileiras junto a Organismos Internacionais.

Art. 77. O Chefe do Cerimonial da Presidência da República providenciará a ornamentação fúnebre do Salão de Honra do Palácio Presidencial, transformado em câmara ardente.

Das Honras Fúnebres

Art. 78. O Chefe do Cerimonial coordenará a execução das cerimônias fúnebres.
Art. 79. As honras fúnebres serão prestadas de acordo com o cerimonial militar.
Art. 80. Transportado o corpo para a câmara ardente, terá início a visitação oficial e pública, de acordo com o que for determinado pelo Cerimonial do Ministério das Relações Exteriores.

Do Funeral

Art. 81. As cerimônias religiosas serão realizadas na câmara ardente por Ministro da religião do Presidente falecido, depois de terminada a visitação pública.
Art. 82. Em dia e hora marcados para o funeral, em presença de Chefes de Estado estrangeiros, dos Chefes dos Poderes da Nação, do Decano do corpo Diplomático, dos Representantes especiais dos Chefes de Estado estrangeiros designados para as cerimônias e das altas autoridades da República, o Presidente da República, em exercício, fechará a urna funerária.
Parágrafo único. A seguir, o Chefe do Gabinete Militar da Presidência da República e o Chefe do Gabinete Civil da Presidência da República cobrirão a urna com o Pavilhão Nacional.
Art. 83. A urna funerária será conduzida da câmara ardente para a carreta por praças das Forças Armadas.

Da Escolta

Art. 84. A escolta será constituída de acordo com o cerimonial militar.

Do Cortejo

Art. 85. Até a entrada do cemitério, o cortejo será organizado da seguinte forma:
- Carreta funerária;
- Carro do Ministro da religião do finado (se assim for a vontade da família);
- Carro do Presidente da República, em exercício;
- Carro da família;
- Carros de Chefe de Estados estrangeiros;
- Carro do Decano do corpo Diplomático;
- Carro do Presidente do Congresso Nacional;
- Carro do Presidente da Câmara dos Deputados;
- Carro do Presidente do Supremo Tribunal Federal;
- Carros dos Representantes Especiais dos Chefes de Estado estrangeiros designados para as cerimônias;

- Carro do Ministro do Estado das Relações Exteriores;
- Carro dos demais Ministros de Estado;
- Carros do Chefe do Gabinete Militar da Presidência da República, do Chefe do Gabinete Civil da Presidência da República, do Chefe do Serviço Nacional de Informações, do Chefe do Estado-Maior das Forças Armadas;
- Carros dos Governadores do Distrito Federal, dos Estados da União e dos territórios;
- Carro dos membros dos Gabinetes Militar e Civil da Presidência da República.

§ 1º Ao chegar ao cemitério, os acompanhantes deixarão seus automóveis e farão o cortejo a pé. A urna será retirada da carreta por praças das Forças Armadas que o levarão ao local do sepultamento.

§ 2º Aguardarão o féretro, junto à sepultura, os Chefes de Missão diplomática acreditados junto ao Governo brasileiro e altas autoridades civis e militares, que serão colocados, segundo a Ordem Geral de Procedência, pelo Chefe do Cerimonial.

Art. 86. O traje será previamente indicado pelo Chefe do cerimonial.

Art. 87. Realizando-se o sepultamento fora da Capital da República, o mesmo cerimonial será observado até o ponto de embarque do féretro.

Parágrafo único. Acompanharão os despojos autoridades especialmente indicadas pelo Governo Federal, cabendo ao Governo do Estado da União ou do Território, onde vier a ser efetuado o sepultamento, realizar o funeral com a colaboração das autoridades federais.

CAPÍTULO VIII

Do Falecimento de Autoridades

Art. 88. No caso de falecimento de autoridades civis ou militares, o Governo poderá decretar as honras fúnebres a serem prestadas, não devendo o prazo de luto ultrapassar três dias.

§ 1º O disposto neste artigo aplica-se à situação de desaparecimento de autoridades civis ou militares, quando haja indícios veementes de morte por acidente. *(Primitivo parágrafo único acrescido pelo Decreto nº 672, de 21/10/1992, transformado em § 1º pelo Decreto nº 3.765, de 6/3/2001, e pelo Decreto nº 3.780, de 2/4/2001)*

§ 2º Em face de notáveis e relevantes serviços prestados ao País pela autoridade falecida, o período de luto a que se refere o *caput* poderá ser estendido, excepcionalmente, por até sete dias. *(Parágrafo acrescido pelo Decreto nº 3.765, de 6/3/2001, com redação dada pelo Decreto nº 3.780, de 2/4/2001)*

CAPÍTULO IX
Do Falecimento de Chefe de Estado Estrangeiro

Art. 89. Falecendo o Chefe de Estado de um país com representação diplomática no Brasil e recebida pelo Ministro de Estado das Relações Exteriores a comunicação oficial desse fato, o Presidente da República apresentará pêsames ao Chefe da Missão, por intermédio do Chefe do Cerimonial da Presidência da República.

§ 1º O Cerimonial do Ministério das Relações Exteriores providenciará para que sejam enviadas mensagens telegráficas de pêsames, em nome do Presidente da República, ao sucessor e à família do falecido.

§ 2º O Ministro de Estado das Relações Exteriores enviará pêsames, por telegrama, ao Ministro das Relações Exteriores do referido país e visitará, por intermédio do Introdutor Diplomático, o Chefe da Missão.

§ 3º O Chefe da Missão brasileira acreditado no país enlutado apresentará condolências em nome do Governo e associar-se-á às manifestações de pesar que nele se realizarem. A critério do Presidente da República, poderá ser igualmente designado um Representante Especial ou uma Missão Extraordinária para assistir às exéquias.

§ 4º O decreto de luto oficial será assinado na pasta da Justiça, a qual fará as competentes comunicações aos Governadores de Estados da União e dos Territórios. O Ministério das Relações Exteriores fará a devida comunicação às Missões diplomáticas brasileiras no exterior.

§ 5º A Missão diplomática brasileira no país do chefe de Estado falecido poderá hastear a Bandeira Nacional a meio-pau, independentemente do recebimento da comunicação de que trata o parágrafo anterior.

CAPÍTULO X
Do Falecimento do Chefe de Missão Diplomática Estrangeira

Art. 90. Falecendo no Brasil um Chefe de Missão diplomática acreditado junto ao Governo brasileiro, o Ministério das Relações Exteriores comunicará o fato, por telegrama, ao representante diplomático brasileiro no país do finado, instruindo-o a apresentar pêsames ao respectivo Governo. O Chefe do Cerimonial concretizará com o Decano do Corpo Diplomático e com o substituto imediato do falecido as providências relativas ao funeral.

§ 1º Achando-se no Brasil a família do finado, o Chefe do Cerimonial da Presidência da República e o tradutor Diplomático deixarão, em sua residência, cartões de pêsames, respectivamente, em nome do Presidente da República e do Ministro de Estado das Relações Exteriores.

§ 2º Quando o Chefe de Missão for Embaixador, o Presidente da República comparecerá à câmara mortuária ou enviará representante.

§ 3º À saída do féretro, estarão presentes o Representante do Presidente da República, os Chefes de Missões diplomáticas estrangeiras, o Ministro de Estado das Relações Exteriores e o Chefe do Cerimonial.
§ 4º O caixão será transportado para o carro fúnebre por praças das Forças Armadas.
§ 5º O cortejo obedecerá à seguinte precedência:
- Escolta fúnebre;
- Carro fúnebre;
- Carro do Ministro da religião do finado;
- Carro da família;
- Carro do Representante do Presidente da República;
- Carro do Decano do Corpo Diplomático;
- Carros dos Embaixadores estrangeiros acreditados perante o Presidente da República;
- Carros de Ministros de Estado;
- Carros dos Enviados Extraordinários e Ministros Plenipotenciários acreditados junto ao Governo brasileiro;
- Carro do substituto do Chefe de Missão falecido;
- Carros dos Encarregados de Negócios Estrangeiros;
- Carros do pessoal da Missão diplomática estrangeira enlutada;
§ 6º O traje da cerimônia será fixado pelo Chefe do Cerimonial.

Art. 91. Quando o Chefe de Missão diplomática não for sepultado no Brasil, o Ministro das Relações Exteriores, com anuência da família do finado, mandará celebrar ofício religioso, para o qual serão convidados os Chefes de Missão diplomática acreditados junto ao Governo brasileiro e altas autoridades da República.

Art. 92. As honras fúnebres serão prestadas de acordo com o cerimonial militar.

Art. 93. Quanto falecer, no exterior, um Chefe de Missão diplomática acreditado no Brasil, o Presidente da República e o Ministro das Relações Exteriores enviarão, por intermédio do Cerimonial do Ministério das Relações Exteriores, mensagens telegráficas de pêsames, respectivamente, ao Chefe de Estado e ao Ministro das Relações Exteriores do país do finado, e instruções telegráficas ao representante diplomático nele acreditado para apresentar, em nome do Governo brasileiro, condolências à família enlutada. O Introdutor Diplomático, em nome do Ministro de Estado das Relações Exteriores, apresentará pêsames ao Encarregado de Negócios do mesmo país.

CAPÍTULO XII

Das Condecorações

Art. 94. Em solenidades promovidas pelo Governo da União só poderão ser usadas condecorações e medalhas conferidas pelo Governo federal, ou condecorações e medalhas conferidas por Governos estrangeiros.

Parágrafo único. Os militares usarão as condecorações estabelecidas pelos regulamentos de cada Força Armada.

Ordem Geral de Precedência

A ordem de precedência nas cerimônias oficiais de caráter federal na Capital federal será a seguinte: *(Enunciado com redação dada pelo Decreto nº 9.338, de 5/4/2018)*

1 - Presidente da República

2 - Vice-Presidente da República
Cardeais
Embaixadores estrangeiros

3 - Presidente do Congresso Nacional
Presidente da Câmara dos Deputados
Presidente do Supremo Tribunal Federal

4 - Ministros de Estado (*1)
Chefe do Gabinete Militar da Presidência da República
Chefe do Gabinete Civil da Presidência da República
Chefe do Serviço Nacional de Informações
Chefe do Estado-Maior das Forças Armadas
Consultor-Geral da República
Enviados Extraordinários e Ministros Plenipotenciários estrangeiros
Presidente do Tribunal Superior Eleitoral
Ministros do Supremo Tribunal Federal
Procurador-Geral da República
Governador do Distrito Federal
Governadores dos Estados da União (*2)
Senadores
Deputados Federais (*3)
Almirantes
Marechais

Marechais-do-Ar
Chefe do Estado-Maior da Armada
Chefe do Estado-Maior-do-Exército
Secretário-Geral de Política Exterior (*4)
Chefe do Estado-Maior-da-Aeronáutica

5 - Almirantes-de-Esquadra
Generais-de-Exército
Embaixadores Extraordinários e
Plenipotenciários (Ministros de 1ª classe) (*5)
Tenentes-Brigadeiros
Presidente do Tribunal Federal de Recursos
Presidente do Superior Tribunal Militar
Presidente do Tribunal Superior do Trabalho
Presidente do Tribunal de Contas da União *(Autoridade acrescida pelo Decreto nº 9.338, de 5/4/2018)*
Ministros do Tribunal Superior Eleitoral *(Autoridades com redação dada pelo Decreto nº 9.338, de 5/4/2018)*

....

(*1) Vide artigo 4º e seus parágrafos das Normas do Cerimonial Público
(*2) Vide artigo 8º das Normas do Cerimonial Público
(*3) Vide artigo 9º das Normas do Cerimonial Público
(*4) Vide artigo 4º § 1º das Normas do Cerimonial Público
(*5) Considerem-se apenas os Embaixadores que chefiam ou tenham chefiado Missão diplomática no exterior, tendo apresentado, nessa condição, Cartas Credenciais a Governo estrangeiro. Quando estiverem presentes diplomatas estrangeiros, os Embaixadores em apreço terão precedência sobre Almirantes-de-Esquadra e Generais-de-Exército. Em caso de visita de Chefe de Estado, Chefe do Governo ou Ministro das Relações Exteriores Estrangeiro, o Chefe da Missão diplomática brasileira no país do visitante, sendo Ministro de 1ª classe, terá precedência sobre seus colegas, com exceção do Secretário-Geral de Política Exterior.
Encarregado de Negócios Estrangeiros

6 - Ministros do Tribunal Federal de Recursos
Ministros do Superior Tribunal Militar
Ministros do Tribunal de Contas da União *(Autoridades acrescidas pelo Decreto nº 9.338, de 5/4/2018)*
Ministros do Tribunal Superior do Trabalho
Vice-Almirantes

Generais-de-Divisão
Embaixadores (Ministros de 1ª classe)
Majores-Brigadeiros
Chefes de Igreja sediados no Brasil
Arcebispos católicos ou equivalentes de outras religiões
Presidente do Tribunal de Justiça do Distrito Federal e dos Territórios *(Autoridade com redação dada pelo Decreto nº 9.338, de 5/4/2018)*
Presidente do Tribunal Marítimo
Diretores-Gerais das Secretarias do Senado Federal e da Câmara dos Deputados
Procuradores-Gerais da Justiça Militar, Justiça do Trabalho e do Tribunal de Contas da União
Secretários-Gerais dos Ministérios
Reitores das Universidades Federais
Diretor-Geral do Departamento de Polícia Federal
Presidente do Banco Central do Brasil
Presidente do Banco do Brasil
Presidente do Banco Nacional de Desenvolvimento Econômico e Social *(Autoridade com redação dada pelo Decreto nº 9.338, de 5/4/2018)*
Secretário da Receita Federal do Brasil *(Autoridade com redação dada pelo Decreto nº 9.338, de 5/4/2018)*
Juízes do Tribunal Superior do Trabalho *(Autoridades com redação dada pelo Decreto nº 9.338, de 5/4/2018)*
Subprocuradores Gerais da República
Personalidades inscritas no Livro do Mérito
Prefeitos das cidades de mais de um milhão (1.000.000) de habitantes
Presidente da Caixa Econômica Federal
Ministros-Conselheiros estrangeiros
Adidos Militares estrangeiros (Oficiais-Generais)

7 - Contra-Almirante
Generais-de-Brigada
Embaixadores Comissionados ou Ministros de 2ª Classe
Brigadeiros
Vice-Governadores dos Estados da União
Presidentes das Assembléias Legislativas dos Estados da União
Presidentes dos Tribunais de Justiça dos Estados da União
Diretor-Geral do Departamento Administrativo do Pessoal Civil
Chefe do Gabinete da Vice-Presidência da República
Subchefes dos Gabinetes Militar e Civil da Presidência da República
Assessor-Chefe da Assessoria Especial da Presidência da República

Assessor-Chefe da Assessoria Especial de Relações Públicas da Presidência da República
Assistente-Secretário do Chefe do Gabinete Militar da Presidência da República
Secretários Particulares do Presidente da República
Chefe do Cerimonial da Presidência da República
Secretário de Imprensa da Presidência da República
Diretor-Geral da Agência Nacional
Presidente da Central de Medicamentos
Chefe do Gabinete da Secretaria Geral do Conselho de Segurança Nacional
Chefe do Gabinete do Serviço Nacional de Informações
Chefe do Gabinete do Estado-Maior das Forças Armadas
Chefe da Agência Central do Serviço Nacional de Informações
Chefe dos Gabinetes dos Ministros de Estado
Presidente do Conselho Nacional de Pesquisas
Presidente do Conselho Federal de Educação
Presidente do Conselho Federal de Cultura
Governadores dos Territórios
Chanceler da Ordem Nacional do Mérito
Presidente da Academia Brasileira de Letras
Presidente da Academia Brasileira de Ciências
Presidente da Associação Brasileira de Imprensa
Diretores do Gabinete Civil da Presidência da República
Diretores-Gerais de Departamentos dos Ministérios
Superintendentes de Órgãos Federais
Presidentes dos Institutos e Fundações Nacionais
Presidentes dos Conselhos e Comissões Federais
Presidentes das Entidades Autárquicas, Sociedades de Economia Mista e Empresas Públicas de âmbito nacional
Presidentes dos Tribunais Regionais Eleitorais
Presidentes dos Tribunais Regionais do Trabalho
Presidentes dos Tribunais de Contas do Distrito Federal e dos Estados da União
Presidentes dos Tribunais de Alçada dos Estados da União
Reitores das Universidades Estaduais e Particulares
Membros do Conselho Nacional de Pesquisas
Membros do Conselho Nacional de Educação
Membros do Conselho Federal de Cultura
Secretários de Estado do Governo do Distrito Federal
Bispos católicos ou equivalentes de outras religiões
Conselheiros estrangeiros
Cônsules-Gerais estrangeiros

Adidos e Adjuntos Militares estrangeiros (Capitães-de-Mar-e-Guerra e Coronéis)

8 - Presidentes das Confederações Patronais e de Trabalhadores de âmbito nacional
Consultores Jurídicos dos Ministérios
Membros da Academia Brasileira de Letras
Membros da Academia Brasileira de Ciências
Diretores do Banco Central do Brasil
Diretores do Banco do Brasil
Diretores do Banco Nacional de Desenvolvimento Econômico
Diretores do Banco Nacional de Habitação
Capitães-de-Mar-e-Guerra
Coronéis do Exército
Conselheiros
Coronéis da Aeronáutica
Secretários de Estado dos Governos dos Estados da União
Deputados Estaduais
Chefes das Casas Militares de Governadores
Chefes das Casas Civis de Governadores
Comandantes das Polícias Militares
Desembargadores dos Tribunais de Justiça do Distrito Federal e dos Estados da União
Adjuntos dos Gabinetes Militar (Tenentes-Coronéis) e Civil da Presidência da República
Procuradores-Gerais do Distrito Federal e dos Estados da União
Prefeitos das Capitais dos Estados da União e das cidades de mais de quinhentos mil (500.000) habitantes
Primeiros Secretários estrangeiros
Procuradores da República nos Estados da União
Consultores-Gerais do Distrito Federal e dos Estados da União
Juízes do Tribunal Marítimo
Juízes dos Tribunais Regionais Eleitorais
Juízes dos Tribunais Regionais do Trabalho
Presidentes das Câmaras Municipais das cidades de mais de um milhão (1.000.000) de habitantes
Adidos e Adjuntos Militares estrangeiros (Capitães-de-Fragata e Tenentes-Coronéis)

9 - Juízes dos Tribunais de Contas do Distrito Federal e dos Estados da União
Juízes dos Tribunais de Alçada dos Estados da União

Delegados dos Ministérios nos Estados da União
Presidentes dos Institutos e Fundações Regionais e Estaduais
Presidentes das Entidades Autárquicas, Sociedades de Economia Mista e Empresas Públicas de âmbito regional ou estadual
Monsenhores católicos ou eqüivalentes de outras religiões
Capitães-de-Fragata
Tenentes-Coronéis do Exército
Primeiros-Secretários
Tenentes-Coronéis da Aeronáutica
Ajudantes-de-Ordens do Presidente da República (Majores)
Adjuntos do Gabinete Militar da Presidência da República (Majores)
Chefes dos Serviços do Gabinete Militar da Presidência da República (Majores)
Adjuntos dos Serviços do Gabinete Militar da Presidência da República (Majores)
Presidentes das Federações Patronais e de Trabalhadores de âmbito regional ou estadual
Presidentes das Câmaras Municipais das Capitais dos Estados da União e das cidades de mais de quinhentos mil (500.000) habitantes
Juízes de Direito
Procuradores Regionais do Trabalho
Diretores de Repartições Federais
Auditores da Justiça Militar
Auditores do Tribunal de Contas
Promotores Públicos
Procuradores Adjuntos da República
Diretores das Faculdades Estaduais e Particulares
Segundos Secretários
Cônsules estrangeiros
Adidos e Adjuntos Militares estrangeiros (Capitães-de-Corveta, e Majores)

10 - Oficiais de Gabinete do Gabinete Civil da Presidência da República
Chefes de Departamento das Universidades Federais
Diretores de Divisão dos Ministérios
Prefeitos das cidades de mais de cem mil (100.000) habitantes
Capitães-de-Corveta
Majores do Exército
Segundos Secretários
Majores da Aeronáutica
Ajudantes-de-Ordens do Presidente da República (Capitães)
Adjuntos dos Serviços do Gabinete Militar da Presidência da República (Capitães)
Secretários-Gerais dos Territórios

Diretores de Departamento das Secretarias do Distrito Federal e dos Estados da União
Presidentes dos Conselhos Estaduais
Chefes de Departamento das Universidades Estaduais e Particulares
Presidentes das Câmaras Municipais das cidades de mais de cem mil (100.000) habitantes
Terceiros Secretários estrangeiros
Adidos e Adjuntos Militares estrangeiros (Capitães-Tenentes e Capitães)

11 - Professores de Universidade
Prefeitos Municipais
Cónegos católicos ou equivalentes de outras religiões
Capitães-Tenentes
Capitães do Exército
Terceiros-Secretários
Capitães da Aeronáutica
Presidentes das Câmaras Municipais
Diretores de Repartições do Distrito Federal, dos Estados da União e Territórios
Diretores de Escolas de Ensino Secundário
Vereadores Municipais

A ordem de precedência, nas cerimônias oficiais, nos Estados da União, com a presença de autoridades federais, será a seguinte: *(Enunciado com redação dada pelo Decreto nº 9.338, de 5/4/2018)*

1 - Presidente da República

2 - Vice-Presidente da República (*1)
Governador do Estado da União em que se processa a cerimônia
Cardeais
Embaixadores Estrangeiros

3 - Presidente do Congresso Nacional
Presidente da Câmara dos Deputados
Presidente do Supremo Tribunal Federal

4 - Ministros de Estado (*2)
Chefe do Gabinete Militar da Presidência da República
Chefe do Gabinete Civil da Presidência da República
Chefe do Serviço Nacional de Informações

Chefe do Estado-Maior das Forças Armadas
Consultor-Geral da República
Vice-Governador do Estado da União em que se processa a cerimônia
Presidente da Assembléia Legislativa do Estado da União em que se processa a cerimônia
Presidente do Estado em que se processa a cerimônia
Enviados Extraordinários e Ministros Plenipotenciários estrangeiros
Presidente do Tribunal Superior Eleitoral
Ministros do Supremo Tribunal Federal

....

(*1) Vide artigo 2º das Normas do Cerimonial Público
(*2) Vide artigo 4º e seus parágrafos das Normas do Cerimonial Público
Procurador-Geral da República
Governadores dos Outros Estados, da União e do Distrito Federal (*3)
Senadores
Deputados Federais (*4)
Almirantes
Marechais
Marechais-do-Ar
Chefe do Estado-Maior da Armada
Chefe do Estado-Maior do Exército
Secretário-Geral da Política Exterior (*5)
Chefe do Estado-Maior da Aeronáutica

5 - Almirante-de-Esquadra
Generais-de-Exército
Embaixadores Extraordinários e Plenipotenciários (Ministros de 1ª classe) (*6)
Tenentes-Brigadeiros
Presidente do Tribunal Federal de Recursos
Presidente do Superior Tribunal Militar
Presidente do Tribunal Superior do Trabalho
Presidente do Tribunal de Contas da União *(Autoridade acrescida pelo Decreto nº 9.338, de 5/4/2018)*
Ministros do Tribunal Superior Eleitoral *(Autoridades com redação dada pelo Decreto nº 9.338, de 5/4/2018)*
Prefeito da Capital estadual em que se processa a cerimônia
Encarregados de Negócios estrangeiros

6 - Ministros do Tribunal Federal de Recursos
Ministros do Superior Tribunal Militar

Ministros do Tribunal Superior do Trabalho
Ministros do Tribunal de Contas da União *(Autoridades acrescidas pelo Decreto nº 9.338, de 5/4/2018)*
Vice-Almirantes
Generais-de-Divisão
Embaixadores (Ministros de 1ª classe)
Majores-Brigadeiros
Chefes de Igreja sediados no Brasil
Arcebispos católicos ou equivalentes de outras religiões *(Autoridades com redação dada pelo Decreto nº 9.338, de 5/4/2018)*
Presidente do Tribunal Marítimo *(Autoridade com redação dada pelo Decreto nº 9.338, de 5/4/2018)*
Diretores-Gerais das Secretarias do Senado Federal e da Câmara dos Deputados
Substitutos eventuais dos Ministros de Estado
Secretários-Gerais dos Ministérios
Reitores das Universidades Federais
Diretor-Geral do Departamento de Polícia Federal
Presidente do Banco Central do Brasil
Presidente do Banco do Brasil
Presidente do Banco Nacional de Desenvolvimento Econômico e Social *(Autoridades com redação dada pelo Decreto nº 9.338, de 5/4/2018)*

....

(*3) Vide artigo 8º, artigo 9º e artigo 10 das Normas do Cerimonial Público
(*4) Vide artigo 9º das Normas do Cerimonial Público
(*5) Vide artigo 4º § 1º das Normas do Cerimonial Público
(*6) Considerem-se apenas os Embaixadores que chefiam ou tenham chefiado Missão diplomática no exterior, tendo apresentado, nessa condição, Cartas Credenciais a Governo estrangeiro. Quando estiverem presentes diplomatas estrangeiros, os Embaixadores em apreço terão precedência sobre Almirantes-de-Esquadra e Generais-de-Exército. Em caso de visita de Chefe de Estado, Chefe de Governo ou Ministro das Relações Exteriores estrangeiro, o Chefe da Missão diplomática brasileira no país do visitante, sendo Ministro de 1ª classe, terá precedência sobre seus colegas, com exceção do Secretário-Geral de Política Exterior.
Juízes do Tribunal Superior do Trabalho *(Autoridades com redação dada pelo Decreto nº 9.338, de 5/4/2018)*
Subprocuradores-Gerais da República
Procuradores Gerais da Justiça Militar
Procuradores-Gerais da Justiça do Trabalho
Procuradores-Gerais do Tribunal de Contas da União

Vice-Governadores de outros Estados da União
Secretário da Receita Federal
Personalidades inscritas no Livro do Mérito
Prefeito da cidade em que se processa a cerimônia
Presidente da Câmara Municipal da cidade em que se processa a cerimônia
Juiz de Direito da Comarca em que se processa a cerimônia
Prefeitos das cidades de mais de um milhão (1.000.000) de habitantes
Presidente da Caixa Econômica Federal
Ministros Conselheiros estrangeiros
Cônsules-Gerais estrangeiros
Adidos Militares estrangeiros (Oficiais-Gerais)

7 - Contra-Almirante
Generais-de-Brigada
Embaixadores Comissionados ou Ministros de 2º classe
Brigadeiros
Diretor Geral do Departamento Administrativo do Pessoal Civil
Chefe do Gabinete da Vice-Presidência da República
Subchefes dos Gabinetes Militar e Civil da Presidência da República
Assessor-Chefe da Assessoria Especial da Presidência da República
Assessor-Chefe da Assessoria Especial de Relações Públicas da Presidência da República
Assistente-Secretário do Chefe do Gabinete Militar da Presidência da República
Secretários Particulares do Presidente da República
Chefe do Cerimonial da Presidência da República
Secretário de Imprensa da Presidência da República
Diretor-Geral da Agência Nacional
Presidente da Central de Medicamentos
Chefe do Gabinete da Secretaria-Geral do Conselho de Segurança Nacional
Chefe do Gabinete do Serviço Nacional de Informações
Chefe do Gabinete do Estado Maior das Forças Armadas
Chefe da Agência Central do Serviço Nacional de Informações
Presidente do Tribunal Regional Eleitoral
Governadores dos Territórios
Procurador da República no Estado
Procurador-Geral do Estado
Presidente do Tribunal Regional do Trabalho
Presidente do Tribunal de Contas do Estado
Presidente do Tribunal de Alçada do Estado
Presidente do Conselho Nacional de Pesquisas

Presidente do Conselho Federal de Educação
Presidente do Conselho Federal de Cultura
Chanceler da Ordem Nacional Mérito
Presidente da Academia Brasileira de Letras
Presidente da Academia Brasileira de Ciências
Presidente da Associação Brasileira de Imprensa
Diretores do Gabinete Civil da Presidência da República
Diretores-Gerais dos Departamentos de Ministérios
Superintendentes de Órgãos Federais
Presidentes dos Institutos e Fundações Nacionais
Presidentes dos Conselhos e Comissões Federais
Presidentes das Entidades Autárquicas, Sociedades de Economia Mista e Empresas Públicas de âmbito nacional
Chefes dos Gabinetes dos Ministros das Universidades Estaduais e Particulares
Membros do Conselho Nacional de Pesquisas
Membros do Conselho Federal de Educação
Membros do Conselho Federal de Cultura
Secretários do Governo do Estado em que se processa a cerimônia
Bispos católicos ou equivalentes de outras religiões
Conselheiros Estrangeiros
Adidos e Adjuntos Militares estrangeiros (Capitães-de-Mar-e-Guerra e Coronéis)

8 - Presidentes das Confederações Patronais e de Trabalhadores de âmbito nacional
Consultores Jurídicos dos Ministérios
Membros da Academia Brasileira de Letras
Membros da Academia Brasileira de Ciências
Diretores do Banco Central do Brasil
Diretores do Banco do Brasil
Diretores do Banco Nacional de Desenvolvimento Econômico
Diretores do Banco Nacional de Habitação
Capitães-de-Mar-e-Guerra
Coronéis do Exército
Conselheiros
Coronéis da Aeronáutica
Deputados do Estado em que se processa a cerimonia
Chefe da Casa Militar do Governo do Estado em que se processa a cerimônia
Chefe da Casa Civil do Governo do Estado em que se processa a cerimônia
Comandante da Policia Militar do Estado em que se processa a cerimônia

Desembargadores do Tribunal de Justiça do Estado em que se processa a cerimônia
Prefeitos dos Gabinetes Militar e Civil da Presidência da República
Prefeitos das cidades de mais de quinhentos mil (500.000) habitantes
Delegados dos Ministérios no Estado em que se processa a cerimônia
Primeiros Secretários estrangeiros
Cônsules estrangeiros
Consultor-Geral do Estado em que se processa a cerimônia
Juízes do Tribunal Regional Marítimo
Juízes do Tribunal Regional Eleitoral do Estado em que se processa a cerimônia
Juízes do Tribunal Regional do Trabalho do Estado em que se processa a cerimônia
Presidentes das Câmaras Municipais da Capital e das cidades de mais de um milhão (1.000.000) de habitantes
Adidos e Adjuntos Militares estrangeiros (Capitães-de-fragata e Tenentes-Coronéis)

9 - Juiz Federal
Juízes do Tribunal de Contas do Estado em que se processa a cerimônia
Juízes do Tribunal de Alçada do Estado em que se processa a cerimônia
Presidente dos Institutos e Fundações Regionais e Estaduais
Presidentes das Entidades Autárquicas, Sociedades de Economia Mista e Empresas Públicas de âmbito regional ou estadual
Diretores das Faculdades Federais
Monsenhores católicos ou equivalentes de outras religiões
Capitães-de-Frata
Tenentes-Coroneis do Exército
Primeiros Secretários
Tenentes-Coronéis da Aeronáutica
Ajudantes-de-Ordens do Presidente da República (Majores)
Adjuntos do Gabinete Militar da Presidência da República (Majores)
Chefes dos Serviços do Gabinete Militar da Presidência da República (Majores)
Adjuntos dos Serviços do Gabinete Militar da Presidência da República (Majores)
Presidentes das Federações Patronais e de Trabalhadores de âmbito regional ou estadual
Presidentes das Câmaras Municipais das Capitais dos Estados da União e das cidades de mais de quinhentos mil (500.000) habitantes
Juízes de Direito
Procuradores Regionais do Trabalho
Diretores de Repartições Federais
Auditores da Justiça Militar

Auditores do Tribunal de Contas
Promotores Públicos
Promotores Adjuntos da República
Diretores das Faculdades Estaduais e Particulares
Segundos Secretários estrangeiros
Vice-Cônsules estrangeiros
Adidos e Adjuntos Militares estrangeiros (Capitães-de-Corveta e Majores)

10 - Oficiais de Gabinete do Gabinete Civil da Presidência da República
Chefes de Departamento das Universidades Federais
Diretores de Divisão dos Ministérios
Prefeitos das cidades de mais de cem mil (100.000) habitantes
Capitães-de-Corveta
Majores do Exército
Segundos-Secretários
Majores da Aeronáutica
Ajudantes-de-Ordens do Presidente da República (Capitães)
Adjuntos dos Serviços do Gabinete Militar da Presidência da República (Capitães)
Secretários-Gerais dos Territórios
Diretores de Departamentos das Secretarias do Estado em que se processa a cerimônia
Presidentes dos Conselhos Estaduais
Chefes de Departamento das Universidades Estaduais e Particulares
Presidentes das Câmaras Municipais das cidades de mais de cem mil (100.000) habitantes
Terceiros Secretários estrangeiros
Adidos e Adjuntos Militares estrangeiros (Capitães-Tenentes e Capitães)

11 - Professores de Universidade
Demais Prefeitos Municipais
Cônegos católicos ou equivalentes de outras religiões
Capitães-Tenentes
Capitães do Exército
Terceiros-Secretários
Capitães da Aeronáutica
Presidentes das demais Câmaras Municipais
Diretores de Repartição do Estado em que se processa a cerimônia
Diretores de Escolas de Ensino Secundário
Vereadores Municipais

A ordem de precedência, nas cerimônias oficiais, de caráter estadual, será a seguinte:

1 - Governador
Cardeais

2 - Vice-Governador

3 - Presidente da Assembléia Legislativa
Presidente do Tribunal de Justiça

4 - Almirante-de-Esquadra
Generais-de-Exército
Tenentes Brigadeiros
Prefeito da Capital estadual em que se processa a cerimônia

5 - Vice-Almirantes
Generais-de-Divisão
Majores-Brigadeiros
Chefes de Igreja sediados no Brasil
Arcebispos católicos ou equivalentes de outras religiões
Reitores das Universidades Federais
Personalidades inscritas no Livro do Mérito
Prefeito da cidade em que se processa a cerimônia
Presidente da Câmara Municipal da cidade em que se processa a cerimônia
Juiz de Direito da Comarca em que se processa a cerimônia
Prefeitos das cidades de mais de um milhão (1.000.000) de habitantes

6 - Contra-almirantes
Generais-de-Brigada
Brigadeiros
Presidente do Tribunal Regional Eleitoral
Procurador Regional da República no Estado
Procurador Geral do Estado
Presidente do Tribunal Regional do Trabalho
Presidente do Tribunal de Contas
Presidente do Tribunal de Alçada
Chefe da Agência do Serviço Nacional de Informações
Superintendente de Órgãos Federais
Presidentes dos Institutos e Fundações Nacionais

Presidentes das Entidades Autárquicas, Sociedades de Economia mista e Empresa Públicas de âmbito nacional
Reitores das Universidades Estaduais e Particulares
Membros do Conselho Nacional de Pesquisas
Membros do Conselho Federal de Educação
Membros do Conselho Federal de Cultura
Secretários de Estado
Bispos católicos ou equivalentes de outras religiões

7- Presidentes das Confederações Patronais e de Trabalhadores de âmbito nacional
Membros da Academia Brasileira de Letras
Membros da Academia Brasileira de Ciências
Diretores do Banco Central do Brasil
Diretores do Banco do Brasil
Diretores do Banco Nacional de Desenvolvimento Econômico
Diretores do Banco Nacional de Habitação
Capitães-de-Mar-e-Guerra
Coronéis do Exército
Coronéis da Aeronáutica
Deputados Estaduais
Chefe da Casa Militar do Governador
Chefe da Casa Civil do Governador
Comandante da Polícia Militar do Estado
Desembargadores do Tribunal de Justiça
Prefeitos das cidades de mais de quinhentos mil (500.000) habitantes
Delegados dos Ministérios
Cônsules estrangeiros
Consultor-Geral do Estado
Juízes do Tribunal Regional Eleitoral
Presidente das Câmaras Municipais da Capital e das cidades de mais de um milhão (1.000.000) de habitantes

8 - Juiz Federal
Juízes do Tribunal de Contas
Juízes do Tribunal de Alçada
Presidente dos Institutos e Fundações Regionais es Estaduais
Presidentes das Entidades Autárquicas, Sociedades de Economia Mista e Empresas Públicas de âmbito Regional ou estadual
Diretores das Faculdades Federais

Monsenhores católicos ou equivalentes de outras religiões
Capitães-de-Fragata
Tenentes-Coronéis do Exército
Tenentes-Coronéis da Aeronáutica
Presidentes das Federações Patronais e de Trabalhadores de âmbito regional ou estadual
Presidentes das Câmaras Municipais das cidades de mais de quinhentos mil (500.000) habitantes
Juízes de Direito
Procurador Regional do Trabalho
Auditores do Tribunal de Contas
Promotores Públicos
Diretores das Faculdades Estaduais Particulares
Vice-Cônsules estrangeiros

9 - Chefes de Departamento das Universidades Federais
Prefeitos das cidades de mais de cem mil (100.000) habitantes
Capitães-de-Corveta
Majores do Exército
Majores da Aeronáutica
Diretores de Departamento das Secretarias
Presidentes dos Conselhos Estaduais
Chefes de Departamento das Universidades Estaduais e Particulares
Presidentes das Câmaras Municipais das cidades de mais de cem mil (100.000) habitantes

10 - Professores de Universidade
Demais Prefeitos Municipais
Cônegos católicos ou equivalentes de outras religiões
Capitães-Tenentes
Capitães do Exército
Capitães da Aeronaútica
Presidentes das demais Câmaras Municipais
Diretores de Repartição
Diretores de Escolas de Ensino Secundário
Vereadores Municipais

[1] Texto atualizado a partir da republicação no DOU de 19/4/1972, p. 3.457-3.464.

Anexo 03 - Decreto: 03765

Decreto 3.765, DE 6 DE MARÇO DE 2001. Acresce parágrafo ao art. 88 do Decreto no 70.274, de 9 de março de 1972, que aprova as normas do cerimonial público e a ordem geral de precedência.

Art. 1o O art. 88 do Decreto no 70.274, de 9 de março de 1972, passa a vigorar acrescido do seguinte § 2o, renumerando se o atual parágrafo único para § 1o:

"§ 2o Em face dos relevantes serviços prestados ao País pela autoridade falecida, o período de luto a que se refere o caput poderá ser estendido por até sete dias." (NR)

Art. 2o Este Decreto entra em vigor na data de sua publicação.

Anexo 04 - Decreto 9338

Decreto nº 9.338, de 5 de abril de 2018

Altera o Decreto nº 70.274, de 9 de março de 1972, que aprova as normas do cerimonial público e a ordem geral de precedência.

O PRESIDENTE DA REPÚBLICA, no uso da atribuição que lhe confere o art. 84, *caput*, inciso VI, alínea "a", da Constituição,

DECRETA:

Art. 1º A Ordem Geral de Precedência, anexa ao Decreto nº 70.274, de 9 de março de 1972, passa a vigorar com as seguintes alterações:
"Ordem Geral de Precedência
A ordem de precedência nas cerimônias oficiais de caráter federal na Capital federal será a seguinte:

5 -
Presidente do Tribunal Superior do Trabalho
Presidente do Tribunal de Contas da União
Ministros do Tribunal Superior Eleitoral

6 -
Ministros do Tribunal Superior do Trabalho
Ministros do Tribunal de Contas da União

Vice- Almirantes
Arcebispos católicos ou equivalentes de outras religiões
Presidente do Tribunal de Justiça do Distrito Federal e dos Territórios
Presidente do Tribunal Marítimo
Presidente do Banco do Brasil
Presidente do Banco Nacional de Desenvolvimento Econômico e Social
Secretário da Receita Federal do Brasil
Juízes do Tribunal Superior do Trabalho

A ordem de precedência, nas cerimônias oficiais, nos Estados da União, com a presença de autoridades federais, será a seguinte:

5 -
Presidente do Tribunal Superior do Trabalho
Presidente do Tribunal de Contas da União
Ministros do Tribunal Superior Eleitoral

6 - .
Ministros do Tribunal Superior do Trabalho
Ministros do Tribunal de Contas da União
Vice- Almirante
Arcebispos católicos ou equivalentes de outras religiões Presidente do Tribunal Marítimo
Presidente do Banco do Brasil
Presidente do Banco Nacional de Desenvolvimento Econômico e Social
Juízes do Tribunal Superior do Trabalho

Art. 2º Este Decreto entra em vigor na data de sua publicação.
Brasília, 5 de abril de 2018; 197º da Independência e 130º da República.

MICHEL TEMER
Eliseu Padilha

Anexo 05 - Lei 5.700

Presidência da República
Casa Civil
Subchefia para Assuntos Jurídicos

LEI Nº 5.700, DE 1º DE SETEMBRO DE 1971.

Dispõe sobre a forma e a apresentação dos Símbolos Nacionais, e dá outras providências.

O PRESIDENTE DA REPÚBLICA, faço saber que o CONGRESSO NACIONAL decreta e eu sanciono a seguinte Lei:

CAPÍTULO I
Disposição Preliminar

Art. 1° São Símbolos Nacionais: (Redação dada pela Lei nº 8.421, de 1992)
I - a Bandeira Nacional; (Redação dada pela Lei nº 8.421, de 1992)
II - o Hino Nacional; (Redação dada pela Lei nº 8.421, de 1992)
III - as Armas Nacionais; e (Incluído pela Lei nº 8.421, de 1992)
IV - o Selo Nacional. (Incluído pela Lei nº 8.421, de 1992)

CAPÍTULO II
Da forma dos Símbolos Nacionais

SEÇÃO I
Dos Símbolos em Geral

Art. 2º Consideram-se padrões dos Símbolos Nacionais os modelos compostos de conformidade com as especificações e regras básicas estabelecidas na presente lei.

SEÇÃO II
Da Bandeira Nacional

Art. 3° A Bandeira Nacional, adotada pelo Decreto n° 4, de 19 de novembro de 1889, com as modificações da Lei n° 5.443, de 28 de maio de 1968, fica alterada na forma do Anexo I desta lei, devendo ser atualizada sempre que ocorrer a criação ou a extinção de Estados. (Redação dada pela Lei nº 8.421, de 1992)

§ 1º As constelações que figuram na Bandeira Nacional correspondem ao aspecto do céu, na cidade do Rio de Janeiro, às 8 horas e 30 minutos do dia 15 de novembro de 1889 (doze horas siderais) e devem ser consideradas como vistas por um observador situado fora da esfera celeste. (Incluído pela Lei nº 8.421, de 1992)

§ 2° Os novos Estados da Federação serão representados por estrelas que compõem o aspecto celeste referido no parágrafo anterior, de modo a permitir-lhes a inclusão no círculo azul da Bandeira Nacional sem afetar a disposição estética original constante do desenho proposto pelo Decreto n° 4, de 19 de novembro de 1889.(Incluído pela Lei nº 8.421, de 1992)

§ 3° Serão suprimidas da Bandeira Nacional as estrelas correspondentes aos Estados extintos, permanecendo a designada para representar o novo Estado, resultante de fusão, observado, em qualquer caso, o disposto na parte final do parágrafo anterior. (Incluído pela Lei nº 8.421, de 1992)

Art. 4º A Bandeira Nacional em tecido, para as repartições públicas em geral, federais, estaduais, e municipais, para quartéis e escolas públicas e particulares, será executada em um dos seguintes tipos: tipo 1, com um pano de 45 centímetros de largura; tipo 2, com dois panos de largura; tipo 3, três panos de largura; tipo 4 quatro panos de largura; tipo 5, cinco panos de largura; tipo 6, seis panos de largura; tipo 7, sete panos de largura.

Parágrafo único. Os tipos enumerados neste artigo são os normais. Poderão ser fabricados tipos extraordinários de dimensões maiores, menores ou intermediárias, conforme as condições de uso, mantidas, entretanto, as devidas proporções.

Art. 5º A feitura da Bandeira Nacional obedecerá às seguintes regras (Anexo nº 2):

I - Para cálculo das dimensões, tomar-se-á por base a largura desejada, dividindo-se esta em 14 (quatorze) partes iguais. Cada uma das partes será considerada uma medida ou módulo.

II - O comprimento será de vinte módulos (20M).

III - A distância dos vértices do losango amarelo ao quadro externo será de um módulo e sete décimos (1,7M).

IV - O círculo azul no meio do losango amarelo terá o raio de três módulos e meio (3,5M).

V - O centro dos arcos da faixa branca estará dois módulos (2M) à esquerda do ponto do encontro do prolongamento do diâmetro vertical do círculo com a base do quadro externo (ponto C indicado no Anexo nº 2).

VI - O raio do arco inferior da faixa branca será de oito módulos (8M); o raio do arco superior da faixa branca será de oito módulos e meio (8,5M).

VII - A largura da faixa branca será de meio módulo (0,5M).

VIII - As letras da legenda Ordem e Progresso serão escritas em côr verde. Serão colocadas no meio da faixa branca, ficando, para cima e para baixo, um espaço igual em branco. A letra P ficará sobre o diâmetro vertical do círculo. A distribuição das demais letras far-se-á conforme a indicação do Anexo nº 2. As letras da palavra Ordem e da palavra Progresso terão um terço de módulo (0,33M) de altura. A largura dessas letras será de três décimos de módulo (0,30M). A altura da letra da conjunção E será de três décimos de módulo (0,30M). A largura dessa letra será de um quarto de módulo (0,25M).

IX - As estrelas serão de 5 (cinco) dimensões: de primeira, segunda, terceira, quarta e quinta grandezas. Devem ser traçadas dentro de círculos cujos diâmetros são: de três décimos de módulo (0,30M) para as de primeira grandeza; de um quarto de módulo (0,25M) para as de segunda grandeza; de um quinto de módulo (0,20M) para as de terceira grandeza; de um sétimo de módulo (0,14M) para as de quarta grandeza; e de um décimo de módulo (0,10M) para a de quinta grandeza.

X - As duas faces devem ser exatamente iguais, com a faixa branca inclinada da esquerda para a direita (do observador que olha a faixa de frente), sendo vedado fazer uma face como avêsso da outra.

SEÇÃO III
Do Hino Nacional

Art. 6º O Hino Nacional é composto da música de Francisco Manoel da Silva e do poema de Joaquim Osório Duque Estrada, de acôrdo com o que dispõem os Decretos nº 171, de 20 de janeiro de 1890, e nº 15.671, de 6 de setembro de 1922, conforme consta dos Anexos números 3, 4, 5, 6, e 7.

Parágrafo único. A marcha batida, de autoria do mestre de música Antão Fernandes, integrará as instrumentações de orquestra e banda, nos casos de execução do Hino Nacional, mencionados no inciso I do art. 25 desta lei, devendo ser mantida e adotada a adaptação vocal, em fá maior, do maestro Alberto Nepomuceno.

SEÇÃO IV
Das Armas Nacionais

Art. 7º As Armas Nacionais são as instituídas pelo Decreto nº 4 de 19 de novembro de 1889 com a alteração feita pela Lei nº 5.443, de 28 de maio de 1968 (Anexo nº 8).

Art. 8º A feitura das Armas Nacionais deve obedecer à proporção de 15 (quinze) de altura por 14 (quatorze) de largura, e atender às seguintes disposições:

I - o escudo redondo será constituído em campo azul-celeste, contendo cinco estrelas de prata, dispostas na forma da constelação Cruzeiro do sul, com a bordadura do campo perfilada de ouro, carregada de estrelas de prata em número igual ao das estrelas existentes na Bandeira Nacional; (Redação dada pela Lei nº 8.421, de 1992)

II - O escudo ficará pousado numa estrela partida-gironada, de 10 (dez) peças de sinopla e ouro, bordada de 2 (duas) tiras, a interior de goles e a exterior de ouro.

III - O todo brocante sôbre uma espada, em pala, empunhada de ouro, guardas de blau, salvo a parte do centro, que é de goles e contendo uma estrela de prata, figurará sobre uma coroa formada de um ramo de café frutificado, à destra, e de outro de fumo florido, à sinistra, ambos da própria côr, atados de blau, ficando o conjunto sôbre um resplendor de ouro, cujos contornos formam uma estrêla de 20 (vinte) pontas.

IV - Em listel de blau, brocante sôbre os punhos da espada, inscrever-se-á, em ouro, a legenda República Federativa do Brasil, no centro, e ainda as expressões "15 de novembro", na extremidade destra, e as expressões "de 1889", na sinistra.

SEÇÃO V
Do Selo Nacional

Art. 9º O Selo Nacional será constituído, de conformidade com o Anexo nº 9, por um círculo representando uma esfera celeste, igual ao que se acha no centro da Bandeira Nacional, tendo em volta as palavras "República Federativa do Brasil. Para a feitura do Selo Nacional observar-se-á o seguinte:

I - Desenham-se 2 (duas) circunferências concêntricas, havendo entre os seus raios a proporção de 3 (três) para 4 (quatro).

II - A colocação das estrelas, da faixa e da legenda Ordem e Progresso no círculo inferior obedecerá as mesmas regras estabelecidas para a feitura da Bandeira Nacional.

III - As letras das palavras República Federativa do Brasil terão de altura um sexto do raio do círculo inferior, e, de largura, um sétimo do mesmo raio.

CAPÍTULO III
Da Apresentação dos Símbolos Nacionais

SEÇÃO I
Da Bandeira Nacional

Art. 10. A Bandeira Nacional pode ser usada em todas as manifestações do sentimento patriótico dos brasileiros, de caráter oficial ou particular.

Art. 11. A Bandeira Nacional pode ser apresentada:

I - Hasteada em mastro ou adriças, nos edifícios públicos ou particulares, templos, campos de esporte, escritórios, salas de aula, auditórios, embarcações, ruas e praças, e em qualquer lugar em que lhe seja assegurado o devido respeito;

II - Distendida e sem mastro, conduzida por aeronaves ou balões, aplicada sobre parede ou presa a um cabo horizontal ligando edifícios, árvores, postes ou mastro;

III - Reproduzida sobre paredes, tetos, vidraças, veículos e aeronaves;

IV - Compondo, com outras bandeiras, panóplias, escudos ou peças semelhantes;

V - Conduzida em formaturas, desfiles, ou mesmo individualmente;

VI - Distendida sobre ataúdes, até a ocasião do sepultamento.

Art. 12. A Bandeira Nacional estará permanentemente no topo de um mastro especial plantado na Praça dos Três Podêres de Brasília, no Distrito Federal, como símbolo perene da Pátria e sob a guarda do povo brasileiro.

§ 1º A substituição dessa Bandeira será feita com solenidades especiais no 1º domingo de cada mês, devendo o novo exemplar atingir o topo do mastro antes que o exemplar substituído comece a ser arriado.

§ 2º Na base do mastro especial estarão inscritos exclusivamente os seguintes dizeres:

Sob a guarda do povo brasileiro, nesta Praça dos Três Podêres, a Bandeira sempre no alto.

- visão permanente da Pátria.

Art. 13. Hasteia-se diariamente a Bandeira Nacional e a do Mercosul: (Redação dada pela Lei nº 12.157, de 2009).

I - No Palácio da Presidência da República e na residência do Presidente da República;

II - Nos edifícios-sede dos Ministérios;

III - Nas Casas do Congresso Nacional;

IV - No Supremo Tribunal Federal, nos Tribunais Superiores, nos Tribunais Federais de Recursos e nos Tribunais de Contas da União, dos Estados, do Distrito Federal e dos Municípios; (Redação dada pela Lei nº 5.812, de 1972).

V - Nos edifícios-sede dos podêres executivo, legislativo e judiciário dos Estados, Territórios e Distrito Federal;

VI - Nas Prefeituras e Câmaras Municipais;

VII - Nas repartições federais, estaduais e municipais situadas na faixa de fronteira;

VIII - Nas Missões Diplomáticas, Delegações junto a Organismo Internacionais e Repartições Consulares de carreira respeitados os usos locais dos países em que tiverem sede.

IX - Nas unidades da Marinha Mercante, de acordo com as Leis e Regulamentos da navegação, polícia naval e praxes internacionais.

Art. 14. Hasteia-se, obrigatoriamente, a Bandeira Nacional, nos dias de festa ou de luto nacional, em todas as repartições públicas, nos estabelecimentos de ensino e sindicatos.

Parágrafo único. Nas escolas públicas ou particulares, é obrigatório o hasteamento solene da Bandeira Nacional, durante o ano letivo, pelo menos uma vez por semana.

Art. 15. A Bandeira Nacional pode ser hasteada e arriada a qualquer hora do dia ou da noite.

§ 1º Normalmente faz-se o hasteamento às 8 horas e o arriamento às 18 horas.

§ 2º No dia 19 de novembro, Dia da Bandeira, o hasteamento é realizado às 12 horas, com solenidades especiais.

§ 3º Durante a noite a Bandeira deve estar devidamente iluminada.

Art. 16. Quando várias bandeiras são hasteadas ou arriadas simultaneamente, a Bandeira Nacional é a primeira a atingir o topo e a última a descer.

Art. 17. Quando em funeral, a Bandeira fica a meio-mastro ou a meia-adriça. Nesse caso, no hasteamento ou arriamento, deve ser levada inicialmente até o topo.
Parágrafo único. Quando conduzida em marcha, indica-se o luto por um laço de crepe atado junto à lança.
Art. 18. Hasteia-se a Bandeira Nacional em funeral nas seguintes situações, desde que não coincidam com os dias de festa nacional:
I - Em todo o País, quando o Presidente da República decretar luto oficial;
II - Nos edifícios-sede dos podêres legislativos federais, estaduais ou municipais, quando determinado pelos respectivos presidentes, por motivo de falecimento de um de seus membros;
III - No Supremo Tribunal Federal, nos Tribunais Superiores, nos Tribunais Federais de Recursos, nos Tribunais de Contas da União, dos Estados, do Distrito Federal e dos Municípios e nos Tribunais de Justiça estaduais, quando determinado pelos respectivos presidentes, pelo falecimento de um de seus ministros, desembargadores ou conselheiros. (Redação dada pela Lei nº 5.812, de 1972).
IV - Nos edifícios-sede dos Governos dos Estados, Territórios, Distrito Federal e Municípios, por motivo do falecimento do Governador ou Prefeito, quando determinado luto oficial pela autoridade que o substituir;
V - Nas sedes de Missões Diplomáticas, segundo as normas e usos do país em que estão situadas.
Art. 19. A Bandeira Nacional, em tôdas as apresentações no território nacional, ocupa lugar de honra, compreendido como uma posição:
I - Central ou a mais próxima do centro e à direita deste, quando com outras bandeiras, pavilhões ou estandartes, em linha de mastros, panóplias, escudos ou peças semelhantes;
II - Destacada à frente de outras bandeiras, quando conduzida em formaturas ou desfiles;
III - A direita de tribunas, púlpitos, mesas de reunião ou de trabalho.
Parágrafo único. Considera-se direita de um dispositivo de bandeiras a direita de uma pessoa colocada junto a ele e voltada para a rua, para a platéia ou de modo geral, para o público que observa o dispositivo.
Art. 20. A Bandeira Nacional, quando não estiver em uso, deve ser guardada em local digno.
Art. 21. Nas repartições públicas e organizações militares, quando a Bandeira é hasteada em mastro colocado no solo, sua largura não deve ser maior que 1/5 (um quinto) nem menor que 1/7 (um sétimo) da altura do respectivo mastro.
Art. 22. Quando distendida e sem mastro, coloca-se a Bandeira de modo que o lado maior fique na horizontal e a estrela isolada em cima, não podendo ser ocultada, mesmo parcialmente, por pessoas sentadas em suas imediações.
Art. 23. A Bandeira Nacional nunca se abate em continência.

SEÇÃO II
Do Hino Nacional

Art. 24. A execução do Hino Nacional obedecerá às seguintes prescrições:

I - Será sempre executado em andamento metronômico de uma semínima igual a 120 (cento e vinte);

II - É obrigatória a tonalidade de si bemol para a execução instrumental simples;

III - Far-se-á o canto sempre em uníssono;

IV - nos casos de simples execução instrumental ou vocal, o Hino Nacional será tocado ou cantado integralmente, sem repetição. (Redação dada pela Lei nº 13.413, de 2016)

V - Nas continências ao Presidente da República, para fins exclusivos do Cerimonial Militar, serão executados apenas a introdução e os acordes finais, conforme a regulamentação específica.

Art. 25. Será o Hino Nacional executado:

I - Em continência à Bandeira Nacional e ao Presidente da República, ao Congresso Nacional e ao Supremo Tribunal Federal, quando incorporados; e nos demais casos expressamente determinados pelos regulamentos de continência ou cerimônias de cortesia internacional;

II - Na ocasião do hasteamento da Bandeira Nacional, previsto no parágrafo único do art. 14.

III - na abertura das competições esportivas organizadas pelas entidades integrantes do Sistema Nacional do Desporto, conforme definidas no art. 13 da Lei nº 9.615, de 24 de março de 1998. (Incluído pela Lei nº 13.413, de 2016)

§ 1º A execução será instrumental ou vocal de acordo com o cerimonial previsto em cada caso.

§ 2º É vedada a execução do Hino Nacional, em continência, fora dos casos previstos no presente artigo.

§ 3º Será facultativa a execução do Hino Nacional na abertura de sessões cívicas, nas cerimônias religiosas a que se associe sentido patriótico, no início ou no encerramento das transmissões diárias das emissoras de rádio e televisão, bem assim para exprimir regozijo público em ocasiões festivas.

§ 4º Nas cerimônias em que se tenha de executar um Hino Nacional Estrangeiro, este deve, por cortesia, preceder o Hino Nacional Brasileiro.

§ 5º Em qualquer hipótese, o Hino Nacional deverá ser executado integralmente e todos os presentes devem tomar atitude de respeito, conforme descrita no **caput** do art. 30 desta Lei. (Incluído pela Lei nº 13.413, de 2016)

SEÇÃO III
Das Armas Nacionais

Art. 26. É obrigatório o uso das Armas Nacionais;

I - No Palácio da Presidência da República e na residência do Presidente da República;
II - Nos edifícios-sede dos Ministérios;
III - Nas Casas do Congresso Nacional;
IV - No Supremo Tribunal Federal, nos Tribunais Superiores e nos Tribunais Federais de Recursos;
V - Nos edifícios-sede dos podêres executivo, legislativo e judiciário dos Estados, Territórios e Distrito Federal;
VI - Nas Prefeituras e Câmaras Municipais;
VII - Na frontaria dos edifícios das repartições públicas federais;
VIII - nos quartéis das forças federais de terra, mar e ar e das Polícias Militares e Corpos de Bombeiros Militares, nos seus armamentos, bem como nas fortalezas e nos navios de guerra; (Redação dada pela Lei nº 8.421, de 1992)
IX - Na frontaria ou no salão principal das escolas públicas;
X - Nos papéis de expediente, nos convites e nas publicações oficiais de nível federal.

SEÇÃO IV
Do Selo Nacional

Art. 27. O Selo Nacional será usado para autenticar os atos de governo e bem assim os diplomas e certificados expedidos pelos estabelecimentos de ensino oficiais ou reconhecidos.

CAPÍTULO IV
Das Côres Nacionais

Art. 28. Consideram-se cores nacionais o verde e o amarelo.
Art. 29. As Côres nacionais podem ser usadas sem quaisquer restrições, inclusive associadas a azul e branco.

CAPÍTULO V
Do respeito devido à Bandeira Nacional e ao Hino Nacional

Art. 30. Nas cerimônias de hasteamento ou arriamento, nas ocasiões em que a Bandeira se apresentar em marcha ou cortejo, assim como durante a execução do Hino Nacional, todos devem tomar atitude de respeito, de pé e em silêncio, o civis do sexo masculino com a cabeça descoberta e os militares em continência, segundo os regulamentos das respectivas corporações.
Parágrafo único. É vedada qualquer outra forma de saudação.
Art. 31. São consideradas manifestações de desrespeito à Bandeira Nacional, e portanto proibidas:
I - Apresentá-la em mau estado de conservação.

II - Mudar-lhe a forma, as côres, as proporções, o dístico ou acrescentar-lhe outras inscrições;

III - Usá-la como roupagem, reposteiro, pano de boca, guarnição de mesa, revestimento de tribuna, ou como cobertura de placas, retratos, painéis ou monumentos a inaugurar;

IV - Reproduzi-la em rótulos ou invólucros de produtos expostos à venda.

Art. 32. As Bandeiras em mau estado de conservação devem ser entregues a qualquer Unidade Militar, para que sejam incineradas no Dia da Bandeira, segundo o cerimonial peculiar.

Art. 33. Nenhuma bandeira de outra nação pode ser usada no País sem que esteja ao seu lado direito, de igual tamanho e em posição de realce, a Bandeira Nacional, salvo nas sedes das representações diplomáticas ou consulares.

Art. 34. É vedada a execução de quaisquer arranjos vocais do Hino Nacional, a não ser o de Alberto Nepomuceno; igualmente não será permitida a execução de arranjos artísticos instrumentais do Hino Nacional que não sejam autorizados pelo Presidente da República, ouvido o Ministério da Educação e Cultura.

CAPÍTULO VI
Das Penalidades

Art. 35 - A violação de qualquer disposição desta Lei, excluídos os casos previstos no art. 44 do Decreto-lei nº 898, de 29 de setembro de 1969, é considerada contravenção, sujeito o infrator à pena de multa de uma a quatro vezes o maior valor de referência vigente no País, elevada ao dobro nos casos de reincidência. (Redação dada pela Lei nº 6.913, de 1981).

Art. 36 - O processo das infrações a que alude o artigo anterior obedecerá ao rito previsto para as contravenções penais em geral. (Redação dada pela Lei nº 6.913, de 1981).

CAPÍTULO VII
Disposições Gerais

Art. 37. Haverá nos Quartéis-Generais das Forças Armadas, na Casa da Moeda, na Escola Nacional de Música, nas embaixadas, legações e consulados do Brasil, nos museus históricos oficiais, nos comandos de unidades de terra, mar e ar, capitanias de portos e alfândegas, e nas prefeituras municipais, uma coleção de exemplares-padrão dos Símbolos Nacionais, a fim de servirem de modelos obrigatórios para a respectiva feitura, constituindo o instrumento de confronto para a aprovação dos exemplares destinados à apresentação, procedam ou não da iniciativa particular.

Art. 38. Os exemplares da Bandeira Nacional e das Armas Nacionais não podem ser postos à venda, nem distribuídos gratuitamente sem que tragam na tralha do primeiro e no reverso do segundo a marca e o endereço do fabricante ou editor, bem como a data de sua feitura.

Art. 39. É obrigatório o ensino do desenho e do significado da Bandeira Nacional, bem como do canto e da interpretação da letra do Hino Nacional em todos os estabelecimentos de ensino, públicos ou particulares, do primeiro e segundo graus.

Parágrafo único: Nos estabelecimentos públicos e privados de ensino fundamental, é obrigatória a execução do Hino Nacional uma vez por semana. (Incluído pela Lei nº 12.031, de 2009).

Art. 40. Ninguém poderá ser admitido no serviço público sem que demonstre conhecimento do Hino Nacional.

Art. 41. O Ministério da Educação e Cultura fará a edição oficial definitiva de todas as partituras do Hino Nacional e bem assim promoverá a gravação em discos de sua execução instrumental e vocal, bem como de sua letra declamada.

Art. 42. Incumbe ainda ao Ministério da Educação e Cultura organizar concursos entre autores nacionais para a redução das partituras de orquestras do Hino Nacional para orquestras restritas.

Art. 43. O Poder Executivo regulará os pormenores de cerimonial referentes aos Símbolos Nacionais.

Art. 44. O uso da Bandeira Nacional nas Forças Armadas obedece às normas dos respectivos regulamentos, no que não colidir com a presente Lei.

Art. 45. Esta Lei entra em vigor na data de sua publicação, ficando revogadas a de nº 5.389, de 22 de fevereiro de 1968, a de nº 5.443, de 28 de maio de 1968, e demais disposições em contrário.

Brasília, 1 de setembro de 1971; 150º da Independência e 83º da República.

EMÍLIO G. MÉDICI
Alfredo Buzaid
Adalberto de Barros Nunes
Orlando Geisel
Mário Gibson Barboza
Antonio Delfim Netto
Mário David Andreazza
L. F. Cirne Lima
Jarbas G. Passarinho
Júlio Barata
Mário de Souza e Mello
F. Rocha Lagôa
Marcus Vinícius Pratini de Moraes
Antônio Dias Leite Júnior
João Paulo dos Reis Velloso

José Costa Cavalcanti
Hygino C. Corsetti

Anexo 06 - Texto Crônica ao Cerimonialista

Crônica ao Cerimonialista

Silvio Lobo Filho

Quem é aquele a quem se curvam os reis, majestades, presidentes, governadores, autoridades...para ouvir, segregando ao ouvido?
De que força se reveste esse desconhecido, discreto, recostando-se aos cantos, atendendo sem discussão, a um curto aceno?
Qual o mistério que envolve esse alguém, que autoridade não é, mas a elas orienta os cumprimentos, a expressão, o vestir o modo de falar, o momento de sorrir, o caminho a percorrer, o assento a ser usado, proceder à mesa?
Quem é esse que com perspicácia transforma uma gafe em só " um momento de descontração", que muda o ambiente simplista, tornando-o formal, revestido de importância e respeito; que cumpre a hierarquia; que antecipa detalhes com antecedência para evitar improviso?
Que extraordinária força exerce sobre os dirigentes do mundo, para definir os pratos e a ordem dos pratos, como recepcionar e ser recepcionado, como participar de almoços e jantares, café e drinks, como servir, como atender?
Que vasto conhecimento é dotado esse ser humano, para decidir estilos e qualidades de roupas, o uso dos distintivos, de medalhas e honrarias?
Como pode dominar o quê, quem e como convidar, qual o papel a ser usado, o tipo de letra, a estética, o conteúdo, a diagramação, a redação?
Esse, que tem sempre um sorriso nos lábios, alegria nos olhos, respostas rápidas e soluções precisas, é o Cerimonialista.
Um misto de conselheiro e orientador, planejador e relações públicas, orador e escritor, poeta e sonhador, num exemplo resumido de pequenina parte das suas funções.
Ele, que conhece as precedências, os gestos e preceitos, as honrarias e privilégios, os símbolos do poder;
Ele, que domina o tratamento, as fórmulas de cortesia, a relação e a expressão oficial, a linguagem e a diplomacia;
Ele, que obedece regras e as transforma, cria e modifica, busca a evolução, a modernização;

Ele, que tem o dom de captar a cultura dos povos, que dignifica as reverências e refinamentos, mas que sublima sobretudo a convivência entre as pessoas.

Sim, é ele quem planeja, organiza, executa, avalia e ao final, senta-se à última poltrona, sorrindo para si mesmo, regando a sua face com suas lágrimas, no silêncio do salão, agora deserto, ouvindo o bater do seu próprio coração e o ressoar dos últimos passos da platéia para dizer: " Obrigado meu Deus, por ter-me permitido não falhar".

Silvio Lobo Filho, é professor da Universidade Federal de Mato Grosso do Sul. Cerimonialista, com passagens na presidência do Comitê Nacional do Cerimonial e Protocolo.

Referências Bibliográficas

BRASIL. Congresso. Regimento Comum: Resolução nº 1, de 1970-CN, (texto consolidado até 2010) e normas conexas. Brasília: Congresso Nacional, 2011.

BRASIL. Lei nº 5.700, de 1 de setembro de 1971. Dispõe sobre a forma e a apresentação dos Símbolos Nacionais e dá outras providências. Disponível em http://www.planalto.gov.br/ccivil_03/leis/L5700. htm. Acesso em 04 abr 2017. BRASIL. Decreto-Lei nº 70.274, de 9 de março de 1972. Aprova as normas de cerimonial público e a ordem geral de precedência. Disponível em http://www.planalto.gov.br/ccivil_03/decreto/d70274. htm. Acesso em 04 abr 2017. BRASIL. Manual de Redação da Presidência da República. Disponível em https://www.planalto.gov._03/manual/manual.htm. Acesso em 04 abr 2017.

_____. Congresso. Senado Federal. Manual de Identidade Visual do Senado Federal. Brasília: Senado Federal, 2011.

_____. Congresso. Senado Federal. Regimento Interno: Resolução nº 93, de 1970. Brasília: Senado Federal, 2011.

_____. Congresso. Senado Federal. Secretaria de Relações Públicas. Manual de Eventos. Brasília: Senado Federal, 2007.

_____. Constituição (1988). Constituição da República Federativa do Brasil: texto constitucional promulgado em 5 de outubro de 1988, com as alterações adotadas pelas Emendas Constitucionais nºs 1/92 a 68/2011, pelo Decreto Legislativo nº 186/2008 e pelas Emendas Constitucionais de Revisão nºs 1 a 6/94. Brasília: Senado Federal, Subsecretaria de Edições Técnicas, 2012.

_____. Decreto 70.274, de 9 de março de 1972 e suas alterações. Aprova as normas do cerimonial público e a ordem geral de precedência. Disponível em http://www.planalto.gov.br/ccivil_03/decreto/D70274. htm. Acesso em: 17 dez. 2012.

_____. Presidência da República. Manual de Redação da Presidência da República / Gilmar Ferreira Mendes e Nestor José Forster Júnior. 2. ed. rev. e atual. Brasília: Presidência da República, 2002.

BOFF L. Virtudes para um outro mundo possível. Vol. III. Comer e beber juntos e viver em paz. Petrópolis: vozes, 2006b

BRITTO, Janaina, Estratégia para Eventos – uma ótica do Marketing e do Turismo. São Paulo, Aleph, 2002.

CAMARGO, L. O. L. Hospitalidade. São Paulo: Aleph, 2004.

CESCA, Cleusa, G. Gimenes. Organização de Eventos: Manual para Planejamento e Execução. 6ªed. São Paulo: Summus, 1997.

FREITAS, Maria Iris Teixeira de. Cerimonial e etiqueta: ritual das recepções/ Maria Iris Teixeira de Freitas. Belo Horizonte: UNA Editoria, 2001.

FREUND, Francisco Tommy. Festas & Recepções: Gastronomia, Organização e cerimonial. Senac Nacional, 2002.

GIACAGLIA, Maria Cecília, Organização de Eventos. São Paulo, Thonson Learning, 2004

KUNSCH, Margarida Maria Krohling. Planejamento de Relações Públicas na Comunicação Integrada. 4. ed. ver. atual. e ampl. São Paulo: Summus, 2003

LASHLEY, C. Em Busca da Hospitalidade: perspectivas para um mundo globalizado.Tradução de Carlos David Szlak. Barueri, SP: Manole, 2004.

LINS, Augusto Estellita. Etiqueta, Protocolo & Cerimonial. 2. ed. Brasília: Linha Gráfica Editora, 1991.

LUKOWER, A. Cerimonial e Protocolo. 4. ed. São Paulo: Contexto. 2015.

LUZ, Milton. A História dos Símbolos Nacionais: a bandeira, o brasão, o selo, o hino. Brasília: Senado Federal, Secretaria Especial de Editoração e Publicações, 1999. Reimpressão, 2005.

MARTINEZ, M. Cerimonial para Executivos. Porto Alegre: Doravante, 4Ed, 2006.

MEIRELLES, G. F. Tudo Sobre Eventos. São Paulo: STS, 2001.

MEIRELLES, G.F. Protocolo e Cerimonial – Normas, ritos e pompa. São Paulo: Ômega, 2001.

MELO NETO, Francisco Paulo, Criatividade em Eventos. São Paulo, Contexto, 2000

NAKANE, A. A Valorização do Capital Humano orientada pelo Estilo Disney. Estudo de Caso. Dissertação de Mestrado, 2006 disponível em http://livrozilla.com/doc/1138961/universidade-anhembi-morumbi-programa-de-mestrado-em, acessado em 21 de março de 2017.

NAKANE, A. VIEIRA, F.C.G. Excelência em Comportamento Profissional. Etiqueta Contemporânea: Civilidade que gera Hospitalidade. Santa Cruz do Rio Pardo, São Paulo: Editora Viena, 2016.

NAKANE, Andréa. Segurança em Eventos. Não dá para Ficar Sem. São Paulo: Editora Aleph, 2013.

NAKANE, A. M. Gestão e Organização de Eventos. São Paulo: Pearson, 2017. [Biblioteca Virtual].

Normas do Cerimonial Público e Ordem Geral de Precedência. Decreto Federal nº 79.274, de 09 de março de 1972. http:// www.planalto.gov.br/ccivil_03/D70274.htm, acessado em 21 de março de 2017.

REINAUX, Marcílio. Fundamentos do cerimonial no Antigo Testamento. 2ªed. Recife: Comunigraf, 2003.

SERES, Jean. Manuel Pratique de Protocole. In: TAKAHASHI, Carlos. Os três B´s do Cerimonial — Introdução às Normas do Cerimonial Público Brasileiro. São Paulo: Takahashi, 2009.

SPEERS, N. Cerimonial para relações públicas. São Paulo: Editora Hexágono Cultural, 1984.

TENAN, Ilka Paulete Svissero, Eventos. São Paulo, Aleph, 2002

UBILLUS, Eliane. Cerimonial. Fatos, Fotos e Sucesso no Município. São Paulo: Cultura Acadêmica Editora. CNCP, 2009.

VELLOSO, A. Cerimonial Universitário. Brasília: Editora da UnB, 1999.

ZOBARAN, Sérgio, Eventos é assim mesmo. Rio de Janeiro, Senac, 2004

DISRUP
T A L K S